光明社科文库
GUANGMING DAILY PRESS:
A SOCIAL SCIENCE SERIES

·法律与社会书系·

规则之治
以经济法为中心

刘梦羽 | 著

光明日报出版社

图书在版编目（CIP）数据

规则之治：以经济法为中心 / 刘梦羽著 . --北京：
光明日报出版社，2025. 1. -- ISBN 978 - 7 - 5194 - 8395 - 1

Ⅰ. D922. 290. 4

中国国家版本馆 CIP 数据核字第 2025RD7472 号

规则之治：以经济法为中心

GUIZE ZHI ZHI：YI JINGJIFA WEI ZHONGXIN

著　　者：刘梦羽

责任编辑：杨　茹　　　　　　　　责任校对：杨　娜　乔宇佳
封面设计：中联华文　　　　　　　责任印制：曹　净

出版发行：光明日报出版社
地　　址：北京市西城区永安路 106 号，100050
电　　话：010-63169890（咨询），010-63131930（邮购）
传　　真：010-63131930
网　　址：http：//book. gmw. cn
E - mail：gmrbcbs@ gmw. cn
法律顾问：北京市兰台律师事务所龚柳方律师

印　　刷：三河市华东印刷有限公司
装　　订：三河市华东印刷有限公司
本书如有破损、缺页、装订错误，请与本社联系调换，电话：010-63131930

开　　本：170mm×240mm
字　　数：193 千字　　　　　　　印　　张：15
版　　次：2025 年 1 月第 1 版　　印　　次：2025 年 1 月第 1 次印刷
书　　号：ISBN 978 - 7 - 5194 - 8395 - 1
定　　价：95. 00 元

序

　　法治是以正式规则为基础的善治，一种动态、立体的过程和状态，其间各种利益和主体交织互动，尚须依托正义而强势的主流价值，十分复杂。在社会主义法治国家建设中，虽然"法治"得到了高度重视，但是对于规则与法治的关系、法治是"依法"（by law）而治还是法之治（of law）等，认识还模糊不清，主要表现为法律形式主义，比如崇尚高位阶的"法律"、追求细密的纸面规则及其体系，以及意义含混不清的"依法××""依法办事""严格执法"等等，并且忽视社会、市场、企事业和村社等自治，未能理解规制时代和规制的本质及客观要求，法治所必需的博弈也成了被动、不自觉的应对。刘梦羽博士以其生活经验，敏锐地观察到从住宅小区、私人企业的治理和管理到国家宪法、法律和其他各种正式、非正式规则运行中的种种积极和消极、正面和负面现象，从博士生入学开始就志在对规则与法治的研究。这是一个具有相当深度和难度的课题，她在研究和写作的困难关头多次知难而上，而不是换一个容易的题目交差了事，展现了应有的学术勇气。本书正是她的博士学位论文，我欣喜地得知光明日报出版社慧眼识珠，拟将其付梓出版，作为刘梦羽的博士生导师，我还期待她能够以此为新的起点，展开相关后续研究，为我国法学理论和经济法学科建设作出更大的贡献。

经济法的本质和核心是规制，也即政府在法律概括授权之下对某领域或某事物进行管理监督，集中表现为行政立法、行政执法或曰政策，其法治表达为职责担当、自由裁量和问责制，可谓规则之治的典型反映。作者从经济法切入，以经济法为中心展开对规则之治的研究，路径和方法确当，而且可为理论增添生活色彩，避免文章的抽象和枯燥。

规则是社会的，本书溯源至原始禁忌，再到习惯和法律，值得称道的是，还将法律规则和道德规则、正式规则和非正式规则、明规则和潜规则、好规则和坏规则等联系研究，令人信服地阐明了规则和规则之治的概念，为揭示规则之治的规律、描述其真实运行状况奠定了基础。进而围绕民主与集中（共识）、授权与控权，分析了不同主体及其利益基于各种规则互动博弈的过程，对规则之治如何达成法治做了较为透彻的论述。一般寓于个别、个别包含一般，最后，本书将规则之治的原理代入经济法，由规划法和产业政策法、财政法、金融法、反垄断法暨竞争法、企业法等透视及剖析规则之治暨法治，从而进一步加深对于规则之治、法治和经济法的认识。

由上，这是国内第一部对规则之治进行系统深入研究的专著，兹为之序。

2023 年 11 月 8 日于人大明德法学楼

前　言

一、由现象看"规则之治"

规则之治是法治的必然要求和必要条件。然而，法治并不是简单地依法条、按规则办事，而是规则的实然与应然、事实与价值、程序正义与实质正义、外在道德与内在道德、公共利益与个人利益矛盾冲突，利益相关方及各种主体动态博弈的结果。与经济活动和经济形势紧密相关的经济法恰是规则之治的集中反映，概括授权、自由裁量、商谈、博弈、民主集中等是经济法固有的内在要求。随着经济社会化、全球化的发展，集中反映规则之治的典型事例或现象也不时出现。

案例0-1　"3Q大战"案①

2010年，奇虎360公司（以下简称"360"）针对个人电脑终端使用的QQ即时通信工具推出"扣扣保镖"软件，声称"给QQ体检""去QQ广告""杀QQ木马""为QQ作隐私保护"等，腾讯公司随即强制用户在QQ和360软件之间"二选一"、用户无法两者同时安装，在全国引起轩然大波。工信部第一时间约谈了两家公司，致其立即改正不正当竞争和滥用优势损害消费者权益的行为，并双双向社会和网民道

---

①　（2013）民三终字第4号。

歉，事件得到圆满解决。

然而，双方为此进行的诉讼拉锯战，腾讯诉 360 不正当竞争、360 诉腾讯滥用市场支配地位，号称"3Q 大战"，直到 2014 年最高人民法院作出判决方告终止。诉讼过程围绕 QQ 所涉相关市场问题，最终认定腾讯不具有市场支配地位，因而不存在滥用，判决 360 败诉。

2013 年的"奇虎诉腾讯滥用市场支配地位纠纷案"一审判决①，依据《国务院反垄断委员会关于相关市场界定的指南》（以下简称《指南》）和《中华人民共和国反垄断法》（以下简称《反垄断法》）判定相关市场并非中国大陆的即时通信软件及服务平台市场，并驳回了 360 的诉讼请求。2014 年，二审认为一审关于相关市场界定的方法有误，但仍驳回上诉、维持原判。

"3Q 大战"中，对于 360 推出"扣扣保镖"构成不正当竞争，并无疑义，事实上在腾讯诉 360 不正当竞争案中，360 业已败诉。但"二选一"是一种受到商家、消费者和整个社会一致诟病的典型垄断行为，两审法院居然围绕相关市场"兜圈圈"，扩展相关市场而认定腾讯的"二选一"行为不构成滥用市场支配地位，无论法院的动机如何，都有违反垄断法暨竞争法固有的公平竞争要求。如果不是工信部及时出面解决了问题，后果不堪设想。

案例 0-2 "专车第一案"②

2014 年 12 月，济南市民陈某通过滴滴公司的审核加入其专车平台。2015 年 2 月，济南市城市公共客运管理服务中心（以下简称"客管中心"）认定驾驶滴滴专车的陈某非法经营客运出租汽车，对其处 2 万元罚款并没收其违法所得。陈某认为该行政处罚偏重，随即提起诉

---

① （2011）粤高法民三初字第 2 号。
② （2017）鲁 01 行终 103 号。

讼。此案作为我国的"专车第一案",打破了以往禁止未经许可擅自从事出租汽车客运经营行为的法律惯例,结合"互联网+"的发展态势,针对市场上出现的新型网络约车软件及运营作出了不同于以往的行政判决。在充分考虑快速发展的新兴共享经济商业模式之下的竞争理念及公共政策因素之后,济南市中级人民法院于 2017 年 2 月作出二审判决,维持一审原判、撤回对陈某的行政处罚书,驳回济南市客管中心的上诉。①

本案发生在网约车作为一种新的商业模式在市场上迅速发展的背景之下,使用滴滴专车的法律性质尚不明确,在相关法律跟不上市场变化时,不具有出租车运营资格的网约车平台,如滴滴把私家车和司机接入本来受管制的出租车市场,网约车就成了"黑车"。这种现象在网约车出现之初非常普遍。法院经审理查明,济南市客管中心的行政处罚缺乏实际依据,与违法行为的实际社会危害程度关联不明显,处罚幅度和数额也存在明显不当,因而予以撤销。在新的网约车商业模式与旧的市场秩序产生碰撞的前提下,政府主管部门只能不断在实践中摸索合理且具有可操作性的监管法规和规则。在此种情况下,只有遵循体现法治精神和基本要求的合理原则制定灵活、变通的司法政策,才能够既依法行政、保障政府对公共服务的有序管理,又能够自由裁量、符合社会情势的需求和市场的创新。

案例 0-3 "宝万之争"案

自 2015 年 7 月,由姚某华、姚某辉兄弟控制的"宝能系",以前海人寿、宝能地产及其与之关联的公司多次在二级市场上举牌万科,成为万科第一大股东。万科创始人、董事会主席王石作为万科的管理层对此表示强烈反对,认为宝能的"历史信用不够",形成万科股东与管理层

---

① (2015) 市行初字第 29 号,(2017) 鲁 01 行终 103 号。

的所谓"宝万之争"。同年 12 月，时任中国证券监督管理委员会（以下简称"证监会"）发言人张晓军说，收购市场参与者和被市场参与者收购都是正常的遵守法律法规的商业行为，证监会不会进行干预。① 2016 年 3 月，时任中国保险监督管理委员会（以下简称"保监会"）副主席陈文辉就此声称，投资人依法对其在证券市场上的收购行为进行公告属于一种营销活动，经过对相关情况与合规性的专项核查，总体看来，前海人寿收购万科的流通股份这一行为结果处在可控的风险里，并不存在与有关监管标准的抵触。② 然而，在 2016 年 12 月的中国证券投资基金业协会第二届会员代表大会上，时任证监会主席刘士余痛批这是"野蛮收购"。保监会于次年 1 月份将保险资金入市比例从 40% 降到 30%③；2017 年 2 月，保监会依据《中华人民共和国保险法》（以下简称《保险法》）第 106 条保险资金运用的"稳健、安全"原则对前海人寿作出行政处罚，并认定其编制提供虚假资料和违规运用保险资金。④

　　宝能险资入市并没有违反保监会的规则（入市前保监会调高了险

---

①　中国证券监督管理委员会 . 2015 年 12 月 18 日新闻发布会［EB/OL］. 中国证券监督管理委员会网站，2015-12-18.

②　赵萍，李致鸿，杨崇 . 独家专访保监会副主席陈文辉：用"底线思维"监管保险资金［N］. 21 世纪经济报道，2016-03-21.

③　保监发〔2017〕9 号；另根据 2014 年 2 月《关于加强和改进保险资金运用比例监管的通知》，保险公司投资权益类资产的账面余额，合计不高于本公司上季末总资产的 30%，且重大股权投资的账面余额，不高于本公司上季末净资产。账面余额不包括保险公司以自有资金投资的保险类企业股权。2015 年 7 月，保监会在"救市"背景下发布《中国保监会关于提高保险资金投资蓝筹股票监管比例有关事项的通知》，指出符合一定条件的保险公司投资单一蓝筹股票的余额占上季度末总资产的监管比例上限由 5% 调整为 10%；投资权益类资产的余额占上季度末总资产比例达到 30% 的，可进一步增持蓝筹股票，增持后权益类资产余额不高于上季度末总资产的40%。

④　保监发〔2017〕13 号。

资入市比例，前海人寿投资万科大盘蓝筹股属于合法行为①），但从（万科）公司治理和证券市场秩序而言却是不合适的，也与"保险资金应服务于主要保险业务"的初衷相违背，这逐渐成为市场和社会的共识，因而随着时任证监会主席刘士余对其的一番否定言论，其行为就变得不合规、不合法了。

上述三个案例，反映了在市场和经济中须有规则、尊重规则，但不可能机械地照搬、适用规则；同时，给我们提出了一系列问题：面对瞬息万变的市场，规则该如何运行才能既充分发挥市场的资源配置作用，又能更好地履行政府职能、维护市场暨经济社会秩序？规则之治怎样避免成为仅存在于真空之中的理想模型，而能够在实际的社会生活中发挥作用？规则之治应当遵循哪些原则，以怎样的手段和方法实现法治？这些问题，引出了本书所要研究的规则之治，而经济法依其特性，集中体现和反映了规则之治，成为研究规则之治的极佳素材和对象。

一言以蔽之，笔者拟借本书对规则之治以经济法为中心做一深入探讨，尝试为破解法治及经济法之道的这一难题添砖加瓦。

二、背景

（一）理论价值层面

本书的命题是基于法治的运行在各式各样的规则之间如何确定恰当的规则以实现良序善治，并以经济法为中心来解释规则之治，围绕实践展开论证，回应当代中国法治实践的主要问题。本书结合法学理论、法律与社会科学之间的协同发展进行系统性研究，这使得法律问题的解决具有开放性特点，有别于法教义学的传统理论视角，能够助推法学及各

---

① 从 2015 年 7 月 10 日宝能系第一次举牌万科至 2015 年 12 月 18 日万科申请停牌前，宝能系共持股万科 22.45%，远低于 40% 的比例要求。

类学科间的交叉融合。另外，本书从法理学、法治理论的角度深入探讨了规则之治的理念、要素、原理，规则之治与法治、规则之治与经济法的关系，进而揭示规则之治的运行机理、施行规律和基本要求，不仅有助于各类学科的对话与交叉研究，而且有助于经济法学自身的发展、为经济法基础理论研究开辟新视野，还能为相关法学学科提供新的研究视角和素材，助推法学理论研究的繁荣和进步。本书认为，规则之治是一种超越规则规范性与价值性等二元结构的三元样态①，它通过对法律和政策的指导与引领，赋予二元结构中的对立方平衡协调及自主能动的系统整体性。本书通过对法的规则与道德规则，明规则与潜规则，良善规则与不良规则，正式规则与非正式规则，立法机关的规则与行政和其他机关的规则，以及人治、法治、自治、善治与非善治的概念与关系的辨析，尝试总结不同规则与利益互动怎样达致法治的规律，并为经济法治研究市场调节与政府调控的动态范围或比例提供新的分析思维和工具借鉴。以往关于市场与政府关系的研究往往陷入用具体规则为两者划界的悖论和伪命题中，要么以自由的市场经济和市场竞争否定政府对市场的积极作用，要么强调政府作用而忽视天然的市场机制和市场秩序，不顾实际效果是否合理。这样片面的二元对立论无法对政府何时介入市场、政府介入的程度给出令人信服的答案。对此，规则之治的研究另辟蹊径，探索规则及规则的整体运行与博弈，这将有助于揭示中国特色社会主义市场经济条件下市场（或经济）与政府（或法律）的关系。

　　目前法学界对于实际中怎样运用规则之治维护保障国民经济平衡协调的发展和市场公平的竞争着墨较少，在理论研究上对于"私"与

---

①　本书所述三元样态主要基于哲学中本体论、认识论与方法论之间的位阶关系。本体论属于一元的位阶，研究的对象是人们所生活的世界中最真实的事实；认识论属于二元的位阶，研究的对象是人和真实的事实之间的关系；方法论属于三元的位阶，研究的对象是人如何去发现最真实的事实。

"公"的界限与竞合缺乏共识。实践是检验真理的唯一标准，只要是市场能够有效自治与调节的就不需要政府参与，而对市场的负外部效应，政府则必须进行有效的监管，否则，就不能实现市场及社会自治或实质上的自治。在当今社会化条件下，政府天然地作为市场和社会的一分子参与经济管理和经济活动。然而，判断市场是否有效自治、如何与政府监管协调统一起来，可能存在不同的标准和准则，这就需要在规则之治的框架下，通过其动态运行而获得基本共识从而产生善治的结果。对规则之治的研究，有助于摆脱法教义学的局限，深入认识法在市场经济中的功能和作用，有助于防止法学理论与部门法的实施、法治与经济法治、经济法的宏观理念与经济法子部门法的实施、法的规则制定与实践的脱节。规则之治的理念契合当下中国社会经济发展客观条件对通过规则治理自觉、能动地实现良序善治的迫切要求，也顺应了实践中经济法治与生产关系之间错综复杂的交互关系。

（二）法治实践层面

21 世纪，资本主义市场中不再是企业和个人单打独斗的竞争，社会主义国家则始终追求以公有和集中调节来抑制自发市场的不足和弊端，从而造就出一个国家及其经济政策竞争的世纪。出于对社会法和法治的追求，私法与公法、民法与行政法、契约与法律、政策与法之间的僵硬划分已趋于动摇。社会化的客观事实造就了规则之治的普遍现象。马克思主义的一个基本原理是，社会决定法，而不是法决定社会。当今社会高度分工、高度合作、高度分化和高度整合，公法与私法的划分界限被打破，国家逐渐成为真正民有、民治、民享的经济国家，市民社会与政治国家之间的虚幻对立日趋消解；同时，社会关系在具体的分工合作中也变得越来越专业化，趋于错综复杂，导致法的政策化、政策法治化，政策与法逐渐融合。只有在规则的规范性与价值性相互一致的情形下才能实现公正的规则之治暨良序善治，否则法与事实规则、规则与社会现实只会相互背离。法律形式理性与实践理性的分离，导致规范与事实互动的复杂性，且极易在法治实践中产生二元对立。随着历史的发展，新出现的人事会涉及更多盘根错节的利益关系，但对于规则协调社会经济行为并非无据可寻。规则之治摒弃了以规则二元论来看待各种对立统一的关系，体现在经济法上就是在保障个人基本财产权、消费权、自主经营权、在市场中正当竞争的权益等的同时，最大限度地保障大多数人的利益，通过合理的调控监管，防止个别主体和私人资本出于一己之利而破坏市场规则。规则之治通过规则在实践层面的博弈、说理，形成既合理又合法的规则，从而防止片面的"法律主义"或"舆论绑架"。

对于中国而言，无论是平衡协调经济社会发展、疫情防控、促进经济稳增长、保障食品药品安全问题、"救市"①，还是政府走出国门布局"一带一路"、应对国际金融贸易挑战等，皆不限于以往"有法可依、有法必依、执法必严、违法必究"或者"科学立法、严格执法、公正司法、全民守法"的基本法治论述，而是与规则之治息息相关。西方国家的经济暨政府法规的空前扩张与极端私有化暨新自由主义之间的矛盾已经凸显。随着现代国家社会化进程的加速，在劳动层面的分工合作变得日益复杂。不论古今中外，政府与市场都不是截然对立的两种主体；相反，历史表明，没有国家的产生和政府的有为，原始的物物交换不可能演化出各种交易完备、有能力抗击风险的经济和市场，政府与市场随着客观经济条件的变化而相互融合，它们无法脱离任意一方而孤立存在。无论是 20 世纪 30 年代的"大萧条"、90 年代的亚洲金融危机，还是 21 世纪初的次贷危机，以至于全球新冠病毒疫情大流行造成的经

---

① 指政府通过政策手段挽救异常动荡的市场，防止系统性金融风险，同时保障投资人权益。

济下行现象，都反映出经济拐点背后经济社会化与私人各行其是之间愈加频繁、深刻的冲突。在全球化背景之下，国际往来不可或缺，各国之间的相互依存度逐步提升，市场与政府的联结越发紧密。片面强调一切由市场决定，忽视市场的不能和副作用，任凭市场自身的运作会因市场投资者的有限理性而导致私人资本的垄断聚集、劳动市场的供需不平衡、贫富差距的不断扩大化，以及低于完全有效水平的货币流通所产生的通胀滞胀等问题。同理，片面强调一切由政府管控，忽视权力的不可控性及其扩张本质，任凭政府"之手"触及社会经济生活的各个方面，更会因行政手段的僵化、过度而导致损害市场机制的行为无法得到及时纠正、市场有效竞争秩序遭破坏，以及市场自发生长空间被阻隔等问题。在劳动协作的社会层面，政府作为经济的公共管理者业已成为市场的一分子。政府与市场有机结合的灵活程度、偏好选择和有效作用直接决定了经济发展的繁荣创新、社会整合效率及公平。不管是国内还是国际的交易往来，政府与市场的互动都遵循一种能动的、有迹可循的规律以发挥社会化条件下政府与市场的积极作用。例如，国内市场不断涌现的创新模式如共享单车，区块链模式下的虚拟产品和以太坊，大数据所带来的靶向经济利益，京东和淘宝、滴滴和美团、饿了么等满足日常生活需求的自治平台，电子商务及直播经济的迅猛发展，奖励劳动者促进自媒体信息流通的手机软件（Application, App）"打赏"功能等，都离不开政府的鼓励和约束措施；而在国际上，我国应对美国发起的贸易战、参与区域贸易协定、成立亚洲基础设施投资银行（Asian Infrastructure Investment Bank, AIIB）、跨太平洋伙伴关系协定（Trans-Pacific Partnership Agreement, TPP）过渡到全面与进步跨太平洋伙伴关系协定（Comprehensive and Progressive Agreement for Trans-Pacific Partnership, CPTPP），以及核定区域全面经济伙伴关系协定（Regional Comprehensive Economic Partnership, RCEP），美国用政府力量打压中兴、华为以及中国的据理力争，人民币被纳入特别提款权（Special Drawing Right，SDR）、持续推进数字人民币等，更是体现中国政府为人民谋求更多福祉的决心。增强国家竞争力，既要放活放宽经济和市场的自主创新发展，又要谋求民族国家的主权安全，这二者之间的平衡也需要通过规则之治凝聚各方意见、总结个案等，寻求适当的法治方法和路径，从而强化、增进政府在市场中能动地参与市场操作的能力，自主创造更多的市场中私人利益与社会公共利益之间相互交融、互惠双赢的空间。由此可知，对于规则之治的研究成了迫切需要解决的法治关键问题之一，以经济法来解释和认识规则之治，将为解决政府与市场的关系这一关键法治实践问题提供必要的理论依据。

三、学术史及现状

由于"规则之治"在国内外法学研究领域都较少直接提及，因而需要通过规则之治的外在文义透视其内在本质，对怎样的规则之治才是法治的研究和探索做一梳理。

（一）国外研究概况

西方思想家在研究社会秩序这一议题时，从社会实践自发秩序的角度对规则的内涵加以分析。萨维尼（Savigny）将规则与语言联系在一起，称规则和语言一样内生于民族的共同意识。恩格斯（Engels）在《论住宅问题》一文中，对人类如何形成共同规则做了描述，认为社会发展需要将重复的社会行为概括起来。福柯（Foucault）在《词与物》的研究中，尝试以特定的知识模型阐明规则的起源。早在古希腊，柏拉图（Plato）在《理想国》里表达了对良法善治的一种憧憬，即哲学家统领的国家。良法可遇不可求，有良法也未必能善治。亚里士多德（Aristotle）在其著作《政治学》中质疑柏拉图这一思想，认为得不到人们心甘情愿遵守的优良法律并不算法治。西方启蒙运动时期，古典自然法学派以洛克（Locke）、斯宾诺莎（Spinoza）、霍布斯（Hobbes）、孟德斯鸠（Montesquieu）和卢梭（Rousseau）为代表，认为法治就是个人根据理性要求与国家订立契约，通过法律保障人人平等。历史法学派萨维尼认为，法律不能切断与历史的关系，法律不是"理性"而是"民族精神"的发展结果，法律的渊源是习惯而不是立法。据奥斯丁（Austin）、霍菲尔德（Hohfeld）分析法学为基础兴起的实证法学派，以凯尔森（Kelsen）和哈特（Hart）为代表，对规则以及规则的法律性进行了详细深入的论证，主张法由规则构成，首次将规则与法治放在社会秩序下一起讨论，但明确将法律规则与道德规则分离。功利主义法学派代表边沁（Bentham）也反对经验的历史现实中法律与道德事实上的因果关系，而强调从规范的角度考察二者在概念上的逻辑关系。这一时期人们对法律的研究已不侧重于其实质内容是否合乎道理，而是其形式的合理性。然而，以哈特为代表的实证主义法学的问题在于不能够用道德（价值）中立的社会事实来证明规则的规范性。即使是反对哈特和凯尔森观点的新自由主义经济学家哈耶克（Hayek），也把法治理解为严格按照国家制定出来的法律规则办事，认为私人的正当行为规则与国家的组织规则不能同质化。然而，事实与价值的关系并非二分这么简单。恩吉施（Engisch）认为法律规范是一种假定的应然规范，若将其和实际生活构成的价值统一在一起，就需要在特定的社会秩序下实行对法律的续造。考夫曼（Kaufer）指出，法律现实化要求法律规范与现实的生活事实产生关系，法律发现是一种在事实中对规范的再认识、在规范中对事实的再认识的过程。对此，新自然法学派代表德沃金（Dworkin）认为法律不仅包括规则，而且包括非法律规则的准则（特别是某种道德原则或政策）。同一法学派的朗·富勒（Lon Fuller）认为，法是使人的行为服从规则治理的事业，法律与道德不可分离。罗尔斯（Rawls）在《正义论》一书中指出，道德价值与社会正义密切关联，法治离不开道德的作用，他还将法治表述为对公共规则的正规的和公正的执行。经济学理论如科斯定理（Coase Theorem）的研究更是指出，财产权的原始分配与自由转移性和交易成本有关，打破了传统法律财产权公私分明的界限，给政府对规则制定职能的垄断和特定的制度选择留下了讨论空间。经济分析法学派代表理查德·波斯纳（Richard Posner）认为，以和法律一致的演绎推理逻辑体系——经济学来寻求正义与效率、法律与经济衔接的方法，可以发现以效率诠释正义离不开在非市场性质的法律领域以仿真市场交易的方式取代法律的强制规范，但没有对德沃金提出的市场中财富分配本身具有道德规则的局限给出合理的解释。社会法学派代表庞德（Pound）指出，法是一种社会制度，需要在社会本位的基础之上通过特定技术将规则联合起来实现法治。实用主义法学派代表奥利弗·温德尔·霍姆斯（Oliver Wendell Holmes，Jr.）在其著作《普通法》一书中指出，法律的生命不在逻辑而在经验，如果依法就是依（法律）规则，那么规则并不能确保法的安定性，法律应当立足于现实生活。新康德主义法学派代表鲁道夫·施塔姆勒（Stammler）认为，虽然纯粹形式的法律概念有必要，但是法律应当与社会现实一致。同一法学派的拉德布鲁赫（Radbruch）更是指出，除法的安定性之外，实在法还应当体现合目的性和正义。利益法学派、乌普萨拉法学派、现实主义法学派的观点也都打破了以往法学作为封闭的逻辑自洽的体系，注重以社会现实利益来判断法律是否良善公正。德国法学家约瑟夫·埃塞尔（Josef Esser）虽认可法教义学有减负功能，但认为单靠硬性的法条无法妥洽地适用规则，司法裁量需要结合法律原则和法律体系来判定，依法适用规则的同时必须考虑如何应对现实的具体情况。规则之治和法治应当与依照法理运用于实践中的合理性联系起来，这样与概念相关的"合法性"才能和与实用相关的"合理性"整合在一起。总结起来，规则实现的基础在于秩序，秩序的关键在于寻求一种平衡事实与价值、正式规则与非正式规则的路径。无论是卢曼（Luh-mann）的结构耦合论，还是托伊布纳（Teubner）的法的自生系统论，都强调在法治的图景下正式规则和非正式规则以共时而非因果的方式为基础而存在。关于如何将正式规则与非正式规则、规则的事实与价值在特定秩序下结合起来这一问题，日本学者正田彬等人以经济法为例，认为经济法使以经济规律为中心的纯粹意义上的经济秩序与一直与之有关的法的秩序两者形成了互相密切关联而又统一的秩序。正田彬的经济秩序说虽然假定了维护经济秩序是经济法调整对象的目的或前提，却忽略了自然规律和道德对经济秩序的生成作用，况且"一直与之有关的法的秩序"和"法的经济秩序"也有不小的差别。① 蒲鲁东（Proudhon）认为，法律应该通过普遍和解来解决社会生活矛盾，为此需要改组社会，由经济法来构成新社会组织的基础。因为公法会造成政府过多地限制经济自由，私法则无法影响经济活动的整个结构，必须将社会组织建立在"作为政治法和民法之补充和必然结果的经济法之上"②。如何连接政府与市场，使得二者协调互补，关键在于如何识别规则、执行规则。关于经济法与规则之治，日本学者金泽良雄指出，经济法与社会的主动调节相适应，宗旨是以社会协调的方式来解决经济循环中所产生的矛盾和困难（市民自动调节的局限）。1895 年，德国学者施罗德（Schroeder）在他的《经济的法律》一书中，把经济法描述为对个人和集体二者的经济活动加以协调的法。基于此的各种德国学者的观点，都展现出用经济法来解释规则之治的有效性，如克劳辛（Klausing）提出，经济法的内容和任务在于试图找到自治规则和国家调控规则两者冲突的协

---

① 正田彬. 经济法的形成与其意义（现题为译者所拟，原题为《经济法的成立》）[J]. 林青，译. 法学译丛，1986（6）：36.

② 阿莱克西·雅克曼，居伊·施朗斯. 经济法 [M]. 宇泉，译. 北京：商务印书馆，1997：2.

调和结合。胡伯（Huber）和劳森巴赫（Rauschenbach）也试图用这种方法来解释怎样将这两者合二为一。在自治规则和国家调控规则的冲突中，经济法是两者协调后的结合，是经济所要求的全部法律原理，当国家调控规则仅限于自治规则的调整时，则出现正常经济现象；如果国家调控规则趋向于原来的自治规则，并力求维持自治规则，则出现经济调控；如果国家调控规则排斥自治规则，则出现国家经济统制。在博姆（Böhm）看来，经济法在自由市场经济中，通过满足维护竞争的要求实现和保证了超法律的调控。总的来说，经济法是以给予公共权力机构能够对经济采取积极行动为目的的法律规则的总称。

（二）国内研究概况

张文显、陈景辉、陈林林、许杨勇从法学原理的角度对规则的两重性进行了详细的论证和探讨，认为规则既有行为规范性，又有社会道德性。国内不少关于法治的学术著作都认可规则之治是法治的核心，法治属于一种规则之治，能够彰显公正的规则之治就是法治，不过并没有对规则之治的概念作出进一步的解释，而将规则之治等同于刚性的法律命令、执行决策或法条主义。对此持反对观点的学术研究集中探讨与法治相对应的规则之治除程序正义以外更应当注重实质正义，法律的事实与价值应当一致，但对于如何实现二者相融合的论述仍停留在法律规则的框架内。朱景文基于"社会规则不属于法治的规则之治范围"的前提认为，规则之治是法治的一个类别，是法治的首要特点，从字面意义上看是相对于无规则和自由裁量而言，但是规则又生发于没有规则的"个别性"，因而规则之治面对迅速变化的社会只能是不切实际的幻想。[①] 朱景文提出，规则之治需要有稳定的社会基础，受到社会条件的制约。张志铭认为，规则因素和人的因素相辅相成，追求法治与人的意

---

① 朱景文. 论法治评估的类型化［J］. 中国社会科学，2015（7）：111，120.

志相互依存，要在法律的确定性和妥当性之间寻求说理方法。舒国滢也指出，法治作为规则之治无非要求的是治理或统治及其规则的理由证成，如果规则之治缺乏说理，就不符合法治精神。而苏力在《送法下乡》一书中运用法社会学的方法对规则治理进行了探讨，认识到地方习惯作为规则的强大，呈现了现代法治与本地治理、法律与社会现实之间错综复杂的矛盾，因而突破了以往对规则之治研究仅限于正式法律规则范畴的局限。苏力明确提出，法治须走出制定法的治理，亚里士多德的良法之治的法治概念在现今已经更多为规则之治的法治概念所替代，严格的规则主义其实也是权衡利弊后的一种选择。刘光华认为，当代社会亟须一种特殊的社会法调控机制，在该机制下社会公共事务及公法调控既强而有力又能无所作为，私人事务及私法调控既尊重和保障个人的权利及自由又能兼顾公民的社会责任。苏永钦论述了经济法对传统法秩序的挑战，以竞争法领域的非正式程序和补充规则为例，指出私法被经济法化的现象越来越普遍，经济法治必须同时满足经济体系的价值理念和法律体系的社会正义。史际春指出，由于社会化程度的不断加深，现代民法面对公私融合的经济关系或民事关系调整而陷入无能为力的境地，这个问题已无法通过对私法加以改造来解决，而经济法的平衡协调原则依托于公共的利益和诉求，将国家、社会和个人的利益相结合以实现实质正义和社会效率，这对于经济法规则体系具有指导和纲领作用，能够实现矛盾对立统一的秩序，也是经济法规则之间相互衔接、协调的基础和依据。张世明指出，法律概念只能作为追求法律理念的现实来确定，规则只有通过哈贝马斯（Habermas）所说的"沟通理性"才能确立价值，经济法只有在人本主义（一种集体能动的意向）的定向引导下才能定位和定义。① 刘文华亦指出，经济法的划定与其说依靠调整对象机械论，毋宁说依靠调整功能，引导经济法治的是其社会效率与实质正义相结合的价值目标。从学术和实际需要来看，经济法集中反映在与社会的主动调节相适应这一机能上，这恰恰是规则之治的主旨。

中外学者从不同角度对于规则、规则之治、法治和经济法的规则之治暨经济法治的概念、关系进行了阐述，表达了不同的学术见解，不过就总体的发展趋势来看，规则之治的理论聚焦在法律事实与规范龃龉的"休谟难题"②，以及如何产生适应社会的人为机能性来主导法治这一辩证统一体之上。为了剖析这一现象，有必要通过经济法典型的"主动调节"和"积极行动"之特征对规则之治予以阐释。

四、目的

（一）科学地界定和理解规则之治

法治属于规则之治，而公正的规则之治正是法治。要科学地界定和理解规则之治，首先需要从法律的定义入手。鲍曼（Bauman）认为，法律的典型特征在于它们是强制秩序的组成部分，即它们属于社会秩序中对强制和暴力进行调节的规则，为了维护社会秩序，被国家政权保障和强制施行的规则就是法律。法律是法律规则的上位概念，广义上的法律即法（law），指代法的整体，是通过权威（国家政权推动实现的规则就是法）模式来调整人们的行为，在我国除全国人民代表大会制定的法律外，还包括政权的一切法令、命令、条例、决议、指示等。狭义

---

① 张世明. 经济法学理论演变原论 [M]. 北京：中国人民大学出版社，2019：406-412.

② 休谟难题（Hume´s Guillotine）是休谟在《人性论》一书中提出的问题，指代从"是"（事实）推导出"应该"（价值）的逻辑上的不可能性。事实（描述现实如何是）和价值（描述现实应当如何是）之间存在根本的区别，因此不能直接从事实推出价值判断。

上的法律（statutes, regulations, etc.）指立法机关、议会或国家元首依照立法程序制定颁布的规范性文件和成文规则，包括一国中央及地方的法律、法规等。行政规范、政策与法的边界在形式上难以区分，实质上几近融合，表现为它们的渊源都不外乎我国立法法规定的几种形式及其他规范性文件。因此，国家（中央和地方）政策属于法的范畴，也表现为规范、规则。哈耶克指出，不论何时，"贯彻一项法律"的"法律"相对于内部规则而言都是一项外部规则，是能够限定所有社会成员的许可行动范围、做特定事情的规则。① 马克斯·韦伯（Max Weber）认为，只有建立在一般规则之上的法律，其制定与适用才是合理的。这些规则由普遍的、抽象的概念所决定，不受感性的伦理或者相关意识形态的制约。但是，不同观点对法律是否如韦伯所界定的是由专长于社会控制活动的官僚强制执行的规则产生了争议。博登海默（Bodenheimer）指出：真正伟大的法律制度的特征是将僵硬性与灵活性予以某种具体的反论的结合。峰村光郎在研究耶林（Jhering）的学说时亦指出，法律不同于数学逻辑的推演，而是如耶林所说的应对人类生活物质利益的产物。富勒认为，人们通过在现实生活中的阅历及体验来区分构成规则的实然与应然特征，但这种区分是模糊的、笼统的。法律社会学者塔玛纳哈（Tamanaha）认为，法律不是一个空的容器任由规则操纵达成目的，这样的规则之治也不是法治。对此，韦伯指出法律规范、行动本身或与其他因素的结合，都可能产生具体的规则，但他没能解释这一法律现象：由于实际规则和习惯的萌芽难以察觉，且是适应外界要求的结果，法律尤其是按照程序制定的行为规范本身并不是促使人们一致行动的因素。实际的行动规则（习惯）是有关行动的规则（惯例、法律）的渊

---

① 哈耶克. 法律、立法与自由：第 1 卷［M］. 邓正来，等译. 北京：中国大百科全书出版社，2000：202.

源。在中国，法律通常指的是制定法（行为的应然），而悖论在于制定法是法律的渊源，因此，从严格语义学的角度来说，制定法就不是法律①，原因在于人们定义法律的时候没有在实然与应然、规范性与描述性两个维度上作出必要的区分。这一问题一直是法哲学讨论的焦点，尤以 20 世纪哈特与富勒之间的论战著称。② 由此产生了一个法治暨规则之治的问题：尽管法律在立法上应当与社会秩序的总体概念相对应，但是法律是否可以不必以规范的形式为要件，而直接将社会秩序吸收为其结构的一部分？如何通过规则的治理实现这样的统一协调？

当代高度的社会化模糊了法律规则和道德规则的界限。法律和道德之间的模糊地带如宗教逐渐道德化、家法逐渐消失、团体规章作为自治规则成为法治的有机组成部分，而政策与法同宗同源、已经没有区别。社会实践让传统的形式主义法律难以自洽。现代法律由于经济的发展、社会交易的频繁错杂，为了实现维持社会生活秩序的任务，除其结构形态本身时时应配合社会的契机加以调整以外，法规体系也逐渐扩张至新的领域，法治也不单单是形式主义的依法治理。例如，以政府在宪法法律的框架内为履行职责或执行法律所制定的条例、规章、细则、指南、通知、公告等规范性文件为主的政策，包含当下适用法律的理念和方针，与法律相互交融、趋同；以发展纲要、规划、指南、标准、司法解

---

① 此处涉及法律的狭义、广义和中义的问题。狭义指议会制定的法律，中义指制定法，广义还包括事实上被国家认可及保障执行的规则，包括法官造法的判例法、惯例。制定法是中义的法律，不仅是指议会制定的法律，还包括其他权力机关制定的规则。

② See HART H L. Positivism and the Separation of Law and Morals [J]. Harvard Law Review, 1958; FULLER L L. Positivism and Fidelity to Law: A Reply to Professor Hart [J]. Harvard Law Review, 1958.

释、裁量基准、办法等大量政策性规范为主的软法①，虽未必能予以行政强制和诉诸法院，但也已经具备融政策法规、法律规则和自治性道德规则为一体的特征；以行政机关制定的政策、规章之规则及其实施为主的政府规制依托政府的角色和职能，与其他规则协同、衔接，保障了经济自由化条件下的公私融合。法律的局限性与法律的特征并行，法的稳定性与规范性决定了法的僵化与保守。在实践中，法的局限性使法含有保守主义的倾向，社会的变化总比法律的变化要快，法律是一种难以朝令夕改的规则体系，在同一些易变的、迫切的社会力量相冲突时，法就显现出时滞性。法律作为一种社会规则，其规范和调整的框架具有僵化的特点，尤其给其适用于变化、创新的经济案件的判定带来困难。由于成文法自身具有形式理性特点，这些与法律相互交叉，或除却法律的规则填补了成文法不完全、不灵活、陈旧不合时宜的漏洞与空白。通过实质正义与程序正义的辩证统一，运用理念、原则和规则对法律纠错、协调、裨补缺漏、规划指引，是规则之治的典型特征。能够适用法律规则的时候就应当尊重形式法治，不能够适用法律规则的时候就应当通过能动的说理和灵活的政策、软法、规制以弥补法律无法契合社会情势的不足。在苛刻烦琐的法律法规面前，法律法规的合法性随时随地受到实体正当性的决定性影响，单靠法律精细化或机械执法无法构筑统一有序的经济管理和社会活动秩序，只有通过规则之治统筹各类经济因素，并通过具体的规则将其整合成一体的秩序，国家与社会才能相互作用并通过法律达成协同关系。规则之治正是维系法律的规范与价值、实然与应然之平衡的关键所在。

---

① 此处及下文的"软法"指不能行政强制和诉诸法院的法，既包括法律法规及政策规范，也包括自治性道德规范。下文所提"硬法"的概念与之相对应，指依靠国家强制力保证实施的法律规范。

（二）以经济法解释和认识规则之治

经济法实质上是一种既能体现国家政治权力，又能体现经济自主的法律，是二者能动的结合。对于经济法来说，维系这种平衡正是规则之治的核心要义。于法治的描述，应当以规则之治为基石。由于经济现象经常变动，因此，为了适应这种情况，法律也须随之变动。为了适应这种变动性以及灵活性的要求，经济法在法律规范里只规定一般的原则，其细则往往由政府及行政机关以命令的方式来制定。社会经济发展具有及时性、动态性的特点，经济法对经济关系进行调整，首先表现在规则的变动性上面。不过，规则的瞬息万变与法律所要求的稳定性之间可能难以契合，造成法律执行的效果大打折扣。同样，与自然界的因果律秩序不同，人类活动在经历了无数主观能动的试错之后，逐渐形成了一些有利于自身存在和发展的规则，形成了以某种秩序为导向的规则之治。一个人可能会也可能不会遵守某项规则，因为规则不可能以强制要求特定的人遵从指定的方式来加以执行。法律的强制性在这里与人们的自主能动性产生了不可调和的冲突。经济法的主要矛盾正是规则之治核心本质的例证，即正式的法律强制规则与非正式的社会行为规则之间，总是存在未必融洽的过渡地带。对此，无论是功能主义社会学①、有关规则的利益群体理论②、有关人类伦理道德"基因"演化的社会达尔文主

---

① HAYEK F A. The Constitution of Liberty［M］. Chicago：University of Chicago Press，1978：36；SCHELLING T C. Micromotives and Macrohehavior［M］. New York：W. W. Norton & Company，1978：124-133.

② BALBUS I D. Commodity Form and Legal Form：An Essay on the "Relative Autonomy" of the Law［J］. Law and Society Review，1976（11）：571-588；TAYLOR M. Structure，Culture and Action in the Explanation of Social Change［J］. Politics and Society，1989（17）：115，145-148.

义①，还是认为规则是依据给定的外生变量的一种社会学进路②，都没能给出在某一具体情况下如何判断施行何种规则的答案，采取片面的法律中心主义或市场原教旨主义亦不可取。规则之治，灵活且不脱离可行性和合理性，为了应对诸多难以预期的新的经济现象和社会问题，把经济活动限制在随着动态变化而动态产生的一定秩序之范围内，通过联合特定的规则（政策、法、原则）对官员和私人予以指导，从而实现在法的公平正义目标之下不同利益之间的平衡，即一种主动实践的三元样态的规则形式，这一点在经济法当中表现得最明显。经济法作为大量表现为经济政策的法，具有典型的法与政策相融合的特征。

经济法本身不可避免地充满概括条款和不确定的法律概念，由于经济生活复杂多变，经济法的运作很难像刑法等法律一样，依传统的法律解释方法得出合理的结果。抽象法律适用于具体处分、判决的规范不确定性，有赖于具体的随时间地点的客观变化，甚至因行业规模和范围不同而随时调整的规则博弈。也因此，经济法实践中非正式程序和补充性规则的执行空间不断扩大。马克思（Marx）在《资本论》第二版《跋》中曾言："各种社会机体像动植物机体一样，彼此根本不同……由于各种机体的整个结构不同，它们的各个器官有差别，以及器官借以发生作用的条件不一样等等，同一个现象却受完全不同的规律支配。"③很多时候，对于同一经济关系、经济现象照搬同一法规，就会出现矛盾。尽管经济法具有规范效力，但经济秩序本身并没有严格意义上的法律含义，旗下各类概念的界限也较为模糊不清。对此，政策作为一种国家行

---

① RUBIN P H. Evolved Ethics and Efficient Ethics [J]. Journal of Economic Behavior and Organization, 1982 (3): 161-174.

② HOMANS G C. The Human Group [M]. New York: Harcourt, Brace & World, 1950: 160.

③ 马克思恩格斯全集：第23卷 [M]. 北京：人民出版社，1972：23.

为规范，与法同处于一个渊源体系，阶段性、原则性、灵活性比较强，又是应对当下形势提出来的，变动性比较大，与现代经济社会在问责制基础上的博弈和运转相契合。可以说，规则之治的多样性、变动性和人为性的特征在经济法这里得到了集中体现，经济形势的快速、动态变化与法律的相对稳定性之间的矛盾在经济法这里通过规则之治得到了调和。法治属于规则之治，但一般的规则之治未必是法治，规则需要在博弈中确认，博弈依托于利益，需要理念、观念、认识的支撑，以公共利益为宗旨和归宿，这在经济法中表现得最为典型和突出。德国法学家梅斯特梅克（Mestmäcker）认为经济法的特征是既不依其规范的对象，也不依其调整的对象，因为这些对象可以随时变动，包含的经济意志也并非单一、片面的。徒法不足以自行，需要通过政策、授权条文以博弈、自觉能动的方式对动态变化的规则进行统筹治理，才能实现具体规则施行的内在统一。运用经济法这一积极调和内在矛盾的特征有利于分析、解答政府对经济事宜该如何"为"和"不为"，该"为"有何范围、方式和程序，该"不为"应如何问责，监管主体及其权责如何分配等问题，从而以法治实践的角度深入论证规则之治独到的、"统合对立"的能动属性。

五、路径及方法

（一）研究规则之治的路径

本书以马克思历史唯物主义和辩证唯物主义观点为引领和主导，采用历史与逻辑相统一的方法，从本体论、认识论和方法论的三元位阶角度研究以经济法为中心的规则之治。同时，本书以辩证法结合法社会学、法经济学等观点，以法律多元主义和发生学、跨学科的视角试图弥补中国法学界长期以来集中于对法解释学（阐释学）和法教义学方法论研究的缺憾，以市场与政府的动态关系为切入点，在运用亦此亦彼的辩证法基础上，衍生出第三位阶，通过方法论相较于认识论与本体论多出一元的表现形式，完善规则之治的理论构建。本书以世界存在的基本形式是时刻运动的、既对立又统一的内外部矛盾为前提，基于整体本位论来看待事物的本源，并认定事物的发展不是依照简单的垂直或水平方向前行，更不是朝一个方向的纵横分割。从发展的观点来看，经济法的出现是新事物对旧事物的扬弃，是社会客观经济形态运动发展的结果。一切自由都是相对的，绝对自由以绝对不自由为代价。社会是一个由人们的日常交往活动不断创造出来的社会，它的发展依赖于人与人之间的联系和交往（包括冲突），而人们理性的进步和相互理解的增加等也受到生产力与生产关系的制约。在对具体规则的规范性与价值性、规则治理的方式和实证研究、规则之治带来的博弈和共识进行分析论证时，让对事实的说理来判断究竟适用哪一种规则才是最合适的。本书尝试从规则之治这一矛盾统一的整体入手，对"怎样的规则之治才是法治"这一命题进行论述、给出结论，并以经济法公私相融、纵横统一之要义来解释、论证规则之治的理论框架与模型。除以宏观概括方法探讨一般性的规则之治理论及其制度成因之外，本书还依据学术性与实用性的双重原则，围绕各子部门法的经济法规呈现、贯彻规则之治的原理。

（二）方法论及其选择理由

随着近几年法教义学的复兴，越来越多法律学科的研究方法陷入一种教义学机械式的模型中无法自拔，而忽略了法学研究的真正奥义，即法学源于社会实践，与政治、经济、哲学、历史、社会学、心理学等一切人文社会学科殊途同归。正如庞德在《法律与道德》一书中总结的那样："企图从学科自身的视角、运用学科自身的材料与方法对其进行排他性的研究，那么，从中得出的结论虽然在表面上符合逻辑，实际上却是专断的。"① 研究法学，不应当拘泥于"纸上谈兵"的法条，而要结合实际社会生活，探寻法的起源究竟是从什么时候开始的，以史为鉴。"事实上，法学和哲学都浸淫于时代精神之中，虽然表面上疆域划然清楚，但井水不犯河水表相的底层却是浑然一体的地下水径流潜伏贯注于焉，其间存在学科话语底层共同的语法规则，即知识型。"② 反观如今学术圈各种唯法教义学或西方法学理论至上的氛围，对于法学的方法论应当更加注重强调结合中国的社会实践，尝试一条适合我国国情的研究路径。本书以马克思历史唯物主义和辩证唯物主义为指导，采取打破二元对立、辩证统一的方法论，试图借助于引入广泛的社会科学的理论资源，为破除这些认识论上的障碍而做一尝试，从而开辟经济法理论与社会科学交流的更广阔空间。无论是规则规范的起源、法产生的历史，还是国家与经济的交融等都涉及社会科学的研究范畴，如果不追根溯源，就无法阐明规则之治以经济法为典型和集中体现的重要价值。

故而，本书的研究方法以辩证唯物主义为指导，依照"实事求是"的思想观，从事物自身实际出发，探求事物的客观规律，从由客观现象的内外部矛盾引起的发展、运动中认识客观现象。辩证唯物主义世界观及方法论将辩证法和本体论及认识论、自由意志和客观物质、物质的绝对不变性与相对可变性有机地统一起来，其中经济基础与上层建筑、物质关系与思想关系相互作用、缺一不可，作为经济基础的物质生产关系决定了上层建筑的思想关系，体现了政治法律等社会意识形态，又借助

---

① 罗斯科·庞德. 法律与道德［M］. 陈林林，译. 北京：中国政法大学出版社，2003：163-164.

② 张世明. 经济法学理论演变原论［M］. 北京：中国人民大学出版社，2019：365，372. 张世明指出，"知识型"是福柯所著《词与物》的核心术语，福柯将自己研究的这种"知识的实证无意识"或"文化的基本代码"的层面别出心裁地称为"知识型"，认为知识型可以"在一个特定的时期中，划定经验总体中的一个知识领域，规定这个领域中的认知对象的存在方式，给人们的常识提供理论的力量，决定人们对于那些视为真理的事物话语的认可"。

于实践对经济基础产生能动的反作用。马克思在《德意志意识形态》里提到，经济关系作为社会关系的一种是由社会生产力决定的。法律只是表明和记载经济关系的要求，法的关系根源于物质的生活关系，经济生产方式制约着法律制度，其制度要与生产关系相适应，其发展是以经济发展为基础的，法律一日不适应社会关系，就会变成一叠不值钱的废纸。经济对经济法起着决定作用，经济法又对经济起着能动的反作用。经济法本质上是以经济关系为物质内容的法律形式。因此经济法研究不应当沿袭民法的权利本位方法，经济法科学体系是符合实际需要的体系，需要把握它的整体性，而整体性只有全面联系经济实践和法律实践才能变得更加完整。脱离实践，人类活动的主观目的就无法变成客观现实，法律的实施也会陷入或"教条主义"或"经验主义"的立场，进而在认识和改造世界的过程中沦为庸俗、机械的"二元"偏执论，变成如同空中楼阁一般缺乏基石的空泛理论。早在1927年，德国经济法学家盖勒（Geiler）就提出，需要用广泛的社会科学方法论来研究经济法这一特点。盖勒认为，对与经济生活相关的法域需要适用法律及社会学科的方法，如此才能将规范和实践价值相结合，达成实然与应然的统一。

目　录
CONTENTS

第一章

规则之治的界定

研究规则之治，首先要明确"规则"的含义。就字义和实质而言，规则不仅是法律规则，而且包含习惯习俗、礼仪等道德规则和宗教规则等。正是因为规则本身所具有的规范与价值的双重属性，对规则之治须摒弃非此即彼的理解方式，将对立的形式理性与实质正义视为一体的两面，从而辨明规则之治的研究路径——阐发其能动博弈性，从而促进法治的实现。

第一节 规范与规则之法学原理

一、规范和规则的起源

"规范"和"规则"可以追溯到马克思提到的在千百万次的交易实践中通过经验、习惯而形成的价值量化。自原始社会开始，人从蛮荒蒙昧向文明转化，人的自我意识逐渐觉醒，这导致社会中的习俗分化成由人的内心引导个体行为的人格道德及其规则，以及由人的外部环境约束个体行为的法秩序及其规则，并由此产生出适应复杂社会生活的普遍化准则，以约束人的行为和维持社会秩序，即规范和规则。人在社会中生存、生活必然有联结，需要一定的秩序来维持，并对大众的行为加以限制，如此，团体社会生活才能在和谐的基础上给每个人提供自由。人为了达成共同的目的，以大多数人的信仰为基础来设定共同生活的一般法则，从而形成团体的社会规范和规则。规范和规则达到一定普遍性，秩序才能建立，前提是所有处境相同或大致相似的社会主体都能够遵守该规范和规则。如马克思、恩格斯所言："先有交易，后来才由交易发展为法制"。"在社会发展某个很早的阶段，产生了这样的一种需要：把每天重复着的生产、分配和交换产品的行为用一个共同规则概括起来，设法使个人服从生产和交换的一般条件。这个规则首先表现为习惯，后来便成了法律。"① 法的起源不外乎是事实上的惯行，基于不间断的实践，而产生一种类似规范的观念。于是，通过这样的重复实践过程，市场自发形成规则，并从物物交换过渡到以货币为媒介的商品流通。在自发性的规则中，交易信用逐渐形成，后经国家认可形成既定的商业贸易规则。偶然的历史事件对规范和规则的形成也可能产生重要影响。在古代，规则是一定范围的成员自发认同的仪式、符咒等，相对简单，靠部落或者氏族里有威望的人专职掌管即可；到近代，西方国家新兴的商人阶层出现，为了更好地保障与其共同意志相关的经商交易、贸易往来，商人们谋求建立各类与商业活动有关的规则，但凡有益于商业贸易的顺畅、交易成本的降低、交通运输的便捷的就是好规则，也方便达成共识。同时，制约社会主体活动的物质条件必须得以满足，一项规范和规则才能维持。这体现在经济法上就是商业法规和经济政策，无论涉及预算、税收还是信贷、收入，都和一个社会当时、当下的客观经济生活背景息息相关。当规范、规则和社会生活的物质条件互不契合时，规范、

---

① 马克思恩格斯全集：第 19 卷 [M]. 北京：人民出版社，1963：423；马克思恩格斯全集：第 18 卷 [M]. 北京：人民出版社，1964：309.

规则可能就会沦为摆设。比如，商务部2016年修正的《单用途商业预付卡管理办法（试行）》以及各省市相继实施的预付卡管理条例等，要求单用途预付卡必须进行备案和资金存管，但市场上预付卡纠纷依然反复出现，导致消费者权益屡屡受损。由于预付卡纠纷多出现于中小型企业，比如，美容理发店、洗车行、餐厅、培训机构、健身房等，对这类企业，监管机构及其职责难以厘清，监管成本极高，而企业"老板"随时可能因经营不当或贪财而跑路，以致预付款项难以退回。无论依据的是发卡企业兑付风险先导指标、针对预付卡风险的区域协同监管机制，还是异常发卡企业名单制度、关于预付资金存管要求的文件指南等，监管机构对灵活机动地发放预付卡的中小型企业的规范往往力不从心，而过细的规则又会遏制市场的自发性和流动性，这也体现了市场的活力程度与风险的高低程度为正相关的两面性。这些企业规避监管要求、利用监管漏洞的花样层出不穷，有的虽在明面上不违反相关规定，但实际操作等同于不进行还款，比如，允许消费者继续使用预付卡，但对地区等加以限制，让消费者因成本考量而主动放弃消费。

二、规范和规则的含义

各流派的法学家对法的表述往往使用"规律""规范""规则""原则""秩序""准则"等用语，英文表达为"law""rule""norm""order""regulation""code""principle""tenet""policy""guideline"等词汇或短语，并将它们和法的概念联系在一起，探讨法的本质或构成要素。但由于翻译往往"词不达意"，加之词语和概念的区别，厘清这些概念与法的概念的区别十分重要。

规范和规则就是对人们行为准则的普遍认定。例如，市场交易中的信用借贷、利息的相关规则，不得侵占或损害他人财产、以合同约定购买商品或劳动力、损害赔偿等，都是根据市场中一般交易情况得出的具有共性的行为准则。"规范"和"规则"在其语言表述、图式范畴和行为示范等表现形式上一致，但就二者给人的行为及社会带来的后果而言，存在着不同层次的价值判断。

张文显在1989年将规则定义为规定人们具体的权利和义务及其相应行为可能引起的结果的准则，即对一个事实状态赋予一种确定的具体后果的各种指示和规定。但囿于当时的时代背景，研究仅对照搬苏联的"规则模式论"提出了不同意见①，尝试用新的"原则""概念"等要素来解释法律规则所无法触及的社会领域。施塔姆勒虽然认为法律属于社会中人一致行动的要求和产物，但他提出，没有法律规则，作为社会观念对象的共同行为规范将无法存在，即法产生社会。这样的论调遭到了诸多学者的批评，认为他以人类社会只能以法的规制来说明，否认了经济与法律之间的关系，是一种"纸上谈兵"般的形而上学。社会学家马克斯·韦伯没有将法律看作主权者或者其他什么人的命令，而是一种秩序，一整套由特定群体主观认可的"应该怎样做"的观念。人类行为秩序的建立受到各种规则的影响，强制性法律规则只是其中的一种。这些规则不仅包括限定人们该做什么的规则，还包括授权、促成人们该怎样做、为什么这样做的规则。约束人的行为的强制性法律规则只是规则整体的一部分，也即规则包含法律规则。同时，"规则"与"承认规则"二者有着本质的区别，承认事先确立的规则构建于司法部门和民众对社会一般习俗达成共识的基础之上，如果缺乏共识，则已经制定好的规则也会形同虚设。另外，就规范而言，也有不同于规则的理论阐释。凯尔森指出，有效力的法律规则就是规范，即规范（norm）对

① 参见张文显. 规则·原则·概念——论法的模式 [J]. 现代法学杂志, 1989（3）: 27-30. 张文显在该文中提出，如果照搬苏联学者对于法的定义，法仅被界定为由国家制定或认可的并由国家强制力保证实施的行为规则的总和，法学理论研究就会陷入一种"规则模式论"当中。

它所调整的具体行为具有约束力。凯尔森赋予规范有别于自然法的应然内涵，强调用法律来解释规范的实质效力。实证分析学派的代表人物哈特则将规范定义为与社会道德无关的、被印在纸面上的事实，是一种人类理性发现、超越道德任意性选择的事实概念。哈特认可凯尔森将法律视作一种具备独立地位的规范体系的理论，但同时反对凯尔森的"规范即使与现实不协调，其效力也不受影响"的纯粹法学观点，认为法律只是社会中众多的"规则"之一，并且处于第一性规则（Primary Rule）和第二性规则（Secondary Rule）结合的规则体系之中，即生活规则第一、法律规则第二。由规则和规范概念的历史发展脉络可以得出，规则本身是各式各样的，并不是任何具有规范性质的规则或决定就是法的渊源。法律规则的第二性必然要求国家对于社会自主生活形成的规则予以认可，这些第一性的社会规则并没有法规则的形式，而法规则又需要在社会生活中借助于这些第一性规则才能成立和实现。人们可以有选择地"为"或者"不为"某种规范所规定的行为模式，因为这些人即使并没那样的行为，规范对他们也是有效力的，这也表明规范和规则都具有双重含义：法律效力和社会实效。

规范作为一种法律术语，最早来源于拉丁语的"norma"一词，意为规则、标准或尺度。规范的特征包含允许、命令、禁止或调整人们行为与行动的概括性声明或指令。凯尔森和狄骥（Duguit）认为规范就是法。霍贝尔（Hoebel）和维辛斯基（Vyshinsky）则认为体现统治阶级意志、受到国家权力以强力实施的社会规范才是法。中国法理学的部分观点认为，规范分为技术规范和社会规范两大类。技术规范包括操作规程、交通规则等，社会规范包括道德规范、宗教规范等。法律规范对人们的权利和义务作出规定，属于一种特殊的社会规范。在汉语里规则与规范往往没有区别。张志铭对此持反对观点，主张法律规范不只是一种社会规范，它既调整人与人之间的关系，也调整人与自然之间的关系，因此，它不只是社会规范的一种，更是规范的一种。于此，规范包括法律规范，但关于"社会规范"的界定则较为模糊。按照凯尔森和狄骥的观点，"规范"似乎等同于构成国家的"社会规范"，是一种脱离"自然律"① 的客观必然概念；但按照我国法理学的观点，"规范"又是"社会规范"的上位概念。埃里克·波斯纳（Eric Posner）在《法律与社会规范》一书中，明确将社会规范定义为道德规范，与法律规范的概念相并列。也有观点将社会规范分为法的规范、习俗的规范和道德的规范三类。法律是规范"人我关系"的秩序体系，目的在于发挥定分止争的正义作用。法就是规范，虽然法的社会规范性最为显著，但不是所有的社会规范都是法律规范。归结起来，部分学术著作以具体的"社会规范"一词来表达"道德规范"的含义，而一般指代的"社会规范"就是"规范"的意思。还有观点认为，马克思、恩格斯所提到的原始社会中"最初产生的习惯"与规范并不全然相同，习惯是人们习以为常的行为模式，不包含价值判断；规范则是社会认可的行为模式，包含价值判断。习惯可以是个性化的，但规范一定是社会化的。只有当一种习惯（惯例）被普遍认为应该得到遵守时，它才会成为规范。习惯有可能是人们无意识的、脱离群体的行为。然而，自发的认同中也必然包含价值判断，人的任何行为都是在参与社会活动的过程中形成的，同时也时时刻刻受到社会活动的影响和制约，区别仅在于受到多大范围、多大程度上的社会认可。比如，人们通过电商平台进行交易，大多习惯通过给卖家发私信解决产品质量问题，而不是第一时间诉诸法律，这种通过第三方平台解决纠纷的机制正是依托大众对互联网营商的普遍

---

① 此处及下文所提"自然律"的概念依据霍布斯的理论：霍布斯认为，"自然律是理性所发现的诫条或一般法则。这种诫条或一般法则禁止人们去做损毁自己的生命或剥夺保全自己生命的手段的事情，并禁止人不去做自己认为最有利于生命保全的事情。"具体参见霍布斯. 利维坦 [M]. 黎思复，黎廷弼，译. 北京：商务印书馆，1986：97-103.

认可。

综上可知，从法律效力和社会实效的双重内涵来看，规范可以被视为等同于规则。从另外一面来看，"规范"与"规则"可以通用，亦有区别。《辞海》中把"规则"解释为"规范"，把"规范"解释为标准、法式。① 它们都是动作或行为的准绳。不过，"规则"一词相对中性，而"规范"或多或少带有价值倾向性。相对于规则而言，规范特指法学意义上与实然相对而言的应然，即"应该如此"，但不是必然如此。规则作为对人的行为模式的标准设定，其对价值判断的协调与均衡的属性，比规范更能够体现它连接法律事实与价值的特征。

三、规范和规则的演变

随着人类社会生活的变迁，规范的概念已经不单单指代由国家强制力保障的法律规范和政治、社会规范，而是添加了宗教的、道德的、习俗的、礼仪的、技术的含义。结合凯尔森理性思辨的和哈特经验实证的关于法律概念的定义，我国法学理论界将法律规范和法律规则视作同义概念。一些法理学著作明确表示，法律规范又称法律规则，是一种特殊的社会规范和行为规则。② 例如，谢晖的《论法律规则》体现的就是哈特将法律规范分为主要规范和次要规范的思路。另外，陈景辉将道德规则包含进整体的规则，赞同人们遵从规则的行动理由存在一阶和二阶两种基本类型，前者包含自行权衡，后者排除自行权衡。陈林林和许杨勇也认为，法律规则本身是二阶的行动理由，道德规则属于一阶道德理由

---

① 李伟民．法学辞海：第3卷［M］．北京：蓝天出版社，1998：1636-1637.

② 卢云．法学基础理论［M］．北京：中国政法大学出版社，1994：290；孙笑侠．法理学［M］．北京：中国政法大学出版社，1996：30；沈宗灵．法理学［M］．北京大学出版社，2001：120；公丕祥．法理学［M］．上海：复旦大学出版社，2002：331；张文显．法的概念［M］//张文显．张文显法学文选（卷二）．北京：法律出版社，2011：38-46，286-311.

的范畴。张文显"原则—概念—规则"说中的"法律原则"，按照德沃金的解释，是属于"道德层面的要求"，反映了对社会公平和正义的需求，之后张文显将哈特的两类规则类比为调整性规则和构成性规则。①新分析法学派拉兹（Raz）则认为，规范作为特定行动的理由需要依托社会环境来承认规则，这些规则既包括法律规则也包括道德规则。因此，从现代社会规范意义的层面看，规范已经等同于规则，包含法律规则和道德规则（有的时候用"社会规范"一词来表达）两个层面。除却法律规则，其余的一切"行为模式"包括"习惯"都属于道德规则。法律科学中，规范尤其是法律规范是规定性的，是对"应然"的一种价值判断，而规则就平衡法律事实与价值的广义而言是叙述性的，二者的区分用语经过社会的不断演变，在所谓"二阶性"效力的界定上已无本质差别，对"实然"或"应然"的明显价值倾向性也已逐渐淡化，应当将二者视为价值判断的同一位阶，对所属规则种类进行一致的分类。自此，规范与规则的概念融为一体，随着社会化的发展，已经不存在单单依靠法律强制性规则就能实现的法治，因而规则本身已经和规范一样，需要将道德因素与社会实践中的价值评判纳入词义的范畴。

第二节　规则之治的法学原理

一、法律规则与道德规则

（一）法律规则的界定

社会上，由国家推动、保障实施的行为规则就是法律规则。法律规

---

① 张文显. 二十世纪西方法哲学思潮研究 [M]. 北京：法律出版社，2006：328.

则是统治者意志和利益的集中体现与反映。法律规则通过言语、技术对法律关系加以归纳、总结，用来规范人类社会庞杂繁复的行为及活动。法律规则具有普遍性、可重复性和抽象性的特点，是对社会经济生活中所发生的各类生产关系和矛盾冲突加以汇总、提炼的规则。法律是上层建筑的重要组成部分，直接反映了一个社会的经济基础，即社会中占统治地位的生产关系各方面的总和。作为折射社会物质生活获取生产资料能力的经济法，它是作为上层建筑的思想意识对经济基础的表达和总结，与社会基础的经济关系、生产力和生产方式密不可分。马克思反对对法的概念与社会规范性调整体系不加区分。按照马克思主义的观点，法是与国家相连的一种社会现象，是掌握国家政权的阶级的价值观念的外化。法律规则作为一种对行为后果的正式规范和社会控制方式，其实施、实现，权威和功能的发挥以国家力量为后盾，从而保证了法律规则在社会中的功能和作用。法哲学家霍布斯提到法律是主权者为获得授予的权力而订立的规章，这样的约法对臣民来说是迫使其服从的命令。更有不少法学家的名言对法律规则作出了概括定义，例如，德国法律实证主义学者耶林说："没有强制力的法是不燃烧的火，不发光的光。"①奥地利纯粹法学派创始人凯尔森说："法律是武力的一种组织，法律是一种强制性秩序。"② 美国人类学法学家霍贝尔说："强力是法律的重要方面。"③德国公法学家耶利内克（Jellinek）则认为，如果人们在历史上某个特定的社会状况中追寻一种规则，其执行使该社会状况的持久存在成为可能，那么人们就会得到这个社会的法律。因而，在任何社会，法

---

① 罗斯科·庞德. 通过法律的社会控制——法律的任务 [M]. 沈宗灵，董世忠，译. 北京：商务印书馆，1984：17.
② 凯尔森. 法与国家的一般理论 [M]. 沈宗灵，译. 北京：商务印书馆，2013：19，21.
③ 霍贝尔. 原始人的法：法律的动态比较研究 [M]. 严存生，等译. 北京：法律出版社，2012：23.

律规则存在的前提条件是，虽然人可能违反规则、拒不执行规则，但是社会可以授权当权者合法地使用相应的物质资料对其加以强制。总之，以国家力量为后盾的法律规则具有独特的强制性，从而区别于其他社会规则。法本质上是由社会物质生活条件决定的、上升为国家意志的统治阶级的意志，法律规则是被强制力执行的规则。

法律规则大体而言由假定、处理、制裁三个逻辑要素构成。假定是规则适用的必要条件或某种实施状态，指明法律规则在什么时间、地点和条件下可以适用；处理是指在行为规则本身的基本要求和实施状态存在的情况下主体的具体行为模式或权利义务关系，它允许、要求或禁止作出某种行为，是人们行为的评价标准；制裁是指违反法律规则的主体应当承担的肯定或否定的法律后果，是法律规则强制性的标志。现代的法可能只是"假定、处理、制裁"三段中的某一段，没有这三段的可以算政策。因此，法律规则包括立法机关制定的法律规则和非立法机关制定、认可、推动执行的法的规则，即所谓行政立法或通过司法认可的规则。在一部法律中，包含在法律条文中的法律规则，除少量的技术性规则外，大量的法律规则都包含法律价值判断的成分。在包含着法律价值判断的法律规则之中，具有更为明确的价值选择作用的形式是命令性规则。命令性法律规则通过"应当"和"禁止"等词语，直接表达了法律价值的基本要求。贯彻法律规则，需要国家机关的执法活动，使一般的行为规则与社会生活中的具体情况相结合，充分发挥法律规则调整社会关系的作用。立法目的和法律基本原则往往是通过法律规则来实现和实施的。法律规则是法律中法律价值最为直接和具体的表现形式，也是法律与现实社会生活最为接近的部分。经济法设定的法律规则，是社会经济生活中与社会整体经济利益有关的行为依据和评判标准。客观地说，人们的日常行为并不能被要求时刻关注整个社会的经济运行状况并与之相适应、相协调，人们往往只关注自身的利益，并以此为中心开展活动。法律规则的设定，既要反映社会整体经济运行的要求，也要符合社会生活的实际，尤其是法律规则中带有明确价值判断成分的命令性规则，应当科学、明确，易于理解。具体到经济法，规则的设定有助于人们在法律上调整自身的行为，在法律允许的范围内关注自身的利益。如《中华人民共和国反不正当竞争法》（以下简称《反不正当竞争法》）规定禁止不正当竞争行为，就应当对不正当竞争行为进行科学合理的界定，但对于法律中未列举的不正当竞争行为是否都是法律所允许的，由于无法一一列举违反诚实信用之商业道德的竞争行为，所以还应当对不正当竞争行为做概括性描述，实践中往往需要根据概括性描述来认定某竞争行为是否正当。又如，《反垄断法》规定禁止垄断和限制竞争行为，那么就应当对垄断行为进行法律上的说明，包括概括性描述和兜底条款，从而为合理性分析提供依据，而不是简单地列举所禁止的行为，我国新修正的《反垄断法》也充分体现了这一原则。

（二）道德规则的界定

道德规则是调整人与人之间以及个人与社会之间相互关系的社会规范，是评价人们行为的善美或丑恶、诚实守信或投机欺诈、公平正义或不公正偏袒、光荣自豪或耻辱羞愧等的准则，为人们的行为提供标准和方向。区别道德规则与法律规则的关键在于它们的实现是否由国家力量加以保障。道德规则属于社会意识形态的表现形式之一，指在对个人道德观念抽象、提炼的基础上所形成的带有普遍性的道德观念并外化为如道德格言、风俗礼节、乡规民约、传统美德之类为公众所遵从的社会性规则。与法律规则相反，道德规则是一种行为者因外界意见和自身良知而遵守的社会规则。道德规则具有非强制性、非约束性、当事人自觉自愿的特征。从公共关系的角度看，道德规则也是一种人类行为与行为之间关系的总结。如果社会上空有大量形式上的规则，缺乏人们自觉自愿的真正对"道德"和"正义"的思考即理解，规则的形式要求与人们的道德自愿相背离，就会造成更多的社会问题。依照埃里克·波斯纳的定义，道德规则是存在于博弈均衡之中的行为常规，即"活法""行动中的法"和"实际规则"。道德规则发挥作用的范围、方式、手段等皆是从人们的社会生活中引申出来的，对人们行为的约束和鼓励的程度因个体差异而不同，除自我设定的标准、传统力量以外，往往还受到舆论的外在制约，调整范围也因时因地因人而变化，且受到一定历史时期社会总体价值观的影响。道德规则对人们行为的评判方式和标准要求广泛且多样，未必在一定人群或社会团体中具有普适性。道德规则不仅惩罚"我所做的"，还惩罚"我所想的"。道德规则不同于法律规则，不仅对人的行为后果加以约束，还对人的行为目的及过程加以评判。

在市场中，道德规则以诚实守信为首。市场主体在追求自身利益最大化的驱动下，更易违反道德底线，从而对法律规则的有效执行产生不同程度的影响。道德规则具有非强制性、自律性、非物质他律性和任意性，在实际的经济活动中，在利益的驱使下，企业经营者很可能违背诚实守信这一基本道德规则，进而违反相关的法律规则。正如马克思在《资本论》中所引用的，"一旦有适当的利润，资本就大胆起来。如果有 10% 的利润，它就保证到处被使用；有 20% 的利润，它就活跃起来；有 50% 的利润，它就铤而走险；为了 100% 的利润，它就敢践踏一切人间法律；有 300% 的利润，它就敢犯任何罪行，甚至冒绞首的危险。"①如果欺诈带来的好处大于诚实带来的好处，那么市场中现有的经济行为就会衍生出以欺骗性的方式来获得更多的个人利益。在以往的经济法案例中，无论是保障食品药品安全、禁止股市内幕交易、防范企业不公平竞争，还是打击偷税漏税、维持优良的经济秩序、落实网络数据安全，

---

① 托·约·登宁．工联和罢工（1860 年伦敦版）［M］//马克思恩格斯全集：第 23 卷．北京：人民出版社，1972：829.

都和道德规则的自我约束特性紧密联系在一起。市场主体倘若诚实守信、遵循商业惯例，相互间协助、促进竞争，不仅会节省经济执法成本、提高市场运行效率，还能造福广大消费者、利公利私；而如果市场主体无视道德规则、为了利益最大化"不择手段"，形成"劣币驱逐良币"的氛围，就只能借助于相关法律规则予以惩戒。

二、法律与道德的关系

（一）法律一般而言是最低道德标准的规则

按照朗·富勒对道德的分类，义务的道德通过国家强制力的保障上升为法律，愿望的道德则继续发挥道德的作用。道德对法律的执行起着关键作用，但这并不意味着法律的效力是道德的，更不应当将违反基本人性和整个社会较低道德标准的法律转化成道德。道德作用的领域与法律作用的领域存在既相互联结、相互包容，又相互排斥的关系，这种关系难以用清楚的规则界限阐明，类比数学，近似于不同层级的概念在横向及纵向上集合的交并补关系。对此，耶利内克认为，法仅是人的伦理（道德）的最低限度。① 他所描述的是法的不足而非对法的定调，中文"限度"一词隐含"界定"之意，由德文转译成中文后语意变成"道德由法律所界定"，与原义相去甚远。道德虽然不由法所决定，但道德对人行为的导向作用往往比法律的层次更高，道德自律是法治秩序的最高实现形式，道德"应然"是立法的落脚点。具体表现为一些法律规则也是道德规则，例如，杀人行为是道德和法律都禁止的，于是这样的道德效力受到法律的保护，道德的价值没有减退；而在"法无禁止"的

---

① 德文原话为：Das Recht ist nichts anderes als das ethische Minimum。

领域，不存在对人行为强加的道德标准，在"法无授权"的领域①，也不存在更高的、额外的对人行为的道德要求，这在经济领域，往往造成市场负面清单无禁限就任意妄为、政府正面清单无授权就无法追责的弊端。具体到一些食品原材料供应的质量检验检疫等，监管抽查作为法律手段，本质上难以面面俱到地对商品流通环节的每一个细节进行追责，在企业生产服务的供应链端若有人无视道德规则，就会产生重大食品药品暨医疗安全隐患。法律，一般而言是最低道德标准的规则，也是兜底市场行为、以一般条款授权保障最低市场道德标准的规则，这一与道德规则存在层级差异的内生性特质决定了法律规则在实际中并非制定得越多越好，因为总有比法律更高标准的道德在起作用。倘若法律挤压了道德的空间，一方面，强制性的法律规则难以实现预估的社会示范效应；另一方面，社会自治暨能动性的缩减还会带来公权力的扩张和滥用。

（二）道德一般而言是高于法律标准的规则

法律与道德在最低要求上是同一的，且道德往往是高于法律的行为准则。道德规则所调整的范围比法律规则所调整的范围广泛。并非所有承担道德义务的行为都受到法律的限制，道德通常是自治的，需要行为人自愿自觉地去遵从。行为人在道德的压力下并没有完全相对应的法律权利，义务也是如此。社会中人们的正义观、伦理价值等并不一定相容，对于社会大众达成共识的一般行为准则，道德规则高于法律规则。

① "法无禁止即可为，法无授权不可为。"这句话源自罗马法的一个基本原则，表达了罗马法关于法律规范的基本理念。这句话在拉丁语中的表述是： "Quod non prohibetur, licet"（法无禁止即可为）和"Quod non conceditur, vetitum"（法无授权不可为）。这一原则反映了罗马法对个人自由和国家权力之间平衡的基本看法。它意味着，在没有明确法律禁止的情况下，个人或实体可以自由行动；而在需要特定授权或许可的领域，未经授权的行为则被视为不合法。这种法律观念对后来的欧洲法律体系产生了深远的影响，特别是在私法和公法领域。它被认为是现代法治国家的基石之一。

一些自律、利他的高尚道德规则，由社会成员自主决断，不能由国家权力加以强制。一般道德规则之所以高于法律规则，是因为道德的内涵不能被法律所置换，否则人们只要默认没犯法就行，而将生活中自己或他人"不道德"①的行为也合理化。同样，法律即使事无巨细，也规范、防止不了不良道德行为。例如，税法中规定不同的征税税基、申请退税补贴、合理避税等举措都和道德无关，然而不道德的人在不触犯税收政策的情况下完全可以通过规避特定税种税基、利用税收规定的漏洞实现退税补贴，或者以股权转让之名行土地购买之实、滥用关联企业转让定价等，其结果和违反税法并无两样。只有当法律符合或者能够满足人们的需要、在人与法律之间形成价值关系时，法律才有价值（有用性）可言。人的行为总是存在有别于法律规范本质的自发性，所以法律漏洞②因道德普遍高于法律的标准而实质存在，并不因法律规定增多变细而减少或消失。法的价值不外乎维护社会的稳定、保障社会个体暨公共利益与价值，只有符合内在道德的法律才能同时符合实质正义，法律与道德在形成和表现形式、体系和发展方向、调整范围、实现方法等方面虽有所不同，但都是规则不可分离的两方面——优良道德是法律的目的，法律是道德的工具。

当然，也存在低劣的道德规则，比如，权钱交易、权色交易等潜规则，这需要以规则之治，通过法治的博弈来弘扬正气，构建邪不压正的社会氛围。它们是法律规则和更高标准的道德规则加以遏制的一种坏规则。

---

① 人人都认为某种不道德是道德，该道德就是低于法律标准的道德。
② 此处指面对千变万化的经济活动，超越法律规则范围的法律规定所不及、法律解释所不能或误判之处。

三、法制、法治与"之治"

（一）法制的含义

"法制"，顾名思义，指代法律和制度，是规定国家机关、社会团体、公职人员和人民平等地遵守国家法律，保证人民权利，维护阶级统治的一种社会制度。古代社会、封建社会多没有法治，或存礼治，但也有法制，比如，中国历史上最后一部封建法典《大清律例》建立了完备的法律制度，但这些纸面上的规定流于形式，难以改变晚清积重难返的衰败，社会法治的缺失也让完善的法制形同虚设。法制作为法律执行的构架，是国家在历史背景下对人们行为规范加以奖惩所遵循的依据，也是对人们在社会生活中应当享有怎样的权利、履行怎样的义务的概括，但在社会实践中不一定能达到善治的效果。法制纸面形式上的内容与结构，无不随着政治思潮、社会结构和经济需求而不断变动。"法制"是实现法律强迫性和统一性秩序的法的制度、规则及其体系，含义比"法治"范围小很多，光有"法制"在实际操作上不一定是"法治"。法律制度的基本模式决定了国家管理能力的上限，完整法律制度的构建依靠国家行政部门的职责和技能。法制的外在表现形式是法的渊源，包括宪法、法律、行政法规、规章、地方性法规和自治条例。法制以语言文字的外在表现形式将强制性命令组合在一起形成社会制度，一般而言是一种静态表达，这意味着在现有法律中，每个人在法律面前应当一律平等，并且都不能享有法律以外的任何特权。法制对法的合理性没有要求，只要法的设定存在，法制就建立了。法制以强制力为后盾，与国家权力相联系。法制是理论意义上的法律，可能不预设价值判断，属于形式意义上的制度范畴，是一种法律范式，但未必和社会观念相联结。

（二）法治的含义

不同于法制，法治不单单指代以法律为准绳来办事，而是还表现为基于正式规则的动态善治。法治不同于法制，它不仅涵盖法律体系，还涉及一系列问题，包括立法、执法、司法和遵法守法。法律只有顺应、推动社会、经济的自然发展，同时起到监督作用，纠正与排除不正义、不公道的权力及权利滥用，维持公平自由的经济秩序，才能将纸面上、形式意义上的法制转变为社会中、实际意义上的法治。法制和法治的有效性不仅涉的广度不同，而且深度也不同，法治蕴含的道德价值是法制所缺乏的。法制是实现法治的制度基础，法治则将道德和法律分别作用的领域衔接起来，形成既合法又合理的民主价值体系。塔玛纳哈认为，法治就是有关规则的权威，理解法治就要归结到规则的本质，规则也是法律的显著特征，规则的功能体现在对一般行为的导向，具有普遍性、确定性、透明性和明晰性的特征。罗尔斯提出，正义原则是制度本身的原则，是国家机器运作的道德原则，在现实中就体现为法治原则。米尔恩（Milne）也强调："道德在逻辑上优先于法律，没有法律可以有道德，但没有道德就不会有法律……一项要求服从的法律将是没有意义的。它必须以它竭力创设的那种东西的存在为先决条件，这种东西就是服从法律的一般义务。这种义务必须、也有必要是道德性的。"①显然，法治的合理性如果祛除了其内涵的道德性义务就难以维系下去。历史上，无论是卢梭、康德（Kant）、哈贝马斯，还是哈耶克，都认为只有法律尊重规则，保证规则的可预期性，保障每个个体可以自由地作出抉择，才可能实现真正的法治，人们也才会去自觉地遵守法律、认可法律。

---

① A. J. M. 米尔恩. 人的权利与人的多样性——人权哲学［M］. 北京：中国大百科全书出版社，1995：35.

法治虽说比法制多出一层"治理"的含义，但是历史上以德国的"法治国"（Rechtsstaat）观念①为代表，其所涉及的"法治"即"依法而治"（rule by law）类似于"行政性法治"，符合马克斯·韦伯所提出的三种合法统治的理想类型之"合法——理性型"权威：

　　在传统社会和克里斯玛型领袖统治②的集权社会中，那种直接暴力所能触及的深度和广度远远无法同"法治国"中的法律强制力相比。而且，理性的、客观的法律还使暴力披上了正当化的外衣，使"哪里有暴力，哪里就有反抗"这一规律失效。触犯法律的人在法律的强制力面前……无法反抗，因为社会已将其视为"罪人"。在法律之网面前，"罪人"只有两条路可以选择："认罪"或者"躲避"③。

由该段描述可知，一旦建立了法制的形式程序，法律就可以不需要合法性的外部证明而直接成为政治权威的依据，这在实践中可能会产生无法可依、有法不依、执法不严、违法不究的状况。毋庸置疑，体现"法之治"（rule of law）的法治才是"合法"（legal）与"正当"（legitimate）含义的统一。体现"rule by law"的"法治国"将外在的法律规则和内在的道德规则强行合二为一，不仅不符合实际，还会衍生出诸多的社会问题。如前所述，法律规则和道德规则虽可以相互交融，但不

---

①　"法治国"（Rechtsstaat）是德国法律和政治哲学的一个核心概念，起源于19世纪。这一概念强调法律的至高无上和法律对国家权力的限制，这一概念对现代德国的法律体系和政府治理有着持续的影响。

②　"克里斯玛型领袖统治"（Charismatic Leadership）是社会学家马克斯·韦伯提出的一个概念，用于描述基于个人魅力和非凡领导能力的权威形式。在韦伯的理论中，他将权威类型分为三种：传统权威、合法——理性型权威和克里斯玛型权威。

③　郑戈.韦伯论西方法律的独特性［M］//李猛.韦伯：法律与价值.上海：上海人民出版社，2001：91.

能等同。建立法治是对由公正的规则之治所达成的秩序的呼唤，也将硬性的法制及其法条融入社会生活的实际和人们的道德愿景之中，让法律不单单成为一种形式理性法，更能够成为契合当下多元社会利益、顺应优良道德标准的活的法律。从历史上看，拥有法制的国家未必拥有法治。比如，希特勒（Hitler）在德国的独裁统治，就不是基于共同善的规则体系。又如，中国历史上封建社会的法律也十分完备，但是却服务于欠缺法治的中央集权制度。同时，法治的实现离不开社会的整体发展，如果对于经济生活规则缺乏一个整体的、系统性的理论建构，法治就无法在具体规则的操作中得到落实，经济社会环境也极有可能被不合理的法制所裹挟，造成巨大的成本消耗，国家的社会治理将会脱离实践，成为空谈。

（三）"之治"的含义

对"规则之治"的研究除了离不开对"规则"概念的辨析，还离不开对其"之治"概念的理解。"规则之治"的"之治"就是实施规则之治的方式、方法。法治的结果与规则密不可分，法治的相关学说却很少对具有正式控制特征的法律在社会行为规范方面可以触及何种程度及范围给出答案，而仅认为政府行为的界限属于社会选择的问题。如果不能解决人们为什么会遵守社会规则这一问题，就难以界定清楚法律对于人类行为的影响。按照庞德的观点，法律不能远离伦理习俗，法治必须通过某种技术由社会中的个人来启动、指导和维持。对这样的"技术"，庞德解释为类似于"公共意见的综合体"①。庞德亦提到人类社会发展使人类活动按一定的社会规范进行，通过某种社会力量使人们遵从规范、维持社会秩序的过程，就是社会化的过程。他主张把法律作为社会控制的工具，通过法律实现社会控制，并且把法律作为社会控制的工

---

① 罗斯科·庞德. 法律与道德［M］. 陈林林，译. 北京：商务印书馆，2016：89-90.

具加以研究。由于社会利益关系的对立、意见的分裂、阶层的差异等导致统一的社会意志的欠缺，为了强化社会整体综合发展、维护特定的经济社会秩序，需要通过该"公共意见综合体"使全体成员围绕共同目标来创造福祉并保障个体在社会中的权利不受侵犯。按照庞德的理论，规则之治的实施解决了"怎样才能既不削弱联合行动的权利，又不剥夺个人自由权的价值；既不限制联合行动的权利，又不破坏个别公民的自由权或政府的权力"这一问题①，而使得个人与社会能够共生互动，从而可以借助于能够恒常执行的特定法治格局来实现公正的规则之治，即良序善治。总之，实现良序善治不单单要依靠国家法制下的各种规章、法规，还需要依靠社会实践中法律规则和道德规则之间的良性互动及博弈所达成的共识。

"之治"是统合法制与法治、立足于二者位阶之上的法律秩序。"之治"可以说是二者的桥梁。社会关系并不完全受法律规则的调整和约束，而且作为上层建筑的法律关系也不能够作用于经济基础包含的每一项生产关系。比如，生态环境下对"害虫""益虫"和其他不会对生态造成破坏的生物的定义，换一个环境则可能完全不适用。相比生态环境，经济环境的变化更加动态、复杂和不稳定，所以绝对不能采取非此即彼的二元路径，否则将会造成如同生态环境被破坏的一系列连锁反应，只要主体与客体稍稍变动，就可能引发系统性危机、阻碍社会经济秩序、降低国家的经济竞争力。耶鲁法学院教授罗伯特·埃里克森（Robert Ellickson）认为，有法律没秩序，法治就会形同虚设，而规则才是权利的根本来源。一个社会控制体系被界定为由一些恰当的人类行为规则构成，在社会控制体系下内嵌着非正式的规则来执行这一体系；

---

① 罗斯科·庞德. 通过法律的社会控制——法律的任务 [M]. 沈宗灵，董世忠，译. 北京：商务印书馆，1984：59.

规则与规则、规则的制定与施行、正式规则与非正式规则等之间相互嵌套，形成了特定的社会秩序体系，并在其中扮演着各自既对立又统一的角色。无论是事前有意计划的还是社会自发的规则，都通过"规则之治"的"之治"归拢成一体。"之治"便是规则之治的治理对象本身要具有一定程度的规则性，通过各种规则的互动与平衡，达成实质意义上的"rule of law"①。规则之治也正是以此为前提条件，通过法律规则与道德规则、正式规则与非正式规则之间的复杂博弈和协商，将法制与法治联结在一起，并以正当性与合理性对法律的具体实施加以解释的。

第三节　规则之治与经济法

一、经济法的规则之治

（一）历史主义的纵向考察

西方 17 世纪的市民社会代表了在权力之下的社会秩序构建，与生活在自然状态之下的社会秩序正相反，它并非全体公民的社会，只代表了当时社会的既得利益阶层。市民社会由此内生出自由市场经济、私法至上、恐惧并否定国家干预及参与社会经济生活的特质，造成了它因 19 世纪生产力和社会化发展而暴露出的局限。不管是公开参与市场操作和投资经营、反垄断暨反不正当竞争、统筹财政收支保障国计民生、监管金融市场衍生品，还是维护消费者和劳工权益、补贴中小企业、进行产业规划、实施行业政策等，国家的力量无所不及，无处不在。在我

---

①　各流派法学家很少将"rule of law"和"rule by law"等同，"rule by law"并不必然导致"rule of law"。法治必然是规则之治，rule by law 是法条主义，必然导向人治。

国，当社会尚不能在自治及社会所有的基础上实现经济社会化下国家与社会合作的平衡协调时，贸然因部分行政官僚化和效率低下等问题而全盘否定国家管理经济的职能，重复西方国家过去经济自由放任主义的老路，将市民社会与政治国家强行二元割裂，无视政府参与经济关系也应当而且可能遵循客观经济规律，只会矫枉过正。民商法和行政法的理论以市民社会与政治国家、私权利与公权力的泾渭分野为前提条件，有别于此，经济法制度以社会化背景下公私领域的融合为前提来解释法治，其规则设计既考虑传统经济学中的"市场完全理性假设"①，也考虑社会学、行为经济学和政治心理学中的"有限理性假设"②，突破传统公与私"非理性"与"理性"两分对峙的理论视角，穿透形式的表面来解读实质的法治内涵。传统法治以个人利益为核心，以市民社会和政治国家的分立、市民社会封闭且自治为逻辑起点，以民商法等实体立法为载体、以司法裁判的消极救济为主要运行模式，属于一种个体主义的理论范式。而为了弥补贯彻过失责任、契约自由、所有权神圣原则的近代法之不足，经济法强调对个人和公共利益共同保护的基本价值，个人、组织和社会的意志在经济法律关系中的动态呈现，而不是法制的静态配

---

① "市场完全理性假设"（Perfect Rationality Assumption in Markets）是一个经济学中的理论概念，它假设市场中的所有参与者（如消费者、生产者和投资者）都具有完全的理性。市场完全理性假设在理论模型和分析中非常有用，因为它简化了复杂的市场行为，使经济模型更易于构建和预测。然而，这个假设在现实世界中往往是不成立的，因为真实的市场参与者通常不具备完全的信息，也无法完全理性地处理所有信息。因此，尽管这个假设在理论研究中很有价值，但在应用于实际经济分析时，需要考虑其局限性。

② "有限理性假设"（Bounded Rationality）的概念旨在描述尽管人们试图作出理性的决策，但他们的认知能力是有限的，而且无法预见所有可能的后果。因此，人们往往无法达到完全理性的决策标准。人们在实际决策中，通常是寻求"满意解"（satisficing），而不是最优解。这意味着，他们会寻找一个足够好的解决方案来满足基本的需求和标准，而不是追求最佳的可能结果。有限理性的概念挑战了传统经济学中关于完全理性的假设，为研究更加真实和复杂的决策行为提供了理论基础。

置和调整，更不是对法律规则照本宣科式的表达或复制。经济法公私融合、平衡协调及社会本位的特质，还拓展了保障市场主体的财产、参与市场交易的自由及合同安全等的法律作用范围，与国家政策一道增进了参与性民主，让市场经济的活动与行政监管的协同进一步发挥效能，不论是在公的层面国家对经济的统筹协调，还是在私的层面个人营商的自主力争，二者都相生相成。

基于我国历史和国情，更不应当拒斥国家作为社会主体参与经济发展、行使经济职能，否则这无异于在不可能的幻象上建立乌托邦。这也更加证明，法与经济拥有共同的、一致的秩序：法是为了维持、保障、发展社会生活而设定的秩序，而经济是为了获得、处分人类生活所必需的物质资源而设定的秩序，经济生活的特有秩序包含在法的秩序之内理所当然，一国的经济治理活动也包含在一国的管理调控职能之内，有经济之才，方能治国安民。事实上，我国直接管理经济古已有之，西周就有细密的商业管理规定和相应的管理官员①，不同的是在高度社会化之前，国家直接管理经济是零星的、浅层次的，高度社会化之后则是普遍的、深入经济各个层面的。相比于西方国家从建立规则契约开始在唯"市民社会"主张权利的弯路上反复，我国经济法治倘若人为地"创造私有制的自由竞争状态，就是放弃已有的工业化、社会化成果……结果肯定会比经济发展较平衡、资源较丰富、人口不拥挤、国民素质较高、人的团队精神和纪律性较强的俄罗斯发生的破坏性后果更严重千百倍"②。历史主义纵向考察的结论是，面对后现代社会中工具理性和人

---

① 例如，《周礼》中记载："司市掌市之治教政刑，量度禁令。以次叙分地而经市，以陈肆辨物而平市，以政令禁物靡而均市，以商贾阜货而行市。"《周礼》还记载了西周时期各种管理市场的官职，如司市、质人、廛人、胥师、贾师、司虣、司稽、胥、肆长、泉府、司门、司关等。

② 史际春，陈岳琴. 论从市民社会和民商法到经济国家和经济法的时代跨越［J］. 首都师范大学学报，2001（5）：37.

的异化所带来的种种问题（这在自治精神和自治能力尚未趋于完善的中国社会较为突出），只有直接将规则之治"二元一体、三元主导"①的理念融入经济法，在自觉能动地遵守规则的同时，讲求人性化说理和博弈，才能真正实现不囿于理性逻辑的公平与正义。

（二）部门法的横向比较考察

各部门法都有特定的调整对象，而这之间又有很多调整对象属于经济管理关系和协作关系的范围。首先，民法是市场经济的基础，经济法为民法发挥其应有作用营造优良的环境。民法无法规范私人与公权力之间的经济关系，民法的平等主体、等价有偿决定了在民法中也需要通过规则之治进行博弈和说理，比如，过失责任，比如，合同当事人有没有违约，完全不能直接依法硬行确定。②而与民法相比，公私融合的经济法在需要规则之治的程度和范围上更深更广。其次，经济法所调整的实体关系如财政、税收与金融等，几乎都有政府作为一方主体和承担行政责任。行政法与经济法是内容与形式意义上的关系，二者的交融互补性非常强，比如，反垄断，经济法注重内容分析，并由行政机关通过行政程序来执行。二者合为一体，经济法通常伴随公共管理也就是政府的行政，比如，反垄断法是反垄断执法机构（行政机关）去适用的（行政行为）。经济法关心的是是否会构成垄断、该如何处理，行政法关注的则是反垄断执法机构的行为是否适当，该反的垄断没有去反如何追究责

---

① 之所以说规则之治是一种三元主导的样态，是因为它摆脱了规则治理非此即彼的二元对立思维，展现出强有力的自主能动性，能够实事求是地对不同利益群体之间的规则博弈进行说理，而非被动地依法条或者依道德来执行规则，从而保障和强化社会共识。如此，规则之治从更高的三元位阶合理合法地决定各种社会治理的二元结构（如规则的规范性与价值性、政府作用与市场作用、公与私等）之间到底应当是怎样的运行关系和实施模式，继而实现规则治理亦此亦彼的和谐统一，推进良序善治。

② 比如，认定缔约过失责任和预约合同的违约责任的标准和范围。

任、该不该追究责任，二者从社会关系和法律关系的角度实际上区分不了。就主体而言，需要辨清法律关系的主体、法律上的主体制度和根据这些不同的法律主体制度所确立的主体这三个不同的概念。根据经济法的主体制度（特殊机构和企业、国有企业、合作制组织制度等）所确立的主体，依法可以参加任何法律部门的法律关系，比如，行政法的行政复议、行政处罚、行政诉讼等法律关系。再次，经济法的义务也可能包含刑事责任，但论罪科刑应根据刑法，违反经济法的不是都处以刑罚。

民法无法规范私人与公权力之间的经济关系，行政法则无法触及市场秩序中的经济运行及财产关系，经济法作为公私融合的法，必然涉及协调不同部门法的异同，与各部门法彼此配合、相互补充。马克思主义认为，法是随着经济基础的发展变化而发展变化的，因此法律部门的划分并不是固定不变的，法律应该是社会共同的由一定物质生产方式所产生的利益和需要的表现。改革开放以后，在经济法与民法的争论中认为经济法是民法与行政法相结合的法这一观点，仍然以外部的视角来看待经济法规则之治的运行。无论是民法上的平等主体等价有偿，还是行政法上的命令与服从，都会把经济法对经济关系的调整理解成从外部或从内部的相互对抗、干预。如此，实践中区分公法和私法，便会强调以行政手段和行政法的要求来对待、处理政府参与的经济关系，造成它与市场经济及其法治的脱离；而在市场交易、竞争等关系中只考虑抽象的民事平等主体关系，忽视公共政策或行政的要求或规律，也会加剧个别利益和公共利益的冲突。通过对部门法的比较考察，可以看出经济法是内外合一的法，其调整手段无论是通过政府还是市场都是同一整体在不同条件、状况下的多方动态博弈，也是相较于其他法在规则之治的更大范围和更深程度上采取不同规则治理方式的结果。苏联和中国都曾有观点认为，经济法是针对包含各种经济关系的特定的经济过程而制定的，没有统一的调整对象和调整方法，这正是因为没有理解经济法规则之治的特性、以二元对立的角度来解读所有部门法所致。

二、关于经济法规则之治的一般理解

（一）经济法规则之治的协调

法律是为了回应社会的要求，加强对社会的组织管理，拓展社会更大范围的有序空间才产生的。哈耶克对此有所述及："与外部秩序相对应的外部规则尽管是人类社会所不可或缺的治理工具，但是它却不能因此而侵扰甚至替代内部秩序得以生成并得以维持的内部规则，否则自生自发的内部秩序和植根于其间的个人的行动自由就会蒙受侵犯并遭到扼杀。"① 马克思主义学者汤普森（Thompson）认为，自由主义学派以18世纪的社会背景为基础作出假设的观点已经落伍，因当时的社会尚能在家长式和服从制的范围内努力实现公正的法治。而今的社会遽变，已经使法律的制定与施行变得更加工具化，也更易受到阶层力量的影响。依据美国社会学的相关理论，唐纳德·布莱克（Donald Black）沿袭庞德的理论将法律界定为政府的社会控制，而其他社会学家仍然为如何明确界定规则而挣扎②，马克斯·韦伯则将法律界定为由专长社会控制活动的官僚强制执行的规则。韦伯详细阐释了规则是怎样从常规、习惯过渡而来，违背了就会受到他人强烈反对的行为格局是常规，没有这一规范性支撑结构的恒常行为格局是习惯，对少数被发现的不轨者恒常地予以

---

① 哈耶克. 法律、立法与自由：第1卷［M］. 邓正来，等译. 北京：中国大百科全书出版社，2000：40.

② BLACK D. The Behavior of Law［M］. New York：Academic Press, 1976：2；HOMANS G C. The Human Group［M］. New York：Harcourt, Brace & World, 1950：121-125；SCOTT J F. The Internalization of Norms：A Sociological Theory of Moral Commitment［M］. New Jersey：Prentice Hall, 1971：67-84；GIBBS J P. Norms：The Problem of Definition and Classification［J］. American Journal of Sociology, 1965, 70（5）：586.

惩罚或对多数遵守正当行为者恒常地予以奖赏，这样具有约束性的执行活动就是具有正式控制力的规则。有鉴于此，较为主流的社会控制理论在定义规则时强调规则负面强化的作用，却因而减少了对触发奖励的规则的重视，导致规则之治囿于硬法的行政强制作用，忽略了软性诱导方式在缓冲民众对规则的预期与实际规则之间冲突方面的重要性，尽管执行起来后者的相对成本要高于前者。

　　社会组织、企业形态、政治博弈的复杂化令规则所要求的"实然"与"应然"相互对应、趋于一致的价值判断，单靠国家法律形式的监督难以达成。伴随现代化与全球化的进程，市场经济不断扩张，地域、风俗、历史、文化等造成的各交易规则之间的差异性，愈益随均质化的信息流通而缩减，这也使得法律规则与道德规则的关系更加模糊不清，加上发达的互联网信息，社会公正体系依赖媒体比怪异、博同情，也是造成"统一法的应然与实然关系"成为难题的根源之所在。在生产、交换、分配、消费的过程中，随着社会化福利保障思想的兴起，分配正义的理念越发受到重视。但公平正义并不像民事平等主体之间的法律行为那样，可以通过双方当事人是否意思表示一致和是否交付实物来判断。国家机关、企业、事业单位、社会团体和其他社会组织相互之间，以及它们与公民之间，在经济活动中形成的经济权利和经济义务关系的层次参差不齐，其中主体、客体及调整的内容也灵活多样。实现公共利益除运用传统的法律、法规之外，还大量运用公共政策、行业标准、管理办法、自律性规范、交易习惯、软法等规则。由于经济形势的不断变化，个人及团体对于公共利益的看法也存在着显著的差异，还会出现"集体冷漠"或者"搭便车"等社会问题。有的公共利益与私人利益殊途同归，有的公共利益与私人利益殊途不一，还有的公共利益与私人利益掺杂相融，因此经济法对个人利益、团体利益和社会利益的平衡协调需要配合事宜、各得其所，而不是一味追求一种利益的绝对或相对均等。为此，规则之治以超乎一般性规则之上的落脚点，对不同层次、不同级别、不同范围、不同大小、不同程度的利益加以重组、调和，通过改变利益主体行为的外部环境、其诉求的关键点和达成利益的选择，或协调平均或有所侧重地在权衡个人利益、国家利益、社会利益的过程中成熟与发展。

由此，经济法规则之治的协调，是从规则之治本身的发展和经济法功能的发展而历史地形成的，这种协调经历了实践考验，符合良序善治的民主原则。

（二）经济法规则之治界定中涉及的特色方法

规则之治不严格地死抠法律、不信奉法条主义。以往对规则之治的界定都未能提出更加完善的理论：如某种具体的规则何时、如何出现或流行，哪种机制可以操纵规则制定的过程，以及人们是怎样认同某一规则或遵从某一行为规则的。因而，在研究正式规则与非正式规则的实质内容时，需要引入法社会学、法经济学和法哲学等相关的方法。法律是一个应对社会生活的体系。社会学中对整体系统论和公共利益、社会控制理论的研究，着眼于广义的社会复杂利益和公共秩序，与法律角色的设置、权利义务的配置和法律责任的认定方式密不可分。不以社会学整体本位论的方法界定规则之治，就容易从片面的视角"管中窥豹"。同理，经济学中如科斯定理、帕累托定律（Pareto Principle，也叫"帕累托改进"或"帕累托最优"）、卡尔多-希克斯定理（Kaldor-Hicks Efficiency）等经济规律和不断翻新的经济理论派别，也为经济法进行"成本—收益"理论的分析以及透过经济学对不同的经济现象加以说理、完善规则之治的正当性提供了翔实的依据。法治本身是一个现代性问题，而不是一个已被证明的解决现代问题的办法。哲学的辩证统一思维为经济法外在表现的二元矛盾提供了深刻的理论支撑：人们生活的实际和书写的法律往往迥然不同，公共生活时刻处在变化当中，经济发展也不断出现创新的模式，必须采用有的放矢的模式，才能从各类研究方法中取长补短，做到客观全面、不偏不倚地看待问题和博弈说理，并对症下药，解决问题。比如，随着 5G 的兴起和万物的互联，必然要对传统的针对互联网平台和资源终端的一系列与数字化、社会化相关的法律规定加以扩充、变动和创新适用，这亦体现了规则之治在面对新兴数字业态经济所拥有的规则治理方式时所展现的各种可能性。

三、规则之间的相互转化

（一）法律规则与道德规则的内外统一

法与道德同属于规则，在结构上不存在二元对立，是内外统一的不同位阶的规则。依前所述，哈特从实证主义、"实然"和"应然"相分离的角度强调法律与道德处在不同的规则位阶上，二者不应当混淆。然而这一点，在如今信息飞速传播的互联网时代已无法实现，只能是空想。尽管法律规则与道德规则外在地处于不同的位阶，但其内在却具有同一性。二者之间的互动既包括好的法律规则和坏的道德规则之间的互动，也包括好的道德规则和坏的法律规则之间的互动。好的法律规则能够带动坏的道德规则向善，而好的道德规则亦能纠正坏的法律规则；反之，坏的法律规则会加剧好的道德价值的损坏，坏的道德规则也会令法律规则失去公信力。在价值层面，法律规则应当基于不同的情况来决定是否服从特定的道德评判和伦理指向；在秩序层面，二者则不分主导和基础的角色，以实际的博弈方式来判定其如何互动。总之，法律作为维护社会秩序而由国家保障和认可的规则，不是消除道德瑕疵的权威性工具，公平正义过头了也未必公平正义。例如，在遵守交通规则、垃圾分类上，法律规则的强制性可以带动人们对于某种秩序的认同，并长期培养公众良好的习惯；但是如果民众素质和社会承认普遍达不到法律所要求的高度，法律规则就会形同虚设。以往认为法律与道德不可混淆和相互替代的说法，在实际生活中也是站不住脚的。二者之间的博弈、交叉、对抗、替代时刻在发生，法律规则越科学合理、认同度越高、适用越刚性，其在实现过程中与道德规则所需的博弈程度就越小。好的法律规则能通过设置合理的秩序框架，逐步提高整个社会的道德水准，并由此形成良性循环。比如，市场主体趋利避害的本质使一些人为了经济利益而不择手段，往往产生坏的道德规则，这时候就需要促进公共利益的法律规则对之进行约束，通过市场监管执法及相关规制逐步建立起公正的竞争秩序。

　　同样，道德规则能够直接影响市场中企业的运营，从而间接影响法律规则的适用。例如，21世纪初爆发的以美国次贷危机为导火索的金融危机暴露出一系列问题，高管薪酬过高、金融衍生品滥用、投融资客户关系恶劣、金融报表造假等，都引发了对企业社会责任和道德的更多关注，也直接推动了美国萨班斯法案（Sarbanes-Oxley Act）的出台。企业无形资产如信誉口碑、工作环境、职场文化、可持续发展策略等，对于公司结构、董事人数、外部审计、绩效计划、信息披露等起着至关重要的作用，而这些如果没有公开透明、诚实守信、勤勉尽责的商业惯例等道德标准的支撑，法律规则的实施效果将会受到严重损害。作为高于法律标准的规则，优良道德规则还会直接影响整个社会的主流舆论价值观，从而间接影响法律规则的裁判和执行。又如，舆论对消费者的同情，在西安利之星奔驰4S店一案中令西安市工商局最终判定不适用"三包"规定①而赔偿新车，就是道德规则战胜法律规则的体现。② 再如，上海迪士尼禁止外带食品的规定本身属于自主经营和自订商业模

---

① 原国家质量监督检验检疫总局于2012年公布的《家用汽车产品修理、更换、退货责任规定》，简称汽车"三包"规定。按照"三包"规定第20条，当事人这种新车发动机漏油的情况应该是先修理，修不好再退车。
② 行政处罚决定书：西市监工高罚字〔2019〕第9号。

式，走高端路线、禁止外带食品、园内食物定价高这些园区自身的规定，都由此演化而出，这些规定并不违反我国《反垄断法》的（歧视性）拒绝交易条款，也没有损害消费者权益，因为大家可以选择不去那里消费，更没有侵犯隐私权，因为世界上任何一家游乐园都需要安检保障。但抗议这样的商业行为在舆论上达成强烈共识，令迪士尼这一行为失去道德上的正当性、变成违法侵权，迪士尼被迫作出妥协让步，允许游客们准备除需再加热、气味影响他人、含酒精等不安全成分以外的食物进园内参观游览。① 由此可见，法律规则与道德规则的对立统一属于博弈和共识的问题，至于两种规则的好坏，也须由社会发展的客观经济条件和公众的共识来作出评判。当民众的文化道德素质和社会意识形态跟不上经济科技发展的步伐，就会产生即使有完善的法律也没有法治的情况。一旦法律规则与道德规则出现矛盾，规则之治会促使各方势力展开利益的角逐和对抗。对此，良序善治"必须要倒果为因，使得本来应该是制度的产物的社会精神凌驾于制度本身之上，而且使人们在法律出现以前，就已经是有法律约束才能够形成的那个样子"②。

（二）非正式规则与正式规则的协调统一

非正式规则与正式规则构成纵横交错的规则网络。非正式规则与正式规则最显著的区别在于是否变化不定，对现代经济生活来说，二者纵横统一方能实现"动中有静、静中有动"。由于法律条款为适应社会关系的不断变化需要频繁修改，所以法条的书写通常以一种概括的、不明朗的方式呈现，法律过于具体就会显著提升审订的行政成本，且不易于就烦琐各异的事实机动地加以转换。经济社会现象本身往往不易改变正式规则的稳定性和可持续性，相较而言，非正式规则更能随着实际情况

---

① （2018）沪 0115 民初 84934 号，（2019）沪 01 民终 3442 号。

② 卢梭. 社会契约论［M］. 何兆武，译. 北京：商务印书馆，2005：53.

的发展而灵活应变。规则之治的"网"，需要"疏而不漏"，没有必要事无巨细地将一切行为规则都固定下来，因而非正式的控制手段与正式的规则必然相互合作，实现纵横交融。没有非正式规则的配合和社会生活自发的秩序，就难以形成普遍和长期认可的正式规则。而立法本身，即使有国家强制力的支撑，也可能在遇到社会习惯性秩序时变得无效。正式规则和非正式规则有好有坏，正式规则如同高速公路，只有机动车通行，畅通、岔路少、直达目的地，但是不方便、执行困难、成本高；非正式规则如同非市政道路，有捷径、效率高、成本低、基于习惯，但是存在不合理的岔路和不规则的人与车。高速公路方向不对，会离法治越来越远；非市政道路混乱，也会有违法治的精神。无论是正式规则还是非正式规则，虽然它们实施的方式、手段不同，但最终达成的目标、远景则是一致的。倘若规则执行的结果离公正的规则之治越来越远，就需要通过长期的、博弈的转化才能在社会生活的实践中总结出具有良序善治内涵的规则网络。

在实际的社会生活中，非正式规则的执行大多需要靠运气，往往依赖于个人的处境和偶然因素，因情境不同而大相径庭，不具有普遍性和一致性。这时候，国家通过规则强制确立群体价值能够防止搭便车造成的公共产品供应短缺等问题，但这并不意味着要刻板地让法律体系与非正式体系同时发挥作用。迈克尔·泰勒（Michael Taylor）就认为，社会福利带来的是私人互助的萎缩，以及利他主义的逐渐淡薄。不同于法律边缘论者或法律中心论者的观点，讲求效用（utility）[①] 的规则之治会依据非正式规则和正式规则的实体性优劣以及它们各自的相对交易费用来实现能动自主性的相互交叉及替代。这好比走高速公路过于拥堵、走

[①]　效用（utility）是经济学中的一个重要概念，用于表示个体对特定商品或服务的满意程度或幸福感。效用是主观的，因为它取决于个体的个人偏好和主观价值观。

市政和非市政道路更为便捷就需要选择高效的道路分流，二者并行不悖。也如同商法以商业习惯为基础是因为商人们已经理解了自己的习惯，而他们同时必须雇用律师来了解法律。相反，一个社会如果有一堆纠缠不清的、会引发争议的非正式经济规则，那么更为明智的做法就是为这些交易建立并执行统一的正式规则。另外，在社会经济生活的客观条件还没发展到一定程度，或大多数人们的觉悟和意识还没有达成统一时，通过正式规则插手市场中一切"你情我愿"的交易行为，只会抬高成本和费用、损害消费者及其他市场相关经营者的权益，因此需要简化正式规则、加以非正式规则的协助才能保障正式规则的顺利实施。比如，对于商家不允许消费者自带酒水和食物的行为，就不应上升到正式规则、以侵犯消费者权益为由予以限制，否则就禁锢了消费者的"用脚投票"和商家的"经营自由"，不仅徒增行政事项，还制约了经营者之间的平等竞争。① 在适用正式规则的时候，也会因为非正式规则的存在而出现复杂微妙的经济现象或实际效果与具体提法不一致的情形。例如，国内的电商平台利用其优势地位迫使平台店家"二选一"、电商平台采取技术手段对店家予以限制，这些行为都难以取证，尽管如《反不正当竞争法》第12条和第24条等都明确禁止"破坏其他经营者合法提供的网络产品或者服务正常运行的行为"，平台店家仍难以维权，主要在于电商平台的"一家独大"决定了平台店家对它的依赖性，因诉讼可能离开平台所遭受的损失远远大于继续忍让、留在平台的损失。同时，在各类非正式规则，如潜规则、习俗习惯、默示规则、道德判断因人因地因时而迥然不同的背景之下，又需要通过既定的正式规则弥合分

---

① 这是市场中你情我愿的事，有的商家虽规定不允许消费者自带酒水和食物，但是服务好、质量佳，相对于那些没有这一规定，可是菜品差、态度恶劣的商家，其在竞争中仍会脱颖而出。如果通过行政强制手段"一刀切"地对这样的商家进行处罚，导致其经营难以维系，最后损害的仍是消费者权益。且具体到什么样的酒水和食物，从数量上、程度上、范围上等都难以细化和界定。

歧，建立起有序、同一的秩序。当一种规则是普遍达成共识的坏规则时，更需要另一种规则对其加以厘正，从而实现二者的不断博弈、向着更好的方向发展。原本不会发生的博弈，随着全球化经济的发展以及因国家提升竞争力的需求，也会被创造出来，产生出预期协调和规则选择的问题，譬如，英国靠左行的正式交规，随着英吉利海峡隧道的开通，就会与欧洲大陆向右行的正式规则产生冲突与协调的问题。非正式规则与正式规则"以人之长续己之短，以人之厚补己之薄"①，在人们自觉的素质程度、范围、共识不相匹配，甚至相互对立的背景下，实现了动态发展的统一与协调。

（三）形式理性与实质正义的相互转化

规则的形式理性集中体现在规范的事实性上，其形式理性若不与社会中的实际价值结合在一起，就难以转化为对现实生活发挥公正有效作用的规则。形式理性所展现的程序及文本的"事实"与实质正义所追求的公平及良序的"价值"之间往往泾渭自分。形式理性可能是正当的，比如，正当的程序也可能是不正当的，无论是正当的还是不正当的都可能与实质正义发生冲突，冲突时须牺牲形式理性而保全实质正义。和"事实与价值不分"同样错误的是认为"事实与价值无关"。德国法学家穆勒（Müller）认为规范事实并非与实践价值相分离，社会实践领域本身属于被规范化后的规范领域，规范事实是一种塑造实践价值的秩序模式。具体而言，如法律程序对社会正义与民生保障的强调，使得私法自治的交易行为受到一般社会协同制度的影响，且这种规范逐渐转向对个人实质权益的保护，进而塑造出影响个人权益价值的新秩序。不过，社会秩序中个人与社会协同存在的本质属性意指社会团体连带关系

---

① 晏婴. 晏子春秋·内篇问上第三 [M]. 张之纯，评注. 北京：商务印书馆，1919：25.

中的私人除却享受社会协同所带来的个人权益之外，也须承担各种协同性义务，单纯依靠形式上的规则并不能够对孤立和自主的个人之无限权益及其自由达成实质性的保护。如此，规则的这种根源性非对称因素（个人与社会行为的规范、个人自由与社会公共秩序在协同制度下的不对等）导致形式理性与实质正义本质上更易割裂，规范事实与实践价值的密切关联反而造成了二者之间的对立矛盾，形式上保护个人权益也许实质上并非正义，实质上维护社会正义也许形式上并非理性。价值的实现排除事实的规范依然存在，所以实质正义相对于形式正义而言更为重要。

经济法以平衡协调国家与市场的关系为目标，其对实质正义的追寻必然要求对利益关系实现分配与结果上的平衡，需要通过市场中的交往与合作将规则的规范事实性（实然）与实践价值性（应然）融合起来。经济法的一般规则和类型化规则需要经由实践以实现规则正义与个案正义的合二为一，才能不因法律的机械教条主义而忽视个案的合理性或者因个案的正义而曲解法律规则。关于规划和产业政策、财政税收、金融调控和监管等，经济法不可能通过事无巨细的法律形式加以规范，而需要授权通过各类指南、条例、文件等对不同社会生活条件下的经济现象逐一进行灵活调整。一些法规制定得过于苛刻，依据的是特定领域的专家所制定的标准，这些标准或追求单一片面的目标，或只局限于特定领域管理的便利，而不考虑其他诸如成本、美观、方便或者实用等关联性因素。例如，消防标准是消防专家为了有利于灭火而制定的，如果按照这一标准设计房屋，鲜有单位能实现，实际操作中由于形式理性与实质正义严重不符，反而给贪污腐败留下了滋生的空间。又如，当税务部门遇上环保税，无论是征税范围、税额标准、纳税申报计算方法，还是环保部门的规范环节，在排污费问题上都存在以原先的粗放式收费标准为基础的现行环保税税额标准和刚性征税之间的矛盾，这就需要在实际中以具体污染情况为准、结合经济发展条件酌情判断，而不能一味地依据形式的程序去征收，否则，个体和企业为了经济效益只会择机"偷偷"排放污染物，导致实质上的环境恶化。对同一行为合法性的不同态度，源于各方利益主体对同一行为的认知缺乏共识。如果在个案正义和规则正义的问题上民众无法达成共识，那么就要分析具体情况，以判断规则正义是否在法律适用中具有优先性和主导性。倘若一项规则所适用的法律依据缺乏普遍的说服力，就会在某种程度上导致公众对其适用法律的行为、执行的权威性和条款的合法性提出疑问。相关政策之间出现难以协调的冲突和矛盾，也需要通过具体的说理来分清主次、有所取舍。况且，通过定型和制度化的规则来限制当事人选择规则的自由、对当事人的规则意思予以制度上的确定、强制规定公式化的标准，依据的前提是社会经济生活不同阶段的客观要求。比如，过去滴滴平台尚未合法化之时，黑车拥有提价自由，但随着经济的发展，如果不按照统一的一般费率营业，则会遭到消费者投诉，这就是规则内容趋于定型的体现。形式理性与实质正义之间便是以此种法律关系为依托，当规则的规范事实符合社会的实践价值时，就是实质正义；当二者相悖时，就是形式理性。二者之间需要以实质正义对不同情况和不同的人予以不同的法律调整为前提，在不同的社会经济发展阶段通过相互转化、博弈，尽可能地强化实质正义的实现效果。

（四）关于不同规则界定的一般理解

从法学方法论的角度来看，依不同释义可以对构成同一规则的语言作出不同的理解和判断，而社会主流价值观和舆论往往会对规则的解释施加强大的影响力、裹挟规则所引导的价值取向，从而改变法律的实施。界定得再完善的规则在某一历史阶段、特定场景中也可能无法应对事物发展的复杂性，难以对社会行为进行合理规制，继而产生类似于"蝴蝶效应"的不符合一般规律的突发状况。

　　无论何时，"贯彻一项法律"的"法律规则"都是能够限定所有社会成员被许可的行动范围的规则，也是从外部而非内部对社会成员的特定行为所实施的规范。相较于外在的法律规则，内在的道德规则的内容包罗万象，具有各种外在的表现形式，既包括自治性道德规则，也包括宗教礼仪习俗，但它们都无须行政强制和诉诸法院。哈特在其著述中明确阐述了规则的存在，在庞德理论的基础上对不同类型的规则作出了区分。而按照哈耶克的观点，无论社会行为规则有多么不同，被区分界定得有多么细致，它们都无法简单地"像人们落实一项命令那样被'贯彻'或'执行'……一项行为规则所规定的内容永远是未完成的，亦即是说，它始终是一项施于所有人的常设性义务"①。同时，行为规则的实际运转永远是动态多变的，具有时间的不确定性。在前一时间段合理的规则，因为事物的发展而在后一时间段可能变得不合理。不同空间下的规则适用也因地域差异、文化历史背景的不同而产生不同程度的效果。多重维度下的规则背后有许多相互交织、产生连锁反应，甚至阻滞反应的关系，完美唯一的规则并不存在，只能无限趋近于完美状态。所以，对不同规则的界定及其适用方法的选择不能拘泥于一般性、模具化的理论，而要结合实际，从社会层面以动态的眼光来判别。不同的规则导致不同的行为，这些行为宜动宜静、既宏观又微观。因此，对规则的界定不是一成不变的，也不是纸面上的形式主义，须究其效力本质，以规则实际发挥的作用为依据，并从理想的规则和实际的规则之间差距的大小、规则在市场中的实际运行状况和相互博弈的力量对比角度进行理解。

---

① 哈耶克. 法律、立法与自由：第 1 卷 [M]. 邓正来，译. 北京：中国大百科全书出版社，2000：202.

第二章

从自发的规则到法律主义再到法治

法治就是规则之治，借由规则达至良序善治，研究规则之治必然要讨论一般化的法的要素与运行。规则作为人类社会发展的产物，从早期自发的行为和简单的社会关系中产生，到国家诞生，成文法、诉讼的出现，权利和义务日趋复杂化，法律主义、法条崇尚，再到以规则为基础的说理、博弈的法治，经历了一系列变革。

第一节　自发的规则

一、原始禁忌

禁忌（taboo）作为原始社会的一种人为的约束，是规则和文化形态的最早起源。禁忌源于波利尼西亚人的用语，有两层含义，一是神圣的，二是邪恶危险的。禁忌代表了不可接近的敬畏，最开始体现为图腾崇拜及自觉维护共同的原始道德。相对于规范以明确具体的形式来指导人们的行为，禁忌通过对潜意识化的精神观念和神灵的盲从，使得未开化的原始人自觉自愿地屈服于特定的、神圣化的禁忌准则，并由此逐渐发展成社会习惯和传统。禁忌因而成为人类规则的起源，是一种低级的、自发的社会控制形式，约束面广但具有非理性特征。德国学者卡西尔（Cassirer）认为，在约公元前 5000 年的古闪米特人生活时期，"禁忌是人迄今为止所发现的唯一的社会约束和义务的体系，它是整个社会秩序的基石，社会体系中没有哪方面不是靠特殊的禁忌来调节和管理的"①，如婚姻、牧畜、耕作、生育等。可以说，禁忌是规则和法律孕育的准备过程，具有对人的行为模式加以引导、威慑、惩罚以及对社会进行协调的功能，保证了社会从无规则向规则的演变。

二、习惯

习惯是较为稳定、规范、不成文的自治性规则，源于原始社会，至今仍发挥着一定的作用。在原始社会，法律还没有出现，调整人们行为的规则主要是习惯。这些习惯主要包括选举和撤换首领，氏族成员间相互继承，氏族成员间相互保护和义务援助（同态复仇），氏族成员间不通婚等。这些规则并非由某些机关或个人制定，而是由原始人类在长期的共同劳动和生活中逐渐自发形成。在尊重先例的前提下，多数人反复实施一定生产关系制约下的行为，主观上对他人行为的模仿、客观上对社会生活安定的渴求，使得特定的生活方式得以规范化，由此形成了习惯。古罗马法学家乌尔比安（Ulpian）认为，合于人民意旨所设定的习惯，与成文法具有同等效力。在西方国家，法律以习惯为渊源由来已久。早期英国法官就常常通过习惯来执行非正式规则。我国历史上各地的商业习惯各异，民国时期颁布了公司法、海商法、保险法和票据法，但除却这些民事特别法规定之外，其他诸项经营事务的规则并非由法官闭门造车而产生，1929 年南京国民政府《民法》开宗明义提道，"民事，法律所未规定者，依习惯"。也因此有学者将各类商事习惯分门别

---

① 恩斯特·卡西尔. 人论 [M]. 甘阳，译. 上海：上海译文出版社，1985：138.

类，凝聚商人的公意，对订货、提货、退货、买卖、票据、契约、合伙、债务、运输、证券、租赁、行业协会、营业等22类经商贸易中所涉及的领域总结出相关惯例，供不同地域的从商者参考。①

习惯主要是在长期的社会生活中自然形成的，它还是哈耶克提出的"存在于社会世界中的各种自生自发的秩序"之源头，这种秩序不是外部构建的组织秩序，而是既不具有设计性质也不具有意图性质的、由自然的人之行动而产生的规则体系。历史上早期的立法，无外乎修正和改变习惯，说明了习惯先于法律发展的根本属性，否则法律和社会生活不免方枘圆凿。例如，世界上现存的第一部较完备的成文法典《汉谟拉比法典》第229、230条规定："倘建筑师为自由民建屋而工程不固，结果其所建房屋倒毁，房主因而致死，则此建筑师应处死；倘房主之子因而致死，则应杀此建筑师之子。"这样的规定正是受到原始社会"同态复仇"的影响，仍带有"以眼还眼，以牙还牙"之习惯的痕迹。理查德·波斯纳也从法律经济学的角度提出，习惯比法律在内容上更可能实现福利的最大化，在讲求效用的原则下，法官可以明确地尊重例如重复交易的商人们的习惯，从而提高司法的效率。

第二节　成文法和判例法

从习惯演进到法律，是一个反复为之的长期过程。博登海默曾总结道："习惯乃是为不同阶级或各种群体所一般遵守的行动习惯或行为模式……一旦一个家庭、群体、部落或民族的成员开始普遍而持续地遵守

---

① 参见严谔声. 上海商事惯例 [M]. 上海：新声通讯社，1936.

某些被认为具有法律强制力的惯例和习惯时，习惯法就产生了。"① 与其说法律从禁忌和习惯中脱颖而出，是因为遇到了禁忌和习俗无法直接调和的重大社会矛盾或冲突，毋宁说，法律的出现是原始的习俗和禁忌已经无法满足日益繁多的社会治理要求，且氏族血亲关系无法解决社会分歧暨冲突，亟须国家推行某些规则来加以应对的结果。经过对长期习惯的总结和修改，社会中人们认可的一套共同经验形成了，并成为信条。这时候统治者为了维持社会秩序，必须强制遵守特定的习惯或新的要求，习惯法和成文法因此产生。无论是公元前18世纪的《汉谟拉比法典》、公元前450年左右的罗马《十二表法》②，还是公元6世纪的《查士丁尼国法大全》③，都意在通过国家强制力来调整当时因社会发展变得复杂起来的经济关系，让习惯和当下需要的新规则以成文法的形式得以普遍施行。在自然经济条件下，君主们往往依靠命令对社会生活进行干预，只有对那些带有根本性、一般性、稳定性和重复性的经济活动，君主们才选用法律形式加以固定，并由国家强制力保障法律法规的实现，成文法就是在这样的情况下不断衍生的。一般认为，基于腓尼基和迦太基人的航海贸易习惯形成了世界上第一部海商法《罗得海法》。随着11世纪欧洲海商贸易的兴起，越来越多的海商法依据海商习惯而制定。中世纪最早的一部海商法《阿马尔菲表》就强调习惯是超越法

---

① E. 博登海默. 法理学——法哲学及其方法 [M]. 邓正来，姬敬武，译. 北京：华夏出版社，1987：369-371.

② 《十二铜表》已失传，材质可能不是铜的，所以现在的称呼为《十二表法》。

③ 《查士丁尼国法大全》(Corpus Juris Civilis) 包含了所有相关法律文献的整体，是罗马法的最全面整理，包括了《查士丁尼法典》在内的四部主要文献：《查士丁尼法典》(Codex Justinianus)，专门收录了皇帝的法令和决议；《摘要》(Digesta 或 Pandectae)，收集了早期罗马法律学家的观点和案例；《教科书》(Institutiones)，作为法律教育的入门教材；《新令》(Novellae Constitutiones)，收录了查士丁尼晚年颁布的法律。

律的，"当习惯发言时，所有法律都应保持沉默"①。沿海工商业的发展促进了城市工商行会的壮大，新兴商业阶层为了维护自身利益便依照商事习惯订立自治规约，遂形成商人法。随着大航海、地理大发现，世界连为一体，新生的国际观念引发了宗教改革和强调个人主义、天赋人权的启蒙运动。在西方国家，资产阶级先后掌握国家政权，为了维护新兴的经济社会模式，通过并颁布了一系列成文法典，如1787年的《美国宪法》、1804年的《法国民法典》、1889年的日本《明治宪法》、1890年至1898年的《日本民法典》、1896年的《德意志民法典》、1919年的德国《魏玛宪法》等。

规则自降生之时，一直处在从道德世界向法律世界、不成文规则向成文规则迈进的路途中。为了维护统治阶级的利益，习惯被上升为国家承认的法律法规，就是成文法。大陆法系侧重于成文法，英美法系则以判例法为主，后者比前者更为灵活、注重结果。"成文法"是由国家政权机关按照立法程序，用条文词义形式制定，并经公布施行的制定法。"判例法"是不经国家立法程序，但由国家认可并赋予法律效力的司法判决，判决案件时可以仿照过去已经有过的先例去办。相较而言，判例法基于司法裁判，其灵活裁量的范围和程度比成文法更广更深。就成文法的滞后性、僵硬性而言，判例法优于成文法。成文法赋予立法者享有立法垄断权，作为理性设计行为的立法活动，难以避免立法者将一时一己的意志强加于法律，规则因而易丧失其普遍适用性和公正性。判例法的法官原则上不必遵守成文法，英美法系的制定法不能约束法官，一切以说理为基础，可以随时创造规则，当形式正义与实质正义发生冲突时，形式正义自然让位于实质正义。历史的发展表明，成文法皆源自古

---

① TWISS T. The Black Book of the Admiralty：Vol. 4 ［M］. London：Longman & Co.，1876：94.

代自发形成的习惯，尽管随着社会生产活动的复杂化，原始天然的秩序已不能保证习惯行为的顺利实施，需要以国家强制的形式对人们的行为进行约束，但是成文法在现代的施行依然离不开司法依据判例、习惯、习俗来说理的渊源。归结起来，法律规则与道德规则、正式规则与非正式规则、成文法与非成文法体现了来自原始社会习惯经验的概括演变与现代社会强制性、命令性规则之间内在的、根深蒂固的不可分割性，它们在历经最初的习惯无数次演变、适应社会发展变化后有了如今不同的表现形式，但是追根溯源它们最初都是因社会而生、因社会发展而变。在现代法治中，作为大陆法系和英美法系主要法律形式的成文法和判例法逐渐趋于融合，顺应了这一社会需求。因此，鉴于成文法和判例法蜕变初期二者属性的一致，国家强制执行或行政权力保障的法律规则只有深深根植于人们的社会合作、竞争和交易活动中，符合人们天然自发的社会秩序和道德规则，才能防止法律与社会生活出现脱节，甚至产生敌对。

第三节　法律主义

一、自然法与法律主义

自然法认为在人定的法律之外存在更高的公平正义的规则；法律主义则强调以法律为中心、只有法律才能解决社会中发生的一切矛盾，任何规则都需要以正式的法律规则形式对人们的行为加以规范、强制，才能实现公平正义。早在古希腊，亚里士多德为了反对柏拉图"贤良为政，就不会乱法"的观点，提出了"良法之治"，肯定了法律本身既要是良法，也要得到普遍的服从。① 柏拉图的法律观认为"法治国"是次于哲学统治者的选择，从侧面肯定了亚里士多德所说的规则在统治中起至关重要的作用。古希腊哲学家基于自然法作出正义的判决，围绕人的道德，将应符合的公平正义（just）与实际的端正妥治（right）之理念区分开来。然而，亚里士多德并没有对何谓"良法"与"普遍的服从"进行具体的阐释，仅认为被视作奴役人的法律并不合乎正义，这导致后续的古典自然法学理论对于这两类概念解释的任意性，因为依照柏拉图的观点，由贤良的哲学家统治社会是最理想的，法律原则过分简单抽象，而依靠个人才智进行自由裁量来治理国家又不现实。由此古典自然法学将"现实的法"和"应有的法"（自然法）对立起来，认为自然法是永恒不变、普遍适用的，对自然法的信仰乃西欧政治思想的独特标志。这之后无论是洛克还是孟德斯鸠，都把人民的同意作为统治权的合法基础，主张立法权来源于人民，应当由人民共同享有。顺应洛克的自由主义思潮，有关良法之治的理论开始单一地倾向于对公权力的制衡，并强化了市民社会与政治国家的二元对立观念。市民社会论有致命缺陷，即让市民社会与国家对立，不适当地削弱国家和政府，片面地把国家与人民、国家与社会割裂开来。对此，黑格尔（Hegel）指出，相比于使人们让渡自然权利，应当通过普遍性的中介形式在市民社会彼此独立的单个人之间建立起某种外部秩序。他认识到市民社会与政治国家二者不能分离，但是这种认识按照马克思的说法依旧停留在形而上学的表面。黑格尔把政治国家看作凌驾于市民社会之上、市民社会依附于国家而存在的"私见"有其局限性。在社会契约论者那里，法治是"众人之治"亦是普遍观点："法律只不过是社会结合的条件。服从法律的人民就应当是法律的创作者；规定社会条件的，只能是那些组成社会的人

---

① 亚里士多德. 政治学 [M]. 吴寿彭，译. 北京：商务印书馆，1983：199.

们……我们无须再问应该由谁来制定法律，因为法律乃是公意的行为；我们既无须问君主是否超乎法律之上，因为君主也是国家的成员；也无须问法律是否会不公正，因为没有人会对自己本人不公正；更无须问何以人们既是自由的而又服从法律，因为法律只不过是我们自己意志的记录。"① 在讨论公意与众意②的关系时，卢梭实质上对"众人之治"的理念做了一定修改，在强调民主意见的同时，认识到众人之治的自由是有限度的，这和霍布斯、洛克抑或是马克斯·韦伯的观点不谋而合，即人类从自然状态进入社会或国家时，都必须放弃个人的一部分自由权利作为交换。但对于社会契约要解决的根本问题，卢梭并没有给出明确答案，即如何"找到一种结合的形式，使它能够充分运用合力来护卫和保障每个参与者的人身以及财富且这一结合中的每个与全体相联合的人都是自己的主人，同以往一样自由"③。

对于自然法这一未能解决的矛盾，实在法开始以法律主义为解决办法。典型的法律中心论者认为，法律体系是社会秩序之源，国家是规则和执行活动的主要渊源。据此庞德分析，法律按照实证主义的观点是统治权威加之于社会的强力控制，规则是赋予具体的事实状态确定后果的法令，法律的效力要看它是否能够符合权威性的理想，"一般的原则是，一个人受了伤害或被剥夺了合法权利，或是认为自己受了伤害或被剥夺了合法权利，他就一定要向国家寻求帮助：自助与社会秩序这个概念正好是冲突的。自助使弱势一方受制于强势一方的武断意志或错误信念。因此，法律一般是禁止自助的"④。这就抛弃了自然法所主张的社会行为规则首先要顺应人类个性的差异、符合人们行为的多样性和人类

---

① 卢梭. 社会契约论 [M]. 何兆武，译. 北京：商务印书馆，2005：47-48.

② 公意指代公共的利益，众意指代私人的或局部的利益。

③ 卢梭. 社会契约论 [M]. 何兆武，译. 北京：商务印书馆，2005：19.

④ POUND R. Jurisprudence [M]. St. Paul：West Publishing Company，1959：351-352.

事务无休止的变化，而专注于绝对适用于所有问题的规则。法律实证主义将"自然"和"法"区分开来，却没有给出如何普遍地实现"自然律"的方法，围绕自然法的相关学说始终没有摆脱"自然的秩序"和"法律的强制"非此即彼的主导思维，在实在法这里继续加深了对峙。边沁的功利主义反对自然法思想，不仅批驳古典自然法思想的两个核心要素：社会契约论和自然权利，还批判了自然法学说自古希腊以来所坚持的法律命题：自然法高于实在法，违反自然法的实在法无效。据此，法律实证主义以分析法学的形态在方法论上继承边沁的功利主义，其实质是法律的科学化。然而，现代社会风险的复杂性和不确定性随着人类社会高科技的发展超出了人类理性测度的范围，也是法律实证主义"算计式理性"所无法克服的，致使法律实证主义逐步陷入"科学理性的困境"。由此可见，自然法不是法律主义，法律主义是自然法的一种退步。自然法能够使人对法产生一种敬畏，这是西方所固有而中国所缺乏的一种法治的根基。脱离自然法所要求的超于法律之上的社会道德价值判断和人们的博弈及共识，法律主义就变成了"无源之水，无本之木"。

二、法律主义的兴起

欧洲国家借助16、17世纪的自然科学及其法律科学化的努力，使得几个世纪以来欧洲法律秩序多元竞争的局面最终实现了国家法的一统江湖，罗马法研究因而被推到极致，成了法条主义、法律主义。罗马法复兴运动以及欧洲国家继承发扬罗马法的运动既是主权国家战胜基督教世界的重要武器，也是建构现代化国家的政治秩序的重要工具。待这种统一实现之后，现代国家中的主权权威取代了教会权威，实在法也相应地取代了自然法，导致宪法取代自然法承担起高级法的职责与功能。这种统一的国家法律体系便形成了韦伯所说的"形式理性法"（形式上合乎逻辑的法律规则体系）。有学者对此总结道："到了 18、19 世纪……实在法与自然法产生对立，法律与道德之间也不再和谐共处，剑拔弩张成了常态。沿着这条发展路径，自然法学派、历史法学派、法自然学派及与之对应的分析法学家、历史法学家和哲理法学家渐次登上历史舞台，随后又在面对更新的理论体系时败下阵来；法律也由此经历了不同的发展阶段：法律与神意混杂阶段、严格法阶段及道德化阶段，最终演变成一种控制社会的主流工具。"[1] 于是，从自然法过渡到实在法、形式理性法，始自 11 世纪的注释法学、后注释法学，以及后来演变成 19世纪后半叶以"潘德克吞"教义法学为主导的法律主义，陷入了"逻辑崇拜"和"概念支配"的怪圈。[2]

第四节　现代法治

一、现代法治的核心理念

社会的有序使得人们对未来有一个确定的预期，恒定的预期带给人们秩序感与规则感，法律几乎总是与秩序相联系。没有法治意味着对秩序的呼唤与人们习惯的或理想的关于秩序的观念有着很大冲突。萨维尼

---

[1] 潘驰. 竞渡"好望角"的法学家——读罗斯科·庞德的《法律与道德》[J]. 政法论坛，2016（5）：186.

[2] 德文 Pandekten 一词，来源于拉丁文的 Pandectae。在德语法学传统中，"潘德克吞"（Pandekten）有时也用于指代 19 世纪德国的一种特定的法律学派——潘德克吞学派（Pandektenschule），该学派专注于研究和解释罗马私法。而拉丁语 Pandectae，指《罗马法大全》（《查士丁尼国法大全》）中的《学说汇纂》（《摘要》）（*Digesta*），也就是罗马帝政时代被赋予了"解答权"的法律学者们的学说集成。萨维尼的后来者们从这个"学说法"中抽绎出法的概念，并用来建构 19 世纪及之后的私法学。

强调，法律的发展和语言的发展更为相似。对此福柯在《词与物》中提出，每个历史阶段都有一套异于前期的、对所有知识的可能性条件加以限定的认识论领域下的知识构成规则（une épistémè，简称"认识型"），这样的知识结构由特定时代的社会经济客观条件所界定，且不会超越当时当地的认知范式和思考方式。换言之，在不同时代的知识论述中，事物都具有一定的秩序。这种秩序具有局限性，无法经由已存在的认知框架来实现对知识的更新和对旧观念的克服。福柯举例，随着知识的变迁，如货币改革、银行惯例、商业实践等都能依据适当的形式而发展、被合理化、保存或者消失，这样的秩序全都建立在某种"认识型"知识体系的基础之上。不过，由于"认识型"的现代性危机，词与物开始分离，货币逐渐变成价值的符号、失去了实际价值；同理，成文法也不一定等同于社会生活的规则，而早已脱离原本意义上的"法"（出现在立法机关诞生之前、内生于社会生活的普遍规则），"法"一词并没有超越其符号的力量。实践中，对于法条主义或法教义学的机械执行更是加剧了书本上的法与实践中的法之间的差异。

随着经济社会的迅猛发展、社会关系的日益错综复杂，有关经济生活的法律法规在面对突发、新兴、有争议的经济活动和现象时常难以评判曲直，不得不反求向来之习惯先例，以弥补法律之不足。当资本主义发展到垄断阶段以后，经济关系出现了许多新的特征，社会各种矛盾日益尖锐。在现实生活中，原有的私法三原则——契约自由、所有权神圣和过错责任已不能适应客观社会发展的需要。至此，法律法规所不能概括的，就要依据惯例和普遍道德来取得各行各业所认可的合理性，这既符合历史发展的规律，也符合现实逻辑的要求。马克斯·韦伯认为，人的行为是无法摆脱社会控制的，法律产生于社会秩序的政治组织化实施中。埃里克·波斯纳则明确反对那种简化国家与公民之间关系的法律学术研究，并追溯到埃里克森等人的法律现实主义理论传统，认为这些理论范式存在一个重大缺陷——埃里克森们对于其所批判的方法论没有提供一个有用的分析模型（对于法律与非法律合作机制关系的体系性分析）。诚然，反对"简化"的埃里克·波斯纳本人也被指责采用同样"简化论"般的法经济学的理论方法，其所著述观点仍有不少缺漏，不过这依然证明了法不是人类社会所固有，而是社会发展到特定阶段所出现的一种现象。法从社会中来，先有社会再有法，法律乃一种文化产物。[①] 马克思指出："社会不是以法律为基础的。那是法学家们的幻想。相反地，法律应该以社会为基础。法律应该是社会共同的、由一定物质生产方式所产生的利益和需要的表现"[②]。对此，社会法学派、现实法学派及批判法学派倡导应当调查法律背后的事实。拉德布鲁赫认为，只有法作为国民社会生活的规范被承认，即实在法的"法性"[③] 得以认定时，法才具有真正的效力。所以，无论是从实践还是理论当中总结法的规律都可以发现，法律规则与非法律规则在社会化条件下只有相互合作，才能保障现代法治的合理运行。在现代法治实践中，法律与道德再度融合，理性与经验的结合以及规则与事实的结合成为多数国家的选择。

二、现代法治的思想逻辑

自 16 世纪以来，欧洲的思想家如霍布斯、洛克、卡尔文（Calvin）、卢梭、欧文（Owen）、马克思等都在思考如何重建社会秩序这一课题，实质上也就是在思考如何建立公正、合理的规则之治，即良序善治。苏

---

① 拉丁语云：有社会，必有法律（Ubi societas, ibi ius）。这句话的意思是，法律和法律制度是社会存在的必然结果，因为它们是维持社会秩序和组织的基本工具。简而言之，这句话表达了法律与社会结构之间不可分割的关系。
② 马克思恩格斯全集：第 6 卷 [M]. 北京：人民出版社，1961：291-292.
③ 法的本性：正义与合目的性。

力认为，规则的统治即规则之治才是现代法治的焦点所在，"规则的统治"这一说法借鉴了"rule of law"。然而，传统观念对于规则之治有着模糊的甚至错误的理解，规则不完全等同于"law"①，"law"有公平正义之意，而规则有好的规则、坏的规则、潜规则、明规则等，规则之治也不完全等同于对法律的普遍遵循。在哈耶克看来，刻意设计和规划的制度并不优位于自生自发的社会秩序。对此，苏力提出了矛盾之处，即规则之治的一个前提是社会生活本身具备较高程度的规则化状态，而社会的规则化又必须依托规则的统治而塑造起来。如此，规则如何通过合理运行实现法治就成了难题。苏力总结道，规则之治是社会化、现代化的产物，建立规则的秩序体系不光进一步完善了规范层面的制度建设，还顺应了社会实践，是一个社会过程。现代法治正是在这样的社会化过程中产生对法律的发展不是进一步异化于社会，而是日趋与社会融合并最终回归社会的要求。

第二次世界大战之后，受英美法思想与习惯法传统的影响，法学家们那种纯粹概念主义的思维方法大为减少，而更多地关注法律与社会的互动以及法律制度的实际运作。梅因（Maine）曾认为："进步社会的运动，到此处为止，是一个从身份到契约的运动。"② 这体现了 20 世纪的西方在经历了第一次和第二次工业革命之后按照契约而非身份来运作市场的典型特点。然而，对现代社会而言，契约社会中无差别的、虚构抽象的个体作为 19 世纪的产物，仅符合形式上平等的、抽象规范的民法典及其适用的特征，却已不能够适应现代社会从契约到身份再次转变的需要并解决复杂的社会经济问题。这种身份并非基于出身、宗教、性别、国籍、种族、阶级、政党，而是基于社会公共性的不同主体角色和

---

① 根据牛津词典，"law"的英文含义除指代法律、法规以外，也有社会中所有人都应当遵守的规则体系（system of rules that everyone in a society must obey）之意。

② 梅因. 古代法 [M]. 沈景一，译. 北京：商务印书馆，1959：97.

市场营业活动的要求，类似于福柯观点的延伸，即从"词"向"物"的复归，是一个"否定之否定"的过程。现代社会以小家庭甚至更多以个体为单位，社会的高度分工、分化、合作与整合进一步促进了生产力的发展，也提高了对个体自律自觉、自主能动的要求。尤其在继蒸汽技术革命、电力技术革命、计算机及信息技术革命之后的当代，以人工智能、清洁能源、机器人技术、量子信息技术、虚拟现实以及生物技术为主的全新技术革命等正轰轰烈烈地展开。生产条件、劳动人手与生产技能已经呈现国际化的差异，其间的生产资料错综复杂、相互交错，导致以个体的力量根本无法抗衡大资本，也无法抵御市场系统性的金融风险。利益冲突也呈现前所未有上升的趋势，各国、各地区的意识形态问题甚至宗教纠纷也日趋增加。以国家和社会分离为基础的"市民社会"及其理论日渐式微。

从历史发展的维度看，市民社会让渡于"社会性国家""经济国家"是必然的，如拉德布鲁赫所言："新的社会经济思想指国家义务或许在于有规律地干预各种力量的自由放任，从而保护经济上的弱者，通过愈益包容广泛的经济单位组合聚集而加以组织和确定的经济本身，从一种自由的到一种新结合的经济形式，不再使个人主义经济力量任意发生作用。"① 这点也符合哈贝马斯关于市民社会与政治国家相互渗透的理论。哈贝马斯指出，后现代性的危机体现为个体自我意识的滞后、人与人之间交往的工具理性之泛滥以及公共性的消解，公共领域变成非正式的社会领域，通过公共领域追求平等、多元社会的梦想只可能是乌托邦。相较于国家和社会的背离，二者在处理个体与集体关系的过程中逐渐产生社会国家化和国家社会化的趋势。资产阶级的公共领域获得政治

---

① 拉德布鲁赫. 法学导论［M］. 米健，朱林，译. 北京：中国大百科全书出版社，1997：66.

功能本是建立在公法与私法割裂的基础之上，但是随着国家和社会的不断融合，这样的基础逐渐消亡，随之而来的是公共领域的瓦解和无法用公私标准加以区分的社会领域。现代经济社会和法治要求政府广泛介入经济市场参与经济管理、调控，国家再也不以"局外人"的态度对市场进行"旁观"。正如美国参议员在提出第一部反托拉斯法时所提及的："我们既然不能赞同作为政治权力的国王存在，我们就不能赞同一个控制生产、运输和经销各种生活必需品的国王存在；既然我们不能屈从一个皇帝，我们就不能屈从一个阻碍竞争和固定价格的皇帝。"①

三、现代法治运行的一般描述

现代法治运行是立法、行政、司法之间及其与社会互动的动态过程。在利益多元化、民主意识增强、互联网和 5G 通信技术发展的时代，法治并非上行下效，也并非严格依法条②、凭借立法权力而建构的拥有合法形式的法律体系。无论是不同法律部门之间的协力运转，还是政府各部门之间的利益博弈，抑或政策法规基于不同形势而作出的改变，都反映了现代法治在面对科技进步、经济发展和社会变化时所展现的与实践接轨的必要性。法律所调整的事实的无限性与法律规则数量的有限性之间的辩证关系或者说矛盾，必然要求减少作为理解手段的语言的不准确性与不完整性；而法律解释、法律条文的语言表达实质上又是一种价值判断，和社会中物质的、国民的、宗教的及伦理的各种利益息息相关。过于强调成文法的法制，过于强调"依"成文法，导致该管的事情没法管、更没有足够的手段管；不该管的事情又处处插手，更因

---

① NEALE A D, GOYDER D G. The Antitrust Laws of the U.S.A. ［M］. Cambridge：Cambridge University Press，1980：16.
② 本书所提"严格"依法，特指机械僵化的、缺乏博弈以及合理性表达的法律形式主义，并非规则之治模式下合理正当的依法办事。

为缺乏足够的自治和自由裁量空间而损害实质的公平正义。法治不能仅仅被理解为狭义上的法律及其严格适用，即属于立法机关或权力机关制定的以文字呈现的法律。社会生活如此复杂以致不可能为法律所完全覆盖，更因为遵守法律只能最终以国家强制力为后盾，却不是也不可能每一次适用都由国家强制力出场。现代法治运行一定是以合理性为依托，而非打着理性逻辑的旗号行"出门不能合辙"之事，既需要严厉执法又需要敢于担当。当大量的社会规则以各种方式被纳入广义的法律实践中时，法治已远远超出成文法的范畴。如史际春教授指出的，"任何立法、政策的制定、执行、变更，行政、司法、社会生活中的自治，大到所谓顶层设计，小到个案，都要由利害关系人充分表达意见、诉求，以及必要的公众参与"①，在这个基础上由相关立法、政策、行政、社会自治作出决断，以及司法个案判决。

具体而言，立法的典型表述具有事先制定的、内容上可以测定和规定的、持久的和普遍的规范化特征，法官的活动表现为对其单纯的运用，司法在对具体案例裁定时并不是单纯合法的规范主义，而是行政诉诸实际的体现，需要考虑到事物的状态、局势的强迫性、时代的急需性以及其他并非由规则规定而是由处境所决定的各项事由等。立法和执法不是越严越好，司法裁量也不是站在二者的对立面。在二元对立的思维下，司法对立法的监督，反而会损害合法性源泉及合法性制度。同样，行政对法的机械执行，也可能导致合法的行为被等同于程序正义，从而忽视了实践上的有效措施，法的"实然"和"应然"被生硬地分离。理性不是时时刻刻都能达到理性的结果，没有实质正义这一原则，法律进行多数派数学计算的功能主义只会沦为闹剧，而合法性制度也会形同

①　史际春. 法治究竟是什么？——从强拆违建、城管遭遇尴尬和香港闹"占中"谈起[J]. 经济法学评论，2015，15（2）：329.

虚设，且第一次形成的多数派立刻就作为持久的合法的权力合法地建立起来，甚至形成依托法律的实质性权力垄断。现代法治应当将法律的实现包容在一个使合乎实际的立法、执法、司法能够达成统一的完整的合法性体系之中。为此，立法、行政、司法已不再自成一体，而需要在法律的合目的性与有用性中，在极为具体的符合实际之背景下，以法自身的措施、法令、命令来实现不同类型的立法者、执法者和司法者彼此之间的博弈，从而在社会发展中通过不断的多元共治、评判和约束达到善治。

总之，现代法治体现了政府职能与社会发展的融会贯通，立法、行政、司法联合起来广泛介入社会生活，而不仅仅局限于消极的规则认可者和纠纷裁判者的角色，取而代之的是从市民社会与政治国家之间内生出的摆脱了"公"与"私"区别的社会领域，并且这一"内生"行为是博弈出来的，既不是天生的也不是由法条规定的。原有的法律秩序被改变，政治秩序与社会秩序之间的界限被打破，国家参与社会生活和社会中个体的责任相融合，从而形成了能动有机、公正合理的规则之治，即现代法治。

第三章

规则之治的运行

规则之治的运行依靠的是关于如何将正式的法律规则和非正式的其他规则巧妙地结合在一起的方式、方法。规则之治的运行离不开自治和法治的相互博弈、相互融合。由规则之治通向法治所要求的善治，强调在这一博弈过程中规则的互动、说理。

第一节 "自治"与法治

自治是指人们通过对自身行为的社会性调整或规范、在自律或他律的基础上形成的一种非法律意义上的社会秩序，是一种关系型契约或新社会契约。社会中人们的行为不一定依照理性，理性的法律规则也不一定能让人们完全服从。正如福柯对笛卡尔（Descartes）理性主义的批判，人们的认知和理性是有限的。自康德以来，人类不再从无限或真理出发来思考人的问题，"自在之物不可知"。20 世纪以来的生态、资源、人口、全球化危机等皆暴露了理性的缺陷，21 世纪基于人工智能、区块链等新一代信息技术的社会经济组织方式更加剧了这一问题带来的负面影响。对此，法律经济学者在估量不同法律处置办法的工具性价值时，都作出了不符合现实的假设。他们假定人们能够完全了解并理解每一条法律规则的实质内容，在人们作出某一具体行为时也早已对该行为可能产生的后果及自身需要承担的责任有着足够的预期，甚至违法者对司法审判的逻辑和规则都了如指掌。然而，社会和市场中的各方不可能、且不能够通过建立事前的理性（如繁杂的审批造成无谓损失）和守序来达成法治，且从经济学的角度看，信息流通的成本很高，哪怕人们能够依据市场价格等信号来预测有关信息，也无法保证信息变得完全公开和透明。在实际生活中，人们往往在不了解法律权利的情况下得出他们自助性的解决办法，非正式规则常常取代形式主义的法律，正式的法律规则所带来的实际效果与立法初衷往往有很大出入。更何况，在不少的社会语境下，人们对关于经济现象的法的把握都是通过道德规则而不是法律规则来确定其实体性权利的，而不少法律规则会陷入无法问责、难以追责的悖论之中。如何摆脱这一悖论，关键在于承认理性的局限和自助规则（自治）的必要性，在拉兹看来，不应当把自治视作权利的内容，自治并不仅仅是个人自己的事情，它还弥补了公共理性盲目的缺陷，自由以自主为基础，体现自由的多元主义本身并不能让人们变得宽容，因为人性决定了除非具备高尚的道德标准，否则人们都难以克制想要侵扰他人的欲望。一个人越是充分作出有利于自身的选择，同时也越会剥夺他人可选择的范畴；而一个人越是能作出有利于他人或公共的选择，同时也越会增加人人自助和互助的机会。人们实现自主的生活应以保障其他人也能获得自主生活为前提。所以，体现自主精神的自助行为必然包括那些除积极为自己主张以外的、能够有利于他人且主动承担公共责任的价值理念。符合社会实际的规则正是通过社团或社区成员间的长期性关系契约及其日常化的自治性监督和约束来实现的。

不同于经济学上推崇的帕累托最优预期，即没有哪一方在资源配置的结果上变得更糟，霍夫曼（Hoffman）和斯皮策（Spitzer）研究发现，在实际规则的博弈中，人们更倾向于平分博弈中的总收益，达成一种帕累托次优状态，并且当博弈者都趋于平分总收益时，"洛克财产权伦理"（一套非正式规则）① 发挥了协助治理的作用。霍夫曼和斯皮策还发现道德规则的重要性往往胜过对产权的初始分配。因而，相对于传统法律经济学及相应的法律工具主义学派的观点，非法律体系在实现社会秩序暨自治中的作用十分显著。如科斯（Coase）所提出的，一个商品交易组织本身就有能力创建约束各方行为能力的规则，其效用也不亚于正式的法律，因为成员间存在重复的交易并能驱逐不轨者。张五常借华盛顿州果园的例子来谈论自治，在那里，每个果园业主都有非正式的义务根据其果园内的果树数量提供蜜蜂。张五常发现，这种不成文的社会合约的花费比制定明确的合约以提供授粉这类公共产品的管理成本要低，谁要是不遵循，就会被当成"坏邻居"，潜在的道德惩罚使得不遵守该合约的果农对可能受到其他果农的施压有一种既定的预期。法律不一定被服从，公民有限的理智使他们不一定遵从正确的理由，而若将所有行为纯粹交给权威，权威一旦出错的话就难以纠正。理查德·波斯纳认为，社会演进作为自然历史进程拥有巨大的自发力量，法律对个人理性的管辖是有限的，像"市场一样，法律程序的实行主要依靠以经济上自我利益为动力的私人，而不是利他主义或官员"②。这样一来，法律规则未必与社会的一般观念相一致，同时，立法的内容也很难达到社会经济市场的统一化，交流、管理和统筹的成本就会增加，给法律的执行带来难度。法律中心论无法解决超出政府规则影响范畴的问题乃势所必然，因为法律作为政府的权力，出现在产权、社会秩序和商人间的合约之后。例如，保证商业企业规范行为和诚信交易的主要不是法律，而是一

---

① 洛克认为，从原初的公有财产引申出的私有财产权，都是先于国家和政府的自然权利，是每个人都具有的。他提出了一种劳动价值论，认为人的劳动形成了私有财产权。在这样的伦理下，人们会变得利己，并认为其权利大小与其劳动所得等同。
② 理查德·波斯纳．法律的经济分析（下）［M］．北京：中国大百科全书出版社，1997：678.

些公平交易的规则和商业惯例，合同法并不会影响公司在资源短缺时的供给和配备，非正式规则暨自治规则是将文明带入商业关系的主要因素之一。换言之，规则之治本身需要一种有节制的自助体系来促进人们在持续社会交往关系中的合作，即社会自治。没有社会自治和以市场调节为基础，公共权力的执行将会挂一漏万、漏洞百出。

中国社会长期以来由于受到历史上封建专制和宗法家族传统的浸淫，个人权利不显著且易受权力侵害，同时个人义务不足且缺少自觉自愿的担责，尽管在建设中国特色社会主义法治体系的过程中开始逐渐完善，但依然存在不少自治能力、诚信意识和契约精神较为薄弱的问题。自治的匮乏导致中国历史上人们长期以来更倾向于顺从地方习俗的安排，而对于不同地域的统一规则置若罔闻。中国语境下"自治"的特殊之处在于两点：一是不像日本等国家脱离原始社会的时间较短，中国私有制的发展历史远比西方悠久，人们的团队自治精神较差、正义道德观以自我为中心，往往"各家自扫门前雪，哪管他人瓦上霜"；二是在中国几千年的宗法血缘制度下产生的"差序格局"文化和个人不动产私有权的缺乏、不得不仰仗宗法和政权力量庇护的"自立"，使人们缺乏真正独立自主、自我担责的精神，同时又导致一些人自私自利、将个人与团体对立起来，给法治建设带来长期不利的影响。在传统的中国社会，部分人的规则意识主要呈现出一种自然的、很少以主体自我意识为前提和基础的特征，较为缺乏西方国家自 17 世纪文艺复兴、启蒙运动以来所建立的社会契约意识中主体的自觉性和能动性，这在法治实践中往往表现为人们缺乏遵守法律的意识、没有自主的诚信意识、不能勇于担当法律义务和责任等。

规则之治的"治"，讲的就是如何实现法律意义上真正的"自助"规则，重在培养和促进社会主体的自治精神。对现代社会的经济、贸易规则来讲，同质性与地域性要求已经显得不那么重要，物流、互联网、大数据、物联网等的发展使得分散在全国各地的经营者与消费者之间的交易随时可以同步完成。在我国现阶段，随着社会经济的发展，个体的自我独立意识逐渐摆脱群体意志和无意识地对群体成员的模仿，开始主张私权利和对固有习俗的反抗；但同时，长期自己治理自己能力的缺乏和精神的不足又让主张私权利的人们"只要权利，不要义务"，对于涉及公共利益、集体事务的领域反而缺少担当、难以追责。也因此，在现代社会的高速发展下，人们对于规则的切实遵守既失去了传统乡民社会舆论监督的土壤，同时又缺少个人自觉自愿地对契约信誉的维护以及相应的公共责任意识，如果不培养人们的自治精神，现代法治的完善就会失去生存的土壤。法治离不开自治的自我约束与自我管理，非正式的道德规则只有和正式的法律规则良性互动，才能够弥补政府自上而下依法行政的各类不足甚至弊端，从而让社会各主体自觉自愿地担负起"治理"的职能，保障社会成员的权利和现实利益，将个人利益和公共利益联结在一起。例如，随着国内电商的兴起，商品的买家和卖家通过第三方中介平台进行聊天、交易、结算、售后服务并解决相关投诉，形成了一套自我负责、协商解决的自治机制——通过买卖双方在商品交易中的重复博弈，或讨价还价或补缺补漏或协商换货或拍卖特定价格，最终在特定的自治规则基础上趋近于双方理想的状态，无不体现了买方、卖方自主能动地寻找解决矛盾冲突的路径和方式。大部分交易无须通过《消费者权益保护法》等的调整就可以妥善解决，由于它们很大程度上尊重了个人的自由，因而防止了以机械不灵活的正式交易规则来代替市场中的主体作出决策，极大地减少了交易成本、提高了交易效率，实现了买卖双方的共赢。互联网平台如淘宝、京东等将自治的优越性充分发挥出来，成为网络时代不可或缺的法治基础。

一、基本目标、作用范围及手段方式

（一）基本目标

自治作为法律与道德的中间地带，对法治起着至关重要的作用。自治性的要求恰恰是法治的基本条件在法律规制过程中转化的结果。具体而言，自治的目标在于维持一种理性又合理的秩序，是为了保证法治在逻辑上的一致性、可预见性和相对稳定性，这也是法治的前提。社会关系与秩序的复杂化，要求法律规则应反映不同的社会事实与关系，人们需要更好地理解和解释社会中的各种行为关系，才能对一些主要问题达成共识，从而了解并遵守当地的法律，这是一个循序渐进的转化过程。社会秩序的内外统一需要人们在活动中欣然从之，这必然要求人们对某件事作出妥协让步，或者经过多方沟通协调来达成最基本的共识。社会对秩序的需要受社会环境的客观要求及其中个体主观决定的支配，从理论上确定该秩序的性质和特征离不开社会其他方面的通力合作。无论是国家权力还是经济自主的实现，前提都需要社会自助规范的支撑，更不用说二者的有机融合运转。法律对人的各种自由权利、决定和管理权的保障功能，一般学术上称之为广义的"自治"。然而，自由与自治不是放任恣意，在协同的国家、社会、团体生活中，个人还需要担负起自治的责任，自治权的行使在不违背法律秩序的同时亦不得损害公共利益。只有社会具有自我控制的机制，在市场诱因及理性消费的选择下，政府才能放心解除规制，回归经济活动参与者的自我责任。

社会制度的形成和构建也来源于人的自利行为的合作，但是伴随外加的强行性规则的不断增加、任意性规则的不断减少，创造、制定法律规则的本意是为了加强对人们意思自治的保护，而法律规则形式要件的增多又令人们的意思自治不断衰减，产生了康德所指的"矛盾命题"①。对此，应当明确，自治是法治的基础，二者不是相反的。例如，西方商人法最初的发展是由商人自己完成的，商人们组织国际集市和市场，组建商事"法院"和事务所，并在商业交易中维持道德标准。商人们通过自律、自治维护了商业信用和管理，保障了商业交易规范有序，从而使商业交易蓬勃发展。也就是说，法律规则如果没有意思自治、自足的逻辑自洽体系，即便其外在表现形式再清晰、规定再明确，实际上它也不具有确定的含义。法治对实质正义的探求和对形式理性的健全首先要保证实际意义上的公允，不能本末倒置，要维护、促进自治，否则法治的缔构会如同象牙塔一般华而不实。

（二）作用范围

自治的作用范围是广泛的、普遍的，比较常见的形式有交易或合作的契约、社会团体、志愿组织、行业协会、民办非企业单位、基金会、公司章程和股权结构、消费者利益集团、社区街道等。当代互联网、物联网的发展更是给自治提供了广阔的空间，从加密货币持有者的线上个人对个人（Peer to Peer，P2P）、商家对个人（Business To Consumer，B2C）及线下交易，到电商、网约车、外卖的第三方平台，再到智慧城市的信息交流与安全，无一不以自发的社会秩序为依托。社会组织自治建立在契约自由的基础之上，以法律为蓝本，由社会组织规章来体现，主要依靠组织成员对规则的自觉遵守。社会自治需要一定的空间，即要以人们的自治意识和权利观念为前提，但不得违背法治维护公共利益的

---

① "矛盾命题"（Antinomies）是康德在他的哲学体系中提出的一种概念，指的是四个哲学上的悖论或矛盾命题，分别涉及时间、空间、无限和自由等概念。这些悖论是康德在《纯粹理性批判》一书中提出的，它们揭示了理性的局限性，即在某些领域，理性的自我思考可能导致矛盾和无法解决的问题。这些悖论挑战了人们对世界本质和人类知识的理解。

宗旨。自治和法治既互动合作，又遵循各自的规律。社会组织与政府之间还能建立起伙伴式合作关系，以减轻政府在提供公共产品和服务方面的压力和成本。同时，社会自治团体、机构通过代理行使政府的部分职能，有能力参与社会决策和管理，这不仅可以防止法律与现实脱节，而且能够对权力寻租的现象施以第三方监督。可以说，自治的范围与人们自治的能力成正比，社会自治差，就需要一个能动的政府代表公共利益天然地承担公共职能。当然，如果没有国家和法律，社会自治也是无法运作和发展的。市场机制更不用说，垄断与不正当竞争本属于自由市场逐利的天然趋势，倘若没有国家和政府来维护公平竞争，市场机制将会普遍扭曲，遑论基于市场机制来维护平等民事主体的权利。虽然市场机制的作用不能被政府所取代，但如果市场主体的自治能力差、唯利是图不择手段，那么自治的作用范围则会相当有限。

（三）手段方式

规则之治不是对法条毫无余地、机械地强制执行，而是在社会的各个层面允许和依赖民众自主能动地、灵活变通地将自助规则、非正式规则和法律规则组合协调在一起。其中，自治能矫正市场缺陷、减少法律及政策的运行成本和实施障碍，为法治的实现提供保障。俗话说，"水至清则无鱼"，过于固化规则运行的各环节就会导致其整体的僵化，法治应当像渔网一样疏而不漏，才能实现良序善治（捕到很多大鱼）。以往人们对规则之治的理解是单一的、片面的。基于法的安定性与预见性所要求的法律的明确性，在面对分散易变的社会运行状况和现实生活中的人情世故时，往往不仅不能为社会提供公共行动与判断的标准，而且会导致国家权力的滥用、人们对法律规则出现抵触或产生逆反心理的情形。相对社会生活而言，法律的滞后性决定了在没有合适的现行规则的情况下，规则的适用应当在法律的概括授权下以宏观的理念和原则为依托，讲求负责精神，如此，治理主体才不会将无相关监管规定、无相关部门负责作为他们逃脱过错责任的"万能药",更不会以法无明文禁止、无明文授权作为他们有选择性地不作为的"挡箭牌"。

以经济和市场为例,无论规则设定得怎样严格且事无巨细,私下的"黑市"、灰色空间、规则罅隙和腐败、投机行为都不会减少。现代民族国家的治理需要人们自我能动、有意识的行为以及行为之后的担责,重点是能承受与自我利益相悖的负担。市场的自治行为具有互益性、经济性和社会性、自律性。法律如果否定市场自发调节的作用,势必会出现统得过多、管得过死、产销脱节等不利于经济发展的情况;同理,完全放任市场自由,又会出现恶性竞争、市场的畸形化和严重的负外部效应。对社会行为主体的权利义务无论从法律上怎样表述,如果不能正确反映当时、当地、当下的群众素质和价值共识,那么就会产生规定得详细而无法应对实际生活发生的逻辑、规定得抽象则无法免除行为人在实际运作中对规则的误读的情况,而立法者的有限理性、法官的自由裁量、法条文义的不同解释都对法律行为的实际判定产生不同影响。事实上,法律的规定总是跟不上实际生活,尤其是经济发展的变化,在许多法律无法有效调整的领域,就需要充分发挥自治行为的效力,将相关法律规定或尚未规定的行为合理化、正当化,并在实际的社会生活中形成清楚、明确的具体行为规则。以实际生活中票贩子屡禁不止为例,国家虽然有无数相关的规章、条例、突击检查来打击"黄牛"的违法行为①,但是只要买方市场存在、人们对高价票仍有需求,或相关"二级市场"供不应求,哪怕严格执行实名制,"黄牛"也依然能持续不断地利用新的技术漏洞和互联网进行隐蔽交易(如"黄牛"利用"互联网+"

---

① 参见我国《治安管理处罚法》第 52 条、《刑法》第 227 条、《关于依法查处代售代办铁路客票非法加价和倒卖铁路客票违法犯罪活动的通知》、《营业性演出管理条例》第 51 条,以及各地专项打击"票贩子"工作方案、打击"黄牛"违法犯罪活动专项行动等。

的各种模式炒号占号抢号等）。无论是作为中介管理交易双方的第三方平台，还是消费者和其他市场主体，只有他们都能够自觉自愿地担责、在相互的利益博弈过程中自我约束，发挥群众性的自治和监督机制，对这类扰乱市场交易的现象才能起到防微杜渐的作用，切实维护消费者权益及市场公平竞争秩序。

二、规则之治的中国语境

（一）政治作用

在我国，民主集中制是中国共产党的根本组织原则和领导制度。民主集中制是《中华人民共和国宪法》（以下简称《宪法》）第3条规定的国家机构实行的原则。协商民主是在我国统一战线和人民政协的实践中形成的，现已拓展到执政党决策、人大立法、政府施政、政协协商、社会治理等方方面面。民主集中制意味着坚持以群众的切身利益为根本，在党的集中领导之下，通过社会中大规模的沟通和协商来调整、解决社会经济生活中遇到的实际问题。民主制意味着广大人民群众有机会去影响、监督政府的决策；集中制意味着人民所要求的政策一经通过就需要集中化的行政权力去保障实施。民主集中制遵循人民主体、平等对话、和而不同、协商有效的原则，既能表现广泛的民主，又能集中地处理国事。我国的人民代表大会制度、中国共产党领导的多党合作和政治协商制度，让我国实行的民主集中制得以规范化、程序化和普及化。我国幅员辽阔、人口众多，在中国共产党的领导下通过民主集中制对涉及国民经济和人民福利的重要问题进行广泛的协商，具体体现为对各方面的决策进行充分协商，尽可能对共同问题达成共识。具体来讲，我国的民主集中制是人民有序参加政治的"善治"民主形式，也是法治所不可或缺的机制，体现了国家与社会、政府与人民之间良好的合作关系。它通过在平等对话或商议的过程中求同存异、统筹兼顾，实现更加广泛的人民群众直接参与国家和社会治理，在发扬协商民主的过程中有效协调和整合各方利益诉求，让人民权利得到更加有力的保障，进而找出全社会意愿和要求的"最大公约数"。总之，中国的民主集中制将表面上看似互相冲突的理论和实践、领导和群众、民主和集中的概念在一定形式上统一起来，防止社会意见的分散主义或专断主义，提升决策和治理的效率，推进实现真正的公平正义，对规则之治顺利有效地运行起到了政治上的保障作用。

（二）经济条件

改革开放之后，中国经济社会的发展是从人治到法治，从行政的计划经济到市场经济，在充分发挥市场在资源配置中起决定性作用的同时更好地发挥政府的作用，经济的规划性和统筹性较强，形成特有的市场经济秩序。同时，市场呈现出一种传统农业生产方式、近现代工商业生产方式和后现代信息及人工智能生产方式混同的"共时性"①。从 1953 年起国家就开始制定"五年计划"，以国民经济发展的远景和蓝图对国家重大建设项目、生产力分布和国民经济重要比例关系等作出规划，并配合各类产业政策的相关文件指导产业和经济活动。依此，我国的经济发展从中华人民共和国成立之初无不是与国家从宏观上的调控和引导息息相关。不同于西方国家由自由经济发展到垄断资本主义时期国家对经济的管制，我国经济由计划经济到改革开放再到加入世界贸易组织，从一开始经济和市场就与政府作用融为一体、互为表里。对规则之治而言，不再需要首先解决根本对立的矛盾，即西方国家在 19 世纪中叶就产生的市民社会与政治国家相冲突的矛盾，而能够直接超越市民社会与政治国家之间的藩篱，国家通过行使职能、宏观调控和提供公共产品及服务全面介入社会经济生活，同时致力于解决规则调控机制与"共时

---

① 舒国滢. 大众化与法治化：一个文化—哲学的解释 [J]. 政法论坛，1998（3）：7.

性"的经济条件相互统筹协调的难题。

（三）社会结构

当今我国社会结构发生了巨变，不止产业结构逐步转向第三产业，社会结构也从传统的金字塔型转向纺锤型①，传统私法的所有权和契约自由因公有制和政府深度参与经济和市场愈来愈具有公的特性，企业经营也愈来愈公共化〔如强调环境、社会和公司治理（Environmental, Social and Governance, ESG②）的评价标准〕，公私领域的融合越来越密切。随着经济的突飞猛进，社会结构已从农业社会转变为工商社会，直至今日的网络信息、人工智能的社会。但是，一般民众基于农业经济社会遗留下来而不适应于时代的旧思想与旧风习，还有不少残存。土地、公共交通、自然垄断事业等都需要国家代表人民进行经营和管理，社会福利、保险、责任和资源分配都因为不断更新变化的社会结构而需要通过规则之治实现国家介入和社会自治间的辩证统一。国家直接参与经济调控和经营管理成为无法阻挡的趋势，社会公共与私人领域日趋模糊。在市场生产、交换、消费、分配的各个阶段，物的让渡、使用、消费不再是单一流程，因而投融资主体和施工建设、生产经营主体分离，导致政府和社会资本合作（Public-Private Partnership, PPP）等新兴社会资本投资、国家背书的模式逐渐发展壮大。除了国企，私人企业也会面临承担社会责任、由国家特许经营、并购和破产过程中的权利让渡、

---

① 传统的金字塔型社会结构由金字塔顶端（具有高度权威性且依靠行政组织关系运作的公法制度）和金字塔底端（具有平等民事主体间自治特性的私法制度）构成。纺锤型结构指社会的中间层传统，即公私两级之间的第三领域，包括各种社团、社区、行业协会、自治团体等角色的日益凸显。

② ESG是环境（Environmental）、社会（Social）和治理（Governance）单词首字母的缩写。ESG指标分别从环境、社会以及公司治理角度，来衡量企业发展的可持续性。2023年2月，上交所和深交所分别对股票上市规则进行修订，对ESG的信息披露提出更为明确的内容指引，即上市公司应当积极践行可持续发展理念，主动承担社会责任，维护社会公共利益，重视生态环境保护。

由所有权和经营权纷争引起的系统性风险、国际上被反倾销、生产过剩无法周转而亟须供给侧改革等问题。社会结构的变化，不仅使得阶层的含义细密化，而且使得劳动分工与合作不再如以前那样通过专人专项、计件工资就可以解决，个体相互间在履行基本的个人义务时，也要承担对国家、对社会和团体的义务，个人履行职责的范围大大拓展，反射性的利益或损害①所辐射的程度也大大增加，令法律在追责时难以涵摄所有应规制的主体，比如，为了切实保护投资人权益，证券市场不法行为的问责主体逐年由公司董监高（董事、监事和高级管理人员）扩展到承销商、中介机构等，其同一的追责标准引发诸多争议。② 在这种情形下，对市场关系的法律调整需要通过多方博弈，因而更加难以做到立出一个规则就严格执行，而只有通过规则之治进行个案分析、量体裁衣，才能构建合理且正当的经济治理体系。

（四）历史背景和思想观念

不同于西方社会文艺复兴、理性启蒙以来对国家这个团体下面每个人民个体的重视、个体的"克群"③ 精神及由此发展的契约信用，中国传统里"群体"的延展极限是概念模糊不清的"天下"④，且宗法家族传统导致了所谓的差序格局，即社会的关系如同水中的波纹一样顺着私

---

① 反射性利益指的是当法律完全为了实现公共利益而不以保护特定个人利益为目的时，法的实施给私人带来的利益，反射性损害同理。

② 中华人民共和国最高人民法院 .《2021 年全国法院十大商事案件》之一：487 名自然人投资者诉五洋建设集团股份有限公司等被告证券虚假陈述责任纠纷案 [EB/OL]. 中华人民共和国最高人民法院网站，2022-01-29.

③ "克群"指的是对群体的约束，防止群体损害个人权益；"克己"则相反。

④ "天下"一词最早见于《尚书》和《左传》等中国古代文献。古代封建社会中，"天下"既是广义上的地域空间和疆土的概念，也是皇帝权力的象征，由此延续至今，人们的群体或集体观念也部分建立在"天下"观的基础之上。"天下"通常用来表示整个世界、国家、社会或群体，它不仅可以指代地理上的领土，还可以涵盖政治、文化、社会和伦理等多个层面。作为一个包容性的概念，"天下"在中国文化中是复杂且多维的，对于群体的概念，国人往往将其与"天下"联系在一起。

人联系层层推进，波纹的远近标志着社会关系的亲疏，波纹的圆圈就是"差序"，相当于人伦秩序，继而形成以宗法群体为本位、以亲属关系为主轴的网络格局，遂导致规则的群己、人我界限模糊不清。① 这样的传统文化及观念在新的时代发展的冲击之下，便容易产生社会中小范围维系着私人道德的规则不能"放之四海而皆准"的问题。每个人在自己小范围的社会"圆圈"里，各自的道德要素和价值标准无法超脱差序的人伦而存在。而在西方团体格局的社会里，在国家这个同一团体里面，个体是"兼善"且"相同"的，类似于中国古代墨家"兼爱非攻"的主张，因而他们的规则适用是从外加以限制的；而中国乡土社会是依靠由内而发的"礼治"维系的，"礼"是社会公认合式②的行为规范。因而，在中国的历史文化语境下简单地照搬西方法律的那一套，容易在规则执行中产生"法治秩序的好处未得，而破坏礼治秩序的弊病却先发生"的问题。费孝通就着重指出，在中国传统的差序格局中，原本不承认有可以施行于一切人的统一规则，而现行法却是采用个人平等主义的。换言之，在中国，规则的适用需要法律，但是仅靠法条的制约并不能实现公正的规则之治。正如人们常讲的"入乡随俗"，每个"乡"都有不同的"俗"，即默示规则，各个"乡"都按照自己的默示规则来行事，那么就难以保持预期一致，而且相互之间对于如何执行特定的习俗与规则会产生许多的误解、冲突与不理解。因此，这也反映了当代中国人和其所在社区之间多元化的对立关系，新兴的国际商业文化强调个

---

① 费孝通. 乡土中国 ［M］. 北京：北京大学出版社，2017：48.
② 费孝通认为，符合"礼"的行为即是被视为正确的，这里的"对"即是"合式"的意思。此处"合式"强调符合社会公认的、传统的行为规范。

人的独立作用，而且脱离了以往农业社会社群惯习①的根基。比如，农业社会传统下具体到各个"乡"的习俗，和当下工业社会中，尤其是大城市里陌生人之间所共同遵循的规则，这二者之间时常产生矛盾和争议。另外，西方资本主义发展到后现代的社会阶段，人与人之间的交流并没有因为经济和消费的繁荣而增加，相反，随着互联网等技术的发展，人们囿于工具理性的痼疾，产生出更多对利他社群效用的需求，政府在经济市场中的作用也变得不可或缺。而在中国，人与人之间的传统社会交往模式不仅因深受西方自由主义②的影响而逐渐变得疏离和浮于表面，只关心个人而忽视他人需要，本应伴随着西方自由主义的契约责任和在更广阔公共层面上能够团结合作并达成共识的价值理念，也因为中国历史上传统宗法文化的影响而表现得较为欠缺（如本节前述"中国语境下的'自治'之于法治"）。因此，在中国的本土语境下应当对西方国家自由主义的利弊加以扬长避短，同时和推动社会集体的自治能力、公共的责任意识更好地结合起来。个人的独立自主依赖于合理的市

---

① 惯习（habitus，又称"习性"）一词的提法源自法国人类学家马塞尔·莫斯的《论技术、技艺与文明》一书。对此，法国社会学家布迪厄在《实践感》一书中指出，惯习（习性）指"持久的、可转换的潜在行为倾向系统，是一些有结构的结构倾向于作为促结构化的结构发挥作用，也就是说作为实践活动和表象的生成和组织原则起作用，而由其生成和组织的实践活动和表象活动能够客观地适应自身的意图，而不用设定有意识的目的和特地掌握达到这些目的所必需的程序，故这些实践和表象活动是客观地得到'调节'并'合乎规则'，而不是服从某些规则的结果"。相较于广义上的"习惯"，"惯习"一词更能够体现个体通过长时间的社会实践，逐渐内化成生活习惯、价值观念、感知方式以及行为模式的自主能动性，有助于解释个体如何在社会中形成和执行他们的行为，以及这些行为如何再反过来影响社会结构。参见皮埃尔·布迪厄. 实践感 [M]. 蒋梓骅，译. 南京：译林出版社，2012：74.

② 此处仅指西方自由主义宏观上的思想观念，即强调个体权利和自由、契约精神和合作，但另外一方面只主张个人自由、无视群体自由，也会导致诸多弊病，比如，市民社会与政治国家的二元对立，社会的分化和断层，社会不平等和市场失灵，人们更难建立深层次的社交关系和合作，后现代社会工具理性的侵蚀，人的异化，等等。

场制度的建立，个人的自由选择依赖于公共产品及服务的完善。在我国，个人与社会关系既相互分化又相互依赖，同时二者又是不可分离的整体，自由逐利与社会责任并不矛盾。

第二节　规则之治如何运行

下文就不同具体规则的适用场景、规则之治下各种社会行为由什么来决定、是否会直接影响到规则的制定和实施等，结合经济法实践来探讨规则之治如何运行，以及怎样通过公正的规则之治解决矛盾、落实责任，实现规则与社会经济客观条件循环互动的良序善治。

一、"之治"的规范

实际的社会生活是多方面且多角度的，法律不可能将人的生活的一切场合都写出及创立相应的法的规则。法律规则分为强制性、建议性和许可性三种基本类型，三者的区别在于前者需要无条件执行，当然无条件执行也会产生是否需要强制、如何强制的互动博弈，而后两者没有严格的法律强制力，可以通过授权或自行决定。对于那些没有任何法的规则加以调整的问题，就需要考虑具体情况。履行规则并非需要全部通过强制力保证执行，规则产生效力的先决条件是群体的自愿以及能否达成共识。

（一）立法、行政和司法之间

立法必须按照客观规律的要求正确地处理包括政权机构和企业在内的各种组织之间以及它们与个人之间的关系。被赋予国家强制力的立法既需要控权、明确决策标准和底线原则，又需要在立法过程中提供透明畅通、及时有效的意见和信息交流渠道。行政必须处理好自发、合理的社会运行和扰乱秩序、恶意行为之间的关系。其中，行政立法也是一种立法活动［由《中华人民共和国立法法》（以下简称《立法法》）所规定的］，同时也是对宪法法律的执行；而行政执法需要行政机关积极能动地履行职责，对实际产生的问题及时处理，防止尸位素餐，将责任落实到个人，同时要防止行政权力的滥用，以及不区分行为主体的特殊性、多样性而采取"一刀切""指标化"的措施。司法必须合理有效地解决从刻板视角进行机械审判和从灵活视角进行自由裁量之间的矛盾冲突。司法裁判不能单从某一部门法的规定出发，应当综合衡量、考虑并结合社会现实对案件进行说理、分析，并听取各方意见最终作出既合法又合理的判定。现实中，由于立法细而不精、授权不到位，行政立法和执法僵化、"依法办事"，司法懒政怠政、机械死板，因而往往出现本意想保障公民的权利却反而导致违法，运用某些权力以突破法律条框的限制却反而减少了司法裁决的不公正的现象。典型的如 2009 年雅士利集团起诉三聚氰胺受害者父亲郭某敲诈勒索一案，法院查明郭某再次提出 300 万元赔偿款属实，依法判定其行为未经合法请求而构成非法占有勒索财物的违法犯罪。[①] 后因媒体舆论的强烈反对，几经审议，最终广东省高院于 2017 年以完全相反的事实理由进行翻案并于 2018 年确认国家赔偿，正体现出规则的适用离不开判案的情境和社会的利益共识。[②] 因此，立法、行政、司法三者都需要贯彻规则之治的理念，根据社会本位的原则将规则的形式与实质合而为一。

（二）不同部门（及其首长）之间

不同部门（及其首长）之间的规则之治，主要涉及人事和事务程序。一方面，人事程序规定了人员的素质条件和职责；另一方面，事务

---

① 一审：（广东省）潮安县人民法院（2009）安刑初字第 492 号。

② （2015）粤高法审监刑再字第 19 号，（2018）粤委赔 11 号。

程序规定了经常性业务的标准。不同部门之间大多分工明确，肩负着不同的职责，但在实践中这样容易导致权力的冲突和不作为。例如，在实际生活场景中，虽然政府对于某类金融产品有明确的监管规定，但在它们被归入部门监管时可能出现相互交叉、界限模糊或均不涉及的情况，继而出现相互推诿卸责，发生问题不能及时预警，甚至出现问题后无人问责维权的状况。如果负责监管的各部门之间协作不到位，就会导致法律的无效以及监管真空的产生。同时，各部门或上下级都有各自的监管治理范围，但各部门的权限界定在实际的操作当中往往并不明晰，其在施行规则的程度上参差不齐，各部门的职责和对金融产品或服务的监管之间也会存在无法一一对应的情形，由此易产生未得到法律和上级明确授权时无人作为，或者部门职能"打架"，地方监管上行下效而不考虑实际等诸多问题。加之各部门间责权利的差异，更容易制定只维护一方利益的政策，不论实际情况如何，将更多违法违规的活动推入"地下"，甚至"拆东墙补西墙""头痛医头脚痛医脚"。比如，P2P 金融在这样的背景之下弊远远大于利，非法集资的功能被无限放纵，而其理财借贷的功能难以积极发挥正面作用。对此，规则之治能够通过追究负责部门或者负责首长的责任，强化各部门的管理，通畅各部门的合作，让各部门、机构间的公共管理职责变得清晰、无缝衔接，允许它们在职责范围内自由裁量、统筹协调，从而提高执法效率、降低成本，更全面地解决经济和市场中存在的相关问题，从而避免当事人主张权利投诉无门、追究责任无人担责的局面。

（三）政府和人民之间

政府和人民之间关于规则的治理需要双方在民主集中制下的沟通与协调。民主集中制既不是陷入国家治理的"塔西佗"陷阱，也不是法律任由民意和媒体舆论绑架。小到个案，从城管到拆迁，就算政府行为是合法的、应当的，媒体舆论如果不站在政府一边，规则也无法切实地被执行下去。因而，政府和人民之间需要良性互动，规则需要在民众共识的基础上循序渐进地增强政府的执行力，否则再好的规则都会于事无补。政府不能随心所欲而不承担责任，需要通过建立适当性制度完善救济途径、加强司法审查、扩大社会意见的传播渠道、健全信息的公开渠道，更需要通过问责制确保其决策效力和监督的有效性。规则契合社会主流价值和人们的美好生活需要才能起到实际的作用，哪怕不符合法律程序，主流的价值共识对于法律规则时常起到决定性的作用。对此，政府需要做好监护人职责，当社会和市场中个体的所作所为侵犯到他人权利、公共利益甚至损害国家主权时，政府就需要出面连同各级政府及相关部门协商，对社会和市场进行监管和引导。比如，街头商贩和集市摆摊，就要在政府和人民的良性互动和共识下实施刚柔兼济的规则之治，更要依据宏观上对不同客观社会经济条件的调控需求，在防范恶性执法的同时保证社会的正常秩序和经济自由。

（四）民民之间

民民之间的规则依靠自治。民民之间自治性的核心是为自己做决定，自主、积极、能动地选择自己想实施的行为并为之负责，在遵守公共规则的前提下内外守一，同时遵从自己内心的公平正义之道德观并付诸实际的行动。当侵权方侵害的是公共利益和不特定多数人的利益时，自治尤为重要，对于一些公共事件，自治能在短时间内凝聚强大力量，调配事故发生后统筹安排或善后所耗费的人力物力。人们普遍存在这样的心理，只要没有被当场处罚，那么自己就不需要为这样的行为负责，只要法律没有规定，就是合法的，即法无明文禁止即可为。亚里士多德说过："法律无法强迫人们信从，只有习惯通过长时间才能达到。"① 良

---

① 颜一. 亚里士多德选集（政治学卷）[M]. 颜一，秦典华，译. 北京：中国人民大学出版社，1999：57.

善的法治需要通过对权利进行公平和科学的分配才能实现，如果一个社会没有民众的自助、协作及舆论自发的监督等行为，那么权利和资源的分配将无法借由法律制度而顺利实现。法律对社会关系的调整主要建立在社会成员普遍自发地认同及遵守法律规则的基础之上，否则法律制度本身是不完整的，法律规则的实际作用也是有限的。在政府或行政角色缺位时，如果做不到民众自觉地对有关损害的事前遏止、事后督促，以及民众自发地如以社区为单元积极能动地事前防控，那么事后的索赔不仅无济于事，也无法让违法行为人认识到其行为对公共利益的危害性，甚至一错再错、浪费大量社会资源、损耗政府的公信力，造成"一管就死、一放就乱"的局面。因此，民民之间的规则之治在缺乏自治、需要法律介入和自治有效、法律应保持谦抑之间摇摆，前提是遵循规则的行为能够达成普遍的共识。比如，新冠疫情初期我国对四种人①强制进行隔离，可以清楚地看出社会主流意识、主流舆论对于公共管理和法治的决定性作用，这之前舆论认为带毒者四处求医是正当的并给予高度同情，这种情况下，任何强制隔离措施都不可能开展得起来，也根本做不到，直至普遍认为疫情严峻，能够实施社区严防严控等措施，隔离才能见效。而随着疫情的发展变化，社会共识也在各方利益的博弈中不断变迁，继而影响后续公共卫生法规政策的协调与适用。

（五）正式规则与非正式规则之间

一般的正式规则，无论是其主观权利的产生和消灭、内容的变更，还是潜在义务的转换，本质上都依靠非正式规则的执行程度和环境。非正式规则指导下的行为，反映了多数意志，从法律的本质上来讲也是一种合法的行为。正式规则的适用离不开非正式规则的补充和协作。非正

---

① 疫情防控四类人员分别是指确诊的新型冠状病毒感染的肺炎患者、疑似的新型冠状病毒感染的肺炎患者、无法明确排除新型冠状病毒感染肺炎可能的发热患者、确诊患者的密切接触者。

式规则不需要借助于法律，依照习惯就能实现规则和行为人的目的。正式规则需要借助于习惯、自治等非正式规则来协调关系，比如，合作社成员自订规章制度、企业的日常经营行为、社区自发的组织管理，就属于非正式规则，如果这些规则全部上升到正式规则的形式，那么由于失去了自治的空间，角色缺位、错位和利益冲突的情况反而会因为权力的集中而恶化。具体到经济法而言，优化和改善营商环境的关键在于非正式规则，如商业惯例、诚实信用等公序良俗的自发实现程度，一个民众普遍素质高、遵守商业惯例的地区，正式规则的实施成本显然比其他地区要低。规则之治由此建立在社会共识和统治者意志（在我国即最广大人民根本利益的集中体现）相结合的基础之上，倘若破坏了这一基本前提，那么反复强化形式上的程式和增加、细化有关规定也无济于事。一方面，不合理的正式规则会给整个规制社会成员行为的流程增添许多不必要的麻烦，甚至一环扣一环，最终危害公共安全利益，且问责时根本无法穿透利益本源和实际行为人。比如，房地产开发中普遍存在各类建筑质量问题，对开发资质许可和验收程序的相关规定周到且细密①、由行政部门层层把关，却反而提升了质量监控的难度。究其缘由，对于在程序上可以集中规避，或在实际中操作不合理的审核标准或项目，开发商为了完成验收会将潜在的工程风险及成本层层外包、转移，造成如水管不达标等不易观测或潜伏时间较长的种种质量问题，给人民群众的生命财产安全带来了巨大的风险。另一方面，有害的非正式规则会排挤和替代正式规则，侵犯法律权威，并留下巨大的权力可操作空间，例如，贪污腐败、关系庇护网络、对公共伦理产生侵蚀的乡规民约及风俗惯例、黑社会恶势力等，这些反过来会损害正式规则的道德基

① 如《中华人民共和国建筑法》《工程监理企业资质管理规定》《建设工程质量管理条例》等。

础，阻碍法治的良好运行。

因此，只有通过正式规则保障和维护非正式规则的自发性和可持续性，并在此基础之上将有益的非正式规则纳入正式规则，令其合法化和普遍化，对于非正式规则无法调整的行为通过正式规则予以惩戒或奖励，并对坏的非正式规则予以警戒，才能不断缩小正式规则与非正式规则之间的差异，促进二者共同将统一和谐的社会秩序渗透到公共管理关系当中。

（六）明规则与潜规则之间

潜规则是无法摆上台面的规则，是贬义的，也即龌龊的道德规则，又可被称为灰色规则，常常带有不法、不道德、不能明说的含义和内容。比如，通谋投标、权钱交易或订立阴阳合同，双方私底下自行分成，虽然明面上有相关法条的规制，但是往往这类行为很难被发现。潜规则随时可以根据环境的不同而变动，由于其时间、地点的不确定性，遵守这样的规则可能带来更多的沉没成本。例如，日本因其社会"耻文化"的影响，在日常生活中人们尽可能地避免直接竞争，这也是导致日本通谋投标案件较多的原因之一。囿于市场行业整体默认的潜规则，商家能够将成本转移到别的、更为隐秘的融资渠道中，或人为地抬高产品的生产成本，以维持原有水平的相应利润。例如，导游带旅游者购物，从中赚取回扣；餐饮小额消费不开发票或开假发票；打折抽奖活动的最终解释权归主办方；等等。总而言之，这种潜规则所造就的灰色空间，总有可以转移成本的余地。当一个社会的契约、规则不明确，或者道德文化与明面上的规则不一致时，潜规则的施展空间就会变大。在潜规则下，人们依据亲疏远近的关系行事，一方面办事效率可能提高，另一方面会产生更加不公平的现象。明规则与潜规则之间也是一种规则之治的相互博弈。有研究认为："潜规则有时表现为对明规则的一种规避或蓄意违反；有时又表现为等待合法化的自发的制度创新。而潜规则究竟以何种面目出现则取决于制度环境的变化。"① 明规则信息公开透明，但可能死板、僵硬，执行起来不合乎实际情况，经常造成不必要的麻烦。潜规则融通和谐，大家认同起来心照不宣，不需要外部强制，但各种界限模糊、权责不清晰，容易导致信息的不对称和资源分配的不合理。潜规则给人际关系提供了疏通的渠道，但更易滋生腐败和舞弊。明规则在一些具体事宜上生硬不灵活，但在统一的标准设定下排除了一部分贪赃枉法、扰乱社会秩序的行为。在市场中，潜规则有可能产生繁荣，但时间一长又会因恶性竞争、相互倾轧和价格战或交叉补贴等而导致经济的不公甚至衰败；明规则对设定行业的标杆、使市场规范化能够起到关键作用，但宜粗不宜细。市场要在明规则的概括授权之下，依据当时当地的行业生产发展状况，具体执行相应的适应形势变化的规则，以阻隔潜规则滋生的空间，避免一些中小企业在成立之初就被一些不合理、僵化的贷款、融资审查政策及营商环境而扼杀，或寻求潜规则泛滥的"地下钱庄"等渠道，从而进一步形成良性经济循环，促进整个市场行业的规范化、公开化和透明化。

（七）立法机关的规则与行政和其他机关的规则之间

一般而言，只有在立法机关的规则授权时才能制定补充性、创制性的行政和其他机关的规则，但实际中，除在基本权利的层面上宪法高于任何其他规则以外，立法机关的规则和行政及其他机关的规则已逐渐趋于法律形式上的一致。在现代法治条件下，不仅仅限于由立法机关制定的一般性法律规则，行政立法或政策也要求体现民主和程序的正当性。相比于一般法律规则的可预见性和稳定性，一项行政法规或政策的出台，形式上较为灵活变通，顺应实际的发展变化情况。当上位法的授权

---

① 张建伟. 转型、变法与比较法律经济学——本土化语境中法律经济学理论思维空间的拓展 [M]. 北京：北京大学出版社，2004：220.

立法规则缺位、模糊不清或强制性实际效果不佳的情形出现时，就需要结合该立法的制定背景和社会能动需要等实际情况来评判立法不作为等状况，并结合立法授权和自由裁量让行政和其他机关的规则充分发挥作用。以当今立法能力的局限性和行政的臃肿化、复杂化为背景，基于应对多样繁复的行政需要时，立法机构存在专门性和技术性能力上的局限。为了应对不断变化的行政需要，无论是人大及其常务委员会、国务院及其所属各部委、省暨自治区及其常务委员会，还是民族自治区和自治州县人大所制定的相关法律、规章及条例，都应当统筹协调起来，重视提升法律供给的能力、缩短法律制定和实施的程序链条，观念上确立法律的权威，抛弃职权立法的概念；同时也要进一步强化实质意义上的依法行政，切实维护好人民群众的权益。我国幅员辽阔、政权层级多，发展不平衡，司法人员的素质参差不齐，最高人民法院的司法解释、指导性案例和各级法院的司法指导性文件，对于确保法律适用的准确公正和国家法制的统一具有重要作用和价值，这也是一种法律规则，且已成为一种中国特色。例如，经济法有效地将人大立法和各类行政法规、规章、条例、司法解释融合在一起。经济法中的竞争法就是典型的政策法，竞争政策则是典型的法政策，2022 年新修正的《反垄断法》第 4条更是强调要强化竞争政策的基础地位。

（八）好规则与坏规则之间

社会成员共同性的权威加上相互间的妥协构成社会规则的运行。倘若不是基于共同善而存在的规则极易沦为坏的法律规则并产生"恶法"，比如，历史上希特勒通过制定《消除国民与国家危机的法律》（又称《授权法案》）而令其法西斯统治合法化。如果不良的法律规则以表面良好的状态隐蔽出现，那么法律以法治的名义行事就会导致失灵。一项规则无论是出于善良的本意还是以正义的字面意思呈现，只要它在实践中产生了妨碍社会秩序、败坏良序善治的后果，那么本质上就是一种坏的规则。同理，坏规则也包括坏的道德规则，坏的道德规则当道，好的法律规则要想充分发挥作用也会受到阻碍，比如，"爱国者治港"之于经历了"修例风波"的香港的重要性。另外，法治运行不一定能得出良序善治的结果，需要交由动态发展的历史来评判。任何具体的规则如果不合时宜，就要适应形势需要，运用相应的理念适用其他规则，或者适用更高位阶的原则，乃至公平正义；否则，形式上"好"的规则的适用就会走向法治的极端，变成"恶法之治"。例如，公司负责人通过频繁的法人变更来逃避债务，导致实际行为人难以责任到位、良序善治难以维系，法人依法独立承担民事责任的规则就变成了坏规则，因而需要"揭开法人的面纱"。面对社会不同利益群体的发展变化，依当时当下对社会的主流要求，好规则也需要同步加以更新、与坏规则进行博弈，如此，才有可能防止坏规则的产生，创制并保障好规则的执行。

（九）法律规则与道德规则之间

法律规则与道德规则之间相互重叠，又有各自独立的领域。从历史发展来看，道德的产生和发展导致成文法的制定，而法律的确立和执行又反向施加于社会道德要求的成立、改变和废止，二者相辅相成、息息相关。法律规则与道德规则虽各有独立的特征，但紧密联系在一起。法律规则源自习惯等道德规则的本质，令两种规则的内容有重叠，比如，不得杀人、不得偷窃等，既是法律规则也是道德规则。法律与道德性质不同，法律规则依托于政权力量来实现，道德规则依托于认知、良心和舆论来实现。法律不必然符合道德，道德也不必然符合法律，具体的不同体现在规则的好坏本身。道德标准相对于法律的稳定性、普及性而言较为主观，因人而异，同时社会也存在较为普遍、已经形成共识的道德准则。从重要性来说，法律规则整体上处于比道德规则较低的地位，道德的实际意义比法律的要大。好的道德规则在一些时候能够起到法律规则的效果从而简化法律，而坏的道德规则如造谣传谣、恶意煽动舆论等，又需要法律规则反过来加以规制与纠正。但道德规则的形式与法律规则不同，它不是通过国家强制、惩戒，而是受到个体罪恶感、良知、羞耻心和舆论褒贬的驱使。法律无法代替道德作为衡量人们行为的最终标准，但应当以优良道德为导向实现法律作用于社会实践的合理化及正当性。只有通过将道德的内在约束力植入法律的核心价值，将民间有影响力的优良道德规则及时通过权利、义务的形式转换成法律规则，形成强势、主流的社会价值观，才能在承认人的共性和差异性的前提下，以道德作用回应整个社会，以法律作用督促提升人们的素质行为，促进法律规则和道德规则之间相辅相成的良性互动，实现既体现道德准则又具有法律约束力的规则之治。对于完善经济市场的监管，更需要市场主体自觉地不碰触法律底线，无论是经营者还是消费者的契约性承诺，抑或是除自利驱动以外的商业文化和企业家道德等，这些良好的道德风尚能够保障和促进市场经济秩序的良性循环。同时，法律规则也会对道德规则产生浸染式效果，直接或间接地促成道德标准的改变。比如，公司法规定的竞业禁止义务，让一些经理人在面对商业利益时须就不道德行为的风险再三权衡利弊，进而为保声誉而提升职业操守。

（十）其他

在道德规则和法律规则之间的中间地带，还有四种行为规则：宗教、自治规则、家法和政策。在现代大多数政教分离的国家，宗教规则已彻底道德化，不被允许干预法律和政事。自治规则作为自治行为的基础，其本身虽然不是法律规则，但已经成为法治的社会性基础。法律规则难以对社会生活的方方面面进行调整，因而自治规则对其起到了补漏补缺，乃至矫正引导的作用。家法作为社会层面的礼治，在我国有着几千年的传统历史，现如今全面私人化与国家政权分离，可以说家法已经形同虚设，而传统礼教保留下来的一些向善、对社会有益的道德规则也需要随着社会的发展变化而"去其糟粕、留其精华"。政策则与法律体系融为一体，法律中出现越来越多的政策性规范，政策越来越多地转换为法律法规的形式，法律需要政策作为指南对其进行补充并随变化的形势对法加以梳理。例如，对房地产市场的调控就利用了各种政策手段，比如，过去各地对商品房的限购限贷政策、如今取消全国层面个人住房贷款利率政策下限，以及住宅房产税试点等。

二、规则之治及其博弈过程中的合理性分析

综上所述，由于当今社会形势复杂多变，实现良序善治不能简单、机械或选择性地适用规则，更不应只是围绕规则来讲规则。规则的形式和实质在法律执行中往往并不一致，规则也可能不适应现实法治的需要，与社会主流的道德价值判断产生冲突，新旧规则交替、推陈出新，在好坏规则对抗、此消彼长及规则相互矛盾的情况下如何适用规则，怎样才能通过合理运用规则之治来优化营商环境等，都需要依靠博弈来解答，通过说理来分析具体情况下适用什么样的具体规则，以实事求是为原则，避免脱离社会实际的双重标准和二元对立的治理模式，将本质上相互联系的规范与价值、社会局部与整体效应、公共利益与私人利益强行对立、分割开来。

（一）规则之治与博弈

规则之治是一个系统性的"质"的概念，相对于"量"和"度"，体现了事物的本质属性，包含秩序、制衡、发展、动态平衡、层次、制度等关键要素，与博弈的理念紧密相连。规则之治不仅体现在博弈之后的效果，而且存在于博弈的过程及各种人、事、利益互动的过程中。埃里克·波斯纳强调，现代社会的规则是人们相互之间在建立合作关系的意向时所导致的模仿行为模式，其结果需要通过博弈来控制。规则之治是对物质生活关系和国家体系及其运行之上层建筑关系的界定，需要考虑到各个层面、不同利益和角度之间的争议，最终总结出适合的规则，形成特定的制度。制度经济学代表道格拉斯·诺斯（Douglas North）指出，制度是为了优化市场效用，通过博弈实现人们趋于一致的、有互惠关系的意识形态，从而最大限度地改善道德伦理和守法程序之间不协调状况的规则体系。而博弈下构成制度约束的可以是非正式的规则，如习俗惯例、道德准则，也可以是正式的规则、政府规制、政策或合同。制度与博弈不无关系，其因人们不断重复自身所认为可行的博弈活动而产生，是社会领域中人们的意志通过博弈兑现的一种存在普遍共识的均衡规则状态，它可能与法律规则所规定的秩序相一致，也可能有所不同。对此，法律和制度的相互作用以社会中各行为人的自觉纪律为出发点，令法律的外生刚性因素和制度的内生柔性因素经过博弈演变，形成一种合理的、稳定的行为均衡模式。鹤光太郎将此概括为经济体系中内生出来的法律制度，并指出如果市场中人们在面对外界的强制规范时，与之相对应的内在自我约束性的行为均衡状态发生了改变，那么法律制度也要随之改变，换言之，法律制度也需要成为市场变化的内生变量来顺应人们在社会当下行为的真实意愿，否则法律制度与实际社会行为之间的差距就会越来越大，进而影响到法治的实施。因此，不经过各方的博弈所得出的规则只具有形式意义上的理性。规则往往会在公平正义、自由效率、法的目的合理性与法的安定性之间摇摆，而社会行为的多重目的需要通过博弈才能达成某种特定的规则之治，从而判断民间行为与法律制度背离的程度、可妥协性、不可兼容性，等等。规则之治所涉及的时刻变动的社会经济现象，只能通过博弈加以描述。博弈中某一利益团体或个人占上风，将会直接影响到规则的最终走向。舆论宣传也可能会促进或裹挟规则的执行与实施。博弈可以歪曲规则本来的面目，也可以纠正形式上空洞的规则，并以多数人认定的规则为结果，实现法律由外生性规范向内生性变量的转化。现代社会的繁荣模糊了规则和权利（力）

的边界，直接造成权利（力）不相容的情况不断增多，由此产生国家、社会和个人之间不同利益的取舍和不同权利（力）的平衡问题。例如，2003年"江苏铁本案"体现了中央与地方调控分权的冲突①，2014年"e租宝案"体现了P2P网贷平台与金融监管之间的博弈②，2018年央行与财政部之争体现了二者对政府财政支出对象界定的不一致。③ 归结起来，随着现代社会资源利用方式的拓展以及互联网、5G无线通信技术的开发，不同的权利（力）与权利（力）之间的格格不入变得越发常见，权利（力）与权利（力）之间的关系也变得难以界定，权利（力）的原始表达也变得更加模糊不清。基于这些不一致、不相容的社会化条件，为了避免资源的浪费和重复使用，法律对权利（力）的再分配就至关重要。权利（力）的安排或分配应以效益的最大化为依据，而博弈对于如何实现效益的最大化有合理的解释。博弈提供了一种利益表达的机制，实质上是对人们的各种由权利衍生出的利益关系进行调节

① 江苏铁本铸钢有限公司依托于常州市政府的支持在长江边建造钢铁厂，钢铁行业如果严格依照国家发改委的审批，不但流程旷日持久，而且获准的机会十分渺茫，而常州市政府需要一个超大规模的投资来提升地方竞争力，因此在银行授信等方面给铁本项目开了"绿灯"。然而，铁本项目于2004年因"毁田占地"被定性为违规建设。经查，地方政府在该项目建设中存在违规审批、占用土地、破坏环境等问题，这与国家宏观调控层面上遏制钢铁行业盲目建设、过热投资的共识有关。

② P2P网贷属于互联网金融中的一种，"e租宝"平台自2015年开始借款累计金额数百亿，平台［其自称"资产对个人"（Asset to Peer，A2P）模式］以假项目担保的方式进行诈骗经营，骗取投资者金额的行为完全背离了P2P"创新金融""便利民间借贷"的初衷，加上政府监管不力、关系用权，令将近91万投资人利益受损。

③ 2018年央行研究局徐忠局长的《当前形势下财政政策大有可为》一文指出了"积极财政政策不积极"的问题，而此文亦引发署名为"青尺"的财政部官员回应并发表了《财政政策为谁积极？如何积极？》一文，双方隔空展开关于公共政策的辩论。《中华人民共和国中国人民银行法》（以下简称《中国人民银行法》）第29条规定央行不得对政府财政透支，而财政部为活跃地方经济，其政策容易将隐性、非标债务转嫁给金融部门，导致央行无法通过正常手段偿还这些借款，唯一选择是发行货币，进而引发通货膨胀，影响宏观经济稳定。央行不愿意继续释放流动性，财政部不愿继续出钱，因而去杠杆的博弈持续存在。

或再分配的过程。规则之治通过对权利的配置来控制和协调人们的相互依赖性，并解决他们的利益分配问题，继而实现良序善治。社会中，相互影响的各类权利（力）主体依各自的利益视角相互排斥又相互依赖，他们如何决策、行动取决于博弈所要求的动态一致性。这一博弈共同体的互动需要兼顾和平衡各自的利益，同时，多元化社会因素也影响和制约了博弈共同体中人们对于不同规则的不同预期和考量，故而，规则之治对规则的有效调整和统筹协调，根据博弈中的合理性分析来判断权利（力）关系所产生的不同利益关系，探讨实际规则行为的有效性，才能得到既合理又合法的结果。

（二）博弈与博弈中的合理性分析

曼瑟尔·奥尔森（Mancur Olson）在《集体行动的逻辑》里提到，除了比较小的群体，如果没有能运用强制性制裁的中央权威，大众不可能实现公共秩序。传统的教义学方法将法官限制于一种理解性的活动中，运用概念计算规则，对于判决在生活中是否正确，法官无须考虑也无须负责——于是，在法律出现漏洞或者不合理的情形时，这样的概念建构依然可以适用，最终囿于逻辑理性的固有闭环，甲概念逻辑推演的结果偷换了实际的乙情况，继而破坏了原有的规则秩序体系。尽管法律体系能够将非正式规则明确化，但法律教义本身并不确定，且寻找、理解法律的管理成本十分高昂。规则不同于契约，当今社会的劳动专门化使得群体的成员依据境况、知识及技术而处于收益和负担不平均的层面，契约原本相比于规则可以通过明确的条款以一种对主观费用和收益相当敏感的方式将技术工人同工作联合起来；然而，匈牙利经济学者卡尔·波兰尼（Karl Polanyi）点明了纯粹的契约对有机社会组织自发规则加以干预的弊病，当交易费用过高、不能够使用契约的时候，规则就有可能被施加一种非正式的工作义务，一个最便宜的劳动提供者可以显著提升社会特定范围之内的福利和效用，并触及软法或者本不属于该劳动者应有所作为的非正式交换领域（并非其所认为的分内之事）。

博弈中的非正式交换①则意味着不需要合约或者合同来证明社会中人们彼此之间的信任度。表面上看明确的契约可以促进社会福利的最大化，但后现代陌生人社会的本质是因短期利益而形成的临时交往关系，既摆脱了"乡土社会"熟人相互之间的道德约束，又逐渐脱离了个体的自我性而向劳动的工具理性靠拢；加之社会化多层级的变迁，传统契约主体因角色化的现代性要求削弱了原有的等价交换之作用，而非正式交换又缺乏坚实的社会自治基础。在这样的现代社会条件下，就算是基于严格前提假设的重复性博弈也可能无法逃脱人的非理性所导致的"囚徒困境"或"公地悲剧"等后果，人们只愿意选择利己且低成本的投机主义行为方式，这极易造成法条越来越翔实，而规则越来越无法执行到位的局面。罗尔斯开始强调公平正义的政治性，也是"来自对社会的，尤其意识形态的多元事实感到不安的刺激"②。对此，博弈中的合理性分析能够塑造新的社会角色，即对社会公共性的追求与复归，要求一个对社会更有效管理的国家或政府，依据实践、实事求是，对不同主体提出不同的角色要求。博弈一方如果利用其政治、经济或文化等方面的霸权优势，也可以不讲以规则为基础的秩序，因而合理性分析至关重要，能够防止"恶法"及坏的道德规则对经济社会形成整体性的破坏，坚守法公平正义的底线。

同时，规则博弈的过程更需要合理性分析。合理原则本身即为博弈，就是允许双方说理，尤其是被告说理，只要允许被告说理就是合理原则，不能不允许被告抗辩、说理。博弈是一些个人、队伍或其他组织

① 在博弈论中，"非正式交换"通常指的是不依赖于正式合同或法律约束的交换行为。这种类型的交换在经济法中有特别的考量，因为它既不易于用传统法律手段监管，也常常涉及复杂的人际关系和非物质价值的交换。

② 何怀宏．公平的正义——解读罗尔斯《正义论》［M］．济南：山东人民出版社，2002：239-240．

在一定的环境条件和规则之下，同时或先后、一次或多次，从各自允许选择的行为或策略中进行选择并加以实施，各自取得相应结果的过程。没有限制的、不符社会实际状况的个人自由和程序正义观只能成为空谈，也不具备合理性。合理原则是一种主观性分析，而非数学般精确的比例模型。鉴于规则本身的有限性、不完备性以及实践的复杂性，有关规则的博弈必然要求合理性分析，法官、行政人员和行为人不得机械、武断地适用规则，要求其说理，这也是规则之治实现和法治运行的基本原则。庞德曾提出："一个法律制度之所以成功，乃是因为它成功地在专断权力之一端与受限权力之另一端间达到了平衡并维系了这种平衡。"① 这也是古希腊学者所强调的衡平（Epieikeia）② 之概念，要求规则具备既能客观公正又能符合人们所普遍接受的观点和行为方式的合理性。根据亚里士多德的论述，衡平是更高层次的法，但没有具体确定的规则可循。③ 显然，一个衡平的、更高层次的法的制度，需要博弈且离不开合理性分析。按照一定的理论、原则和具体规定，结合事实进行合理性分析，方能避免以数学逻辑得出的"精确"结论。④ 不同规则按照经济学的成本收益理论都无法做到准确量化，非经济类目标、社会责任以及商品和服务的主观效用难以被测量，若按照法条一一对应极易陷入有程序正义而无实质正义的陷阱，"只见树木不见森林"，特别是对现

---

① POUND R. Individualization of Justice [J]. Fordham Law Review, 1938 (7)：166.

② 古希腊学者所强调的"衡平"（Epieikeia）是一种法律伦理学上的概念，通常被翻译为"公平"或"公正的正义"。这一概念强调在法律解释和法律执行中，应该考虑到具体情况和正义的原则，而不仅仅依赖于法律字面上的解释。具体而言，法律应该是服务于正义的工具，而不是单纯地奉行法律字面上的规定。因此，在法律解释和法律判决中"衡平"可以被用来平衡法律的硬性规则和正义的要求，以确保得到更为公平和合理的结果。

③ 苗力田. 亚里士多德选集（伦理学卷）[M]. 苗力田，译. 北京：中国人民大学出版社，1999：124-128.

④ 对待某一案件的法律分析若像数学一样精确，别人可以得出另外的一个"精确"结论，依据的是不同的数学逻辑框架，但逻辑推演的描述未必符合社会生活的事实。

代社会规则主体资格的多重性、多维度性和经济关系的多样性而言。同一个案子由不同的法官判，结果可能不一样，但可能都在合理的范围之内，也可能一个比较合理、一个不尽合理，这是法律主观见之于客观的必然结果，不必强求一致，也不可能强求一致。对于规则或其适用，不总是遵循既定规则，可以由利害关系人提出疑问，最终判别规则的正当性。总而言之，博弈与博弈中的合理性分析能够将不确定的规则以说理的方式具体确定下来，体现了规则之治能动地权衡不同规则、保障维护法实质正当性的重要核心价值。

（三）合理性原则及其运用

正因为实践当中关于规则所蕴含的伦理、实施规则所带来的经验价值及规则不同主体间的相互认同度等都大相径庭，所以需要基于历史实践经验、通过合理的价值判断来实现推进社会治理体系和经济法治建设所需要的规则之治。规则依据合理性原则来判断错综复杂的社会现实，才能既勇于负责又不拘泥于固有法条。"拉德布鲁赫公式"① 所强调的实在法体现合目的性和正义的必要性，也是对合理性原则的注解。合理性原则能够将相互对立的法的规范性和价值性统一起来，实现真正的法的效力，因人制宜、因时制宜。法律内容与实际社会生活状况的偏离程度越高，法律的实施就越不符合常理，为合法主体的合法权益创造有利条件的难度就越大。维护书面上的法制与追求客观经济条件下的公正价

---

① "拉德布鲁赫公式"是拉德布鲁赫就法律和正义的辩论所提出的一个观点，用来解决法律的合法性和正义的冲突。这个公式的核心观点是：1. 法律的优先性（Vorrang des Gesetzes）。拉德布鲁赫认为，法律在一般情况下应该得到尊重和遵守。法律是社会规则的表达，必须受到尊重。2. 正义的优先性（Vorrang der Gerechtigkeit）。然而，当法律与正义原则发生冲突时，正义应该具有更高的优先性。如果法律导致明显的不正义，那么正义应该占据主导地位。这个公式的要点是，在法律和正义发生冲突时，正义应该优先于法律。这一观点反映了拉德布鲁赫对法律道德性和合法性的关注，以及他对法律在某些情况下可能导致不正义的警示。

值之间的隔阂，直接决定着原本合法的主体冒风险违反法律的可能性。合法主体最终会以违反法律为代价来对抗法律与实践的脱节，进而采取钻法律漏洞的方式，通过隐藏的规则或者"地下法律"来达成原本的利益目的。忽视合理性原则的规则之治的代价是有法难依、合法不合理及执法水平的急剧下降和违规行为的不断增长。社会秩序由此不再坚守公序良俗，基层治理难度也会持续提升。合理性原则重在说理，并且涉及不同利害关系之间的相互博弈。例如，2013 年锐邦诉强生案①，两审法院于判断强生限定产品转售价格条款是否属于纵向垄断协议时，认为需首先确定其行为是否具有排除、限制竞争的效果，也即应当遵循"合理性原则"。终审认为锐邦提交的证据足以证明该案所涉相关协议所具有的排除、限制竞争的效果大于其促进竞争的效果，最终判定强生败诉，驳回初审判决。此案正是对我国 2007 年《反垄断法》第 14 条关于纵向垄断协议的判断标准依据合理性原则所作出的不同解释，并不只凭借"违法的外观"就认定固定转售价格协议为法律所明令禁止，而是依据具体的个案说理、变化的举证责任、对垄断行为与损害的因果关系之分析，来证明协议是否限制或排除了竞争，从而构成违法垄断，这也顺应了 2022 年新《反垄断法》第 18 条所修改内容的主旨。②

同时，法的安定性要求也决定了司法裁判是一种说理性活动。对此，马克思精辟地分析了"合理"与"合法"之间的内在关系，指出权利是法的重要渊源，习惯权利即法权习惯是法定权利的前身，而习惯权利要成为合理的，必须具备两个条件："一是习惯权利必须和法律同时并存，二者并行不悖；二是习惯属于法定权利的前身，构成具有法权意味的直接的社会要求，即法权习惯，它构成法的直接社会渊源，因

---

① （2010）沪一中民五（知）初字第 169 号，（2012）沪高民三（知）终字第 63 号。
② 2022 年 8 月实施的新《反垄断法》第 18 条添加了判定垄断协议是否违法需要说理的内容。

此，'合法'必须以'合理'为前提条件，'合理'则是'合法'的内在根据；'合理'必须得到法律的承认，而'合法'则体现了法律对合理性事物的保障。换言之，只有合理的法律（权利已变成法律），才具有普遍性和必然性"①。合理性原则，顾名思义，就是允许利害各方说理，不允许"当然违法"存在，必须允许被告进行抗辩和陈述理由。这也体现了英美法的天然政策性，即没有既定规则或既定规则适用案件不公平、不合理，因而需要通过梳理、分析得出道理再进行判决。1911年美国最高法院就标准石油公司垄断一案公告了所谓的合理原则，通过判决论证了只有不合理的垄断才属于非法的垄断。② 自此，合理原则也被解释为非专断、反复无常或滥用权力的原则。我国反垄断法"禁止+豁免"的模式也是运用合理性原则的典型例证，通过抗辩、说理，只要特定行为是合理的就可以裁量豁免。《反垄断法》已然不能简单地将垄断状态作为天然的恶，而需运用"合理原则"着重对相关行为进行有效扎实的分析，探究将内在合理性上升为外在合法性的具体路径，一般性地认可垄断行为和状态的中性地位，具体分析其对竞争的利弊，并在法律上着重规制企业滥用优势或实施反竞争行为等。

三、由规则之治通向法治及其善治

实质主义法治对形式主义法治的冲击，本质上是个后现代命题。康德曾指出，实践以道德为准则，实践的规律就是道德，而道德规则具有普遍性，只对自己主观有效的原则算不上道德。实践理性与纯粹理性的性质不同，由于具有自由意志的世界不可能存在，用纯粹理性的有限理性就无法认知实践理性的合自然的目的性，也因此法律的施行必须结合

---

① 公丕祥. 马克思法哲学思想述论 ［M］. 郑州：河南人民出版社，1992：259.

② Standard Oil Co. of New Jersey v. United States, 221 U. S. 1（1911）。

人自身的德行和良心上的谴责，否则失去了人为自己立法的道德律，法律就难以解释人的种种实践活动了。规则的变化来自个人之间合作互利的逐渐演化，是一种经济学意义上的帕累托改进，而不是纯粹地对资源的再分配，规则基于人们的经验及其普遍和自觉认同的部分，令规则之治单依靠国家暴力的强制执行或道德舆论的谴责压力都不足以称之为善治。例如，合同法依赖普遍的诚信，在熟人社会持续交易关系的基础上强行要求合同，只会成为一种负担，无形中增加不必要的交易成本。又例如，1963 年麦考雷（Macaulay）的实证研究就表明，美国威斯康星州的生产商并不依照合同法来执行大多数交易，而是依照公平交易（Fair Dealing）的商业管理规则，二者具有同等的法律效力。① 所以，法治国家不是无人操作的机械世界。规则之治必须是善治，不是善治就不是法治。

规则之治的正式和非正式规则的制定（形成），自觉或不自觉地适用、执行，未必能达成法治的善治，而需依靠规则制定（形成）、适用等各个层面的博弈。首先，规则之治不同于规则主义法治观，如前所述，它并不单单是法律规则、正式规则的治理，更是经过博弈后达成共识的规则之体系；法律也不是人类活动的主体而是对象，认为法律规则是治理社会、实现法治的唯一正确途径之观点，滥觞于 19 世纪德国概念主义法学的极端理性主义思想。法治的运行不是机械地去复制和复印法律规则，更不是利用法制的模具去套用规则。其次，仅凭道德规则也不可能实现法治。在《论美国的民主》一书中，托克维尔（Tocqueville）指出，如果受到当时当地的社会风潮、经济状况、媒体传播等影响导向了错误的共识，那么基于此共识而订立的相关法律规则会减损公共及个

---

① MACAULAY S. Non‐Contractual Relations in Business：A Preliminary Study ［J］. American Sociological Review，1963，28（1）：55-67.

人的权益，使得所谓的公平建立在"坐吃山空"的崩溃经济秩序之上，甚至形成多数人的"暴民政治"，导致法治实践陷入低效乃至无效的境地。综上所述，规则之治跳出法律规则与道德规则、正式规则与非正式规则之间相互矛盾的二元对立思维，意味着法治不再符号化。规则之治就是动态的法治力求达到公平正义的结果，但不等同于法治，也可能不是法治的结果；反过来，法治必定是规则之治，需要通过说理、协商、博弈来决定适用怎样具体的规则，而不是机械地、非此即彼地、双标对立地遵循法律或道德规则。

整体抽象地讲，规则不博弈就拍板不是法治，只博弈不拍板也不是法治。通过博弈达成共识的可能性越低，社会就越撕裂，难以形成强势的主流价值，法治的实现就越勉强。具体事情具体分析，有的时候不需要拍板，大家就这么做了。守规则的人拿不守规则的人一点办法也没有。不同于规则的统治，公正的规则之治暨法治能够认识到规则背后不同利益集团相互冲突与妥协、没有唯一正确立法者意图的事实，通过博弈去平衡相互冲突的利益、达成共识或至少形成最低限度的共识，并合理使用创造性解释，这使得人们对于利益远近新旧的判断发生变化。当代法治的运行应当是结合规则主义法治观和社科主义法治观的复调法治，是一种权义复合的规则之治。由规则之治通向法治所要求的善治重在考虑怎样实现法治的结果，无论是自治和法律的互动，还是各种不同规则之间的相互作用，都需要博弈并通过博弈中的合理性分析将纸面上的法律规则融入社会自发的秩序当中。法治不是法律主义和单依法条的误判，所有的法条都需要解释，适用的时候都需要说理，不以单个人、单个机关的意志为转移，受社会强势而正义的主流价值之约束和评判，在此状况下通过利害关系人和公众广泛的参与、表达，就各类分歧进行博弈，赋予法条以实质的合理性，从而法的矛盾冲突得以调和，法的漏洞或滞后、超前得以弥合，错误的法条得以纠正或被搁置，在这种动态的过程中达成一种善治。法治模式已悄然变化，从人人遵法、有法可依、有法必依、执法必严、违法必究，发展成"概括授权+自由裁量+人人可（被）问责"的模式。法治精神体现在由公私主体在权利和职责的范围内主观能动地行事，通过相互博弈或竞争合作，在动态中形成良序善治。法治的运作过程中，如果"严格"依法、缺乏利害关系人和公众的表达，公与私、公与公、私与私的互动无从开展，法律的缺陷和不足无以纠正，则越"严格"依法越不公、越腐败，也就实现不了法治的结果。另外，规则之治的博弈是应当有权威结果的，比如，法院的终审判决、行政担当者的生效决定，乃至错案纠正等，权威结果之前是法律、法治的博弈，权威结果出来之后仍然可以博弈，但就不属于法治范畴，而属于社会的、历史的范畴，比如，若干年后甚至几十年、几百年后，人们普遍认为曾经的某个司法判决是错的、某个立法或行政决定是错的等，这属于整个社会治理体系和治理能力需要进一步提升的问题。总括而言，社会化条件下许多法律措施都是不同利益主体相互冲突、相互制约和相互妥协、实现合理性要求的结果，由于实践中法律的稳定性与社会关系的多变性之间存在矛盾，因而需要通过合理、公正的规则之治确保实现善治的效果。

第四章

规则之治与经济法

规则之治取决于本质上变化不定的经济社会形势，以经济法为中心和实证来对规则之治进行研究，能集中反映和体现规则之治的核心理念，积极能动地应对社会中经济现象的千变万化，契合法律实践中规则的运行，同时也可以解答经济法治暨公共治理的难题。

第一节 社会公共利益

一、利益法学理论

经济法与规则之治的关系，主要在于经济法的政策性、博弈性以及合理性与合法性的高度统一，在于经济法天然地不适应法律主义、法条主义和教义学。在社会化关系日益多样的今天，经济法的调控功能越来越突出。经济法自身正是产生于复杂经济利益的不断分化：如果没有对国家平衡协调经济日益增长的需要，就不会有规划及相应的产业政策；如果没有对不断变化发展的社会公共产品和服务及公共财政统筹分配的需求，就不会有税法及税收条例、预算法、国债法和转移支付制度；如果没有越来越多金融市场中的资金流动和融通以及随时可能发生的系统性金融风险，就不会有各类银行法、证券法、保险法和互联网金融指导规章；如果没有经济快速发展产生的垄断组织和不受控制的经济势力以及一切对竞争与价格规律造成损害的行为，就不会有竞争法；如果没有社会分工不断细化之下资本联合及更大的利润追求以及掌控和抵御风险的必要性，就不会有企业法、公司法。社会利益和法律一直紧密地联系在一起。利益法学派代表菲利普·黑克（Philipp Heck）认为，法律制度是从有等级的生活利益中所产生的，法律不是被设计出来的涉及一般概念的观念，而是根植于生活的实际需要及评价。耶林也曾阐明，创造法律者，不是概念，而是利益和目的。以规则之治为主要特点的经济法旨在解决市场中的各种利益冲突①，并通过各类经济规则、政策将相互矛盾的社会利益加以综合、协调。例如，大企业、组成行业协会的中小企业、消费者协会、民间自治组织和政府等通过在市场中的博弈，推动相关影响自身利益的规则形成，这本身就与传统的公私划分的二元法律结构迥异，因为在抽象、虚拟的法律关系中，任何平等主体之间的支配关系几乎不存在，只允许对权利的形成、抗辩或请求。但是，随着生产力的发展和社会的进步，社会公共利益与市场个体利益俨然成为辩证统一的关系，权利的实现离不开特定的社会环境、并且权利还具有社会性和普遍性，权利与权力逐渐交融，市场中的任何利益主体都有可能占据经济生活的支配性地位。社会与个人既有合作的空间也有冲突的空间，社会给予每个人的机会是不尽相同的，每个人通过市场和资本进行博弈，社团与社团、群体与群体之间也进行着博弈，各别的利益个人、团体乃至社群之间利益诉求的不对等、协同或抵牾都时时刻刻发生着变化。市场越来越大、越来越深，交易越来越不确定，如果法律对经济生

① 法律上的利益冲突指利害关系，利益冲突或通过利益冲突获益是不法的，比如，领导人的近亲属经商、法官离职当律师、接原所属法院的案子等，所谓"瓜田李下"。本书则是从利益不一致、利益相矛盾的角度来使用利益冲突的概念。

活的调整不能够变得频繁和深化，社会及个体的利益就不可能有效地实现。这在经济法当中十分明显。许多新兴的经济领域，无论是共享单车、网约车平台，还是数字经济、元宇宙的成立或消逝，都受到各方利益主体不同实力、势力的影响。可以说，经济法实现了从权利的保护到利益的平衡。

对此，恩格斯曾就德国年轻人对马克思主义观的误解强调过，经济基础与上层建筑的关系不是片面孤立的，政治、法律等思想观念，意识形态对经济发展也具有反作用，最典型的例子就是金融贸易中金融家的利益对生产的反作用，产生了如当时的"北美铁路"这一类为了资本竞争而非为了交通生产的商业经营，这反映出利益阶层对其自身利益的诉求直接影响着经济市场的发展。① 人们从事各种活动的目的无非是获取并享受某种利益，因而社会关系中最普遍、最基本的是利益关系。经济法正是依托种种利益关系对经济生产的关系和条件实施着反作用，也因此具体落实着规则之治博弈、动态的理念。社会共同体利益的动态平衡是法治发展的内在动力，也是规则之治的外在表现。经济法是市场共同体内各种利益的意志的平衡。经济法的规则乃基于社会生活的实际需要及其评价而产生，体现在各种对立利益的相互作用之上，而非公式化的法律概念之分类。对此，菲利普·黑克举了德国土地法的例子，指出该"土地负担制度是基于对持续之债中反复为之的给付进行担保的需要而形成的，而不是基于对土地负担的债权或物权属性的考量"②。法律条款并不取决于已经存在或尚未出现的立法定义，而来源于历史发展的背景之下各种利益所追求的目的乃至冲突。黑克进一步直言，利益与利益之间也分轻重缓急，不同的利益博弈之后也分胜败地位，只有在

① 马克思恩格斯全集：第 37 卷 [M]. 北京：人民出版社，1971：484-492.
② 菲利普·黑克. 利益法学 [M]. 傅广宇，译. 北京：商务印书馆，2016：16.

博弈中胜出的那部分利益可以得到法律的认可，而属于败局的那部分利益左右了法律对不同利益平衡协调的程度及范围。比如，税法作用的充分有效发挥就取决于纳税人利益的分量，如纳税人是否能自觉自愿缴税、能否获得与税收公共对价的福利，而不单单取决于国家层面上对公共财政与经济调控的需求。然而，利益的价值取向难以定论，法律作为社会生活中利益冲突的产物，本身就与其自身的确定性产生悖论，因而需要通过规则之治对利益的实质加以透视，分析出规则与利益背后相关联的合理路径，才能够使法律免受概念法学的束缚和扭曲，实现真正的良序善治。显然，规则之治通过整合不同利益之间的角逐和对立、以内外统一的视角平衡利益之间的相驳和相悖，实现了不同利益主体在动态发展的矛盾之中的相互博弈。就不同利益的冲突，经济法集中反映出以公共利益及整体利益为准且及时改变相关的法律政策。例如，我国农业税自 1958 年的实施至 2006 年的取消，自 1979 年国有企业"利改税"至 2007 年试行国有资本经营预算，自 1994 年分税制至 2018 年国地税合并，新冠疫情以来国家出台的各项利民利企的税费优惠政策①等，都离不开对实际社会生活利益的重新确认、界定和再分配。各部门随时颁布的各种各样的意见、办法、规章、条例、公告等，皆为了辨析规则背后与利益联结的链条，尽最大可能地运用合理原则填补规则的不足、发现利益的共通点，以创造性的方式保障利益之间的平衡协调。就此而言，经济法倘若单单依靠法条主义、依据法律规则，由于机械执法导致的机会或潜在利益的丧失，不仅无法保护、平衡互相竞争的各种利益，更会造成"拍脑袋"决策、行政任意干预经济以及选择性执法的种种现象。

---

① 例如，2022 年国家出台的新的组合式税费支持政策，既有大规模增值税留抵退税，也有小规模纳税人阶段性免征增值税政策；既提高科技型中小企业研发费用加计扣除比例到 100%，同时还加大小型微利企业所得税和小规模纳税人、小型微利企业、个体工商户"六税两费"减征力度；既有减税，也有阶段性降低失业保险、工伤保险费率；既延缓缴纳制造业中小微企业部分税费，又阶段性缓缴社保费。

二、公共利益的哲学

（一）公共利益与个人利益的关系

史尚宽认为，公共利益不独国家的利益，社会的利益亦包括在内，相对于私人利益，公共利益既包括国家利益也包括社会利益。公共利益体现出国家权力与个体权利之间建立互动以谋求社会的整体效益。公共利益不是凌驾于个人利益之上，而是与个人利益相互交错、既重合又对峙的利益。拉兹认为，所有人具有同等的善观念是不可能的，在不同的善观念之间保持中立的结果很有可能是一方成功而另一方受挫，正义也会因为广泛的价值分歧而难以实现。利益归根到底是为了自己，也必然给别人带来损害。因此，善观念也需要有优先次序，当人们把对公共利益的需求排列在第一位置的时候，这一需求的优先性就会被人们妥协交付的信任所保证，继而人人都会就此利益达成共识。拉兹进一步引出了价值的客观性问题。不过，拉兹对价值进行判定的"后果论"① 也是一种经过限定的"后果论"，具体的意义被留给了社会实践自身。② 据此，公正的规则之治通过合理性判断从社会范围内的充分表达和讨论之中产生出既具有普遍性又具有特殊性的规则，在尊重个体偏好独特性和自由选择性的同时，协调好公共利益与个人利益的关系。以经济法为例，国家为了发展经济、增强国际竞争力所制定的各类产业政策、法律法规，采用强制性和引导性方式，促进和支持关联性、技术性相关产业的协调发展，在提高本国国际竞争力的同时，也惠及每一位参与生产、交易、消费、分配的市场主体。经济法对不同产业加以促进、扶植或限制、禁

---

① 在法律哲学和道德哲学中，"后果论"是一种认为行为的道德价值取决于其后果的理论，也即拉兹所认为的，法律规则的正当性在于它们能够产生积极的社会效果。

② 约瑟夫·拉兹. 自由的道德［M］. 孙晓春，等，译. 长春：吉林人民出版社，2010：106-118，249-269.

止，同时让财政、税收、金融等围绕相关产业政策加以运作，对不同层次、不同方面的利益需求予以平衡、调节，进一步扩大了公共利益与个人利益和谐互惠的空间。私人间的社会关系也越来越密集地负载着公共利益暨社会责任。

经济全球化条件下社会越来越复杂的变化发展和不确定性的增多，令完全自给自足的经济模式已很难存在，同时全球地缘政治经济所面临的前所未有的挑战，令民族国家亟须确保经济发展的内生创新动力，在这般复杂的形势下，社会公共利益与个人利益的相关性也达到了较高的程度，离开了个人利益，公共利益就无法实现；离开了公共利益，个人也就没有什么利益可言，二者相互交织。马克思曾指出："把人和社会连接起来的唯一纽带是天然必然性，是需求和私人利益，是对他们财产和利己主义个人的保护。"① 这句话体现了在一个社会当中公共利益与个人利益的密不可分。社会化还创造出更多新的公共利益内容，比如，人们在使用互联网相关服务和衍生产品时享有隐私保护的利益，人们在日常生活中享有洁净空气和免受病毒侵扰的利益，人们进行加密货币交易时享有结算安全和系统稳定的利益，人们在使用机器人产品或者服务时享有人身安全和自由免受侵害的利益，人们在面对极有可能发生的全球性危机时享有自己国家提供的各类保障的利益，等等。这些利益都与个人利益密不可分，或存在于个人利益之中，或由个人利益组成。当下市场中个人或企业的个别行为或活动已经远超其自身和一时一地之损益。经济生产过程已不再是简易、直线型、单向单边的流程，原本界限清晰的私人行为及活动也变得模糊不清。一个国家从土地、石油、天然气、水利、电力到稀土、锡、钨、锑等民生战略资源，都需要政府主动地、大规模地参与和利用，这些资源的供给与需求直接影响到市场中千

①　马克思恩格斯全集：第 1 卷 [M]. 北京：人民出版社，1956：439.

千万万与之相关的个人利益。尤其在全球化经济和商业竞争愈演愈烈的背景下，国内暨国际市场竞争的背后，都有一国或多国政府直接从事经营活动、引入竞争、加大利用外资、刺激市场需求、订立合同、参与项目招投标、保护先进生产技术，等等。例如，新加坡政府与两家电信公司，即新电信和星和公司达成协议给予其近20亿新元的赔偿，以补偿它们因电信市场提前两年开放而蒙受的损失，维护了其电信市场的国际竞争力。政府试图促进作为公共利益的一种特殊类型的共同善，与个人和政府为了促进整体的公共利益所订立的规则表面上是彼此矛盾的，但本质上因为公共利益包罗万象，必然与大部分的个人利益在某种程度上相互交融，除却依靠政府促进的公共利益以外，增进个人利益总会直接或间接地加强或贬损这一公共利益，因而规则在实现公共利益的同时也会产生利益冲突。如果没有规则之治作为统一的"调度室"，规则与规则之间就会陷入纷乱。一方面，为了获得更大的经济控制权、尽可能减少或避免自身利益的损失，个人利益会与公共利益产生一系列的矛盾，在利益边界模糊且人行为方式自利的前提下，如果不把个人利益和公共利益整合起来，没有保障自由竞争的市场秩序，个体在现代社会几乎不可能对抗各种市场失灵和负外部效应。另一方面，公共利益的实现需要国家通过各种手段和措施对个体的自由意志施加影响，但容易产生以传统行政权为手段的、人为的不当干预。对此，国家全面、主动地行使经济管理权，通过规则之治尊重社会自治、促进市场竞争、保障公民参与，广泛吸收各类市场主体参与经济管理的预测与决策，方能实现经济公平，充分发挥社会及市场主体的积极性和主观能动性。

（二）公共利益与经济法的契合

市场中个人利益与公共利益最终是趋于一致的，但在具体的状态下，矛盾与冲突却是经常的。经济法不仅在经济机会上保证各主体平等，更要求结果的实质正义和社会效益的优先；不仅要求"做大蛋糕"、更要求"做好蛋糕"，所以经济法是从公共利益出发的协调经济的法律，能够达成规则之治下普遍的经济社会利益与市场个体利益之间的平衡，将公有暨私有主体成员的利益同其在公有体系中所扮演的角色有机地联系起来。维护和保障公共利益是经济法的中心和重点，经济法的调整对象是直接或间接影响社会或公众利益的经济关系。经济法以社会整体的经济利益为导向，通过规则之治来实现经济市场在社会化条件下的公平正义，表现为公私交融，是综合调整法。在我国，诸多聚焦于保护金融投资者、债权人、消费者等多方权益的法律如《中华人民共和国证券法》（以下简称《证券法》）、《反垄断法》、《中华人民共和国招标投标法》、《中华人民共和国政府采购法》、《中华人民共和国商业银行法》（以下简称《商业银行法》）、《中华人民共和国银行业监督管理法》等，均对"不得损害社会公共利益"作出了相关规定。经济法作为以社会为本位、平衡协调之法，符合公共利益将各种目标的利益加以整合提炼之特征。公共利益是市场经济中社会经济利益和社会团体利益的总和，包括促进经济繁荣、维护基本商业道德、保障规划发展和充分就业及整体的交易安全暨竞争秩序、保护弱者、政府和人民捆绑参与国际竞争，等等。公共利益必须是实质正义。商业开发不一定不是公共利益，公共建设也不一定就是公共利益。公共利益作为一种利益形式已成为更多人的共识，就经济法治建设而言，"公共利益指代包括产业利益在内的国民经济的健康发展，以及保护经济上的弱者……或以自由竞争为基础的经济秩序本身。妨碍这种经济秩序的事态，就是直接违反公共的利益"①。在自治原则下实现的个人利益由于世事的变迁，已经无法单凭经济自由来实现，相反，经济弱者没有国家推行保障的公共

---

① 丹宗昭信，厚谷襄儿. 现代经济法入门 [M]. 谢次昌，译. 北京：群众出版社，1985：91-92.

利益的庇护，已经失去自由竞争力，在瞬息万变、分工协作的市场和国际政治、经济贸易面前，个人的力量极其渺小，难以抗衡资本累积起来的市场主体。随着生产社会化程度的提高、企业组织规模的扩大，还产生了个人利益对公共利益造成更大损害的可能性，如不法垄断，会损害广大中小竞争对手的利益，更会损害广大消费者的利益。因此，国家必须寻找一种方法在不损害经济个体、组织经营的积极性的同时，遏止损害他人利益的行为。

经济法形成的客观条件是社会化，直接原因为经济集中和垄断以及战争需要，从一开始就和公共利益息息相关。经济法在资本主义社会发端的深层次原因，是社会化与私有制的不兼容性；推而广之于任何性质的社会，包括我国今日的社会主义市场经济体制，其产生和存续的根本原因，则在于社会经济的社会化同社会各别主体的利益和意志间的矛盾。经济法规则与实践互动的条件产生于利益的表达、交换、分配与再分配。在现代社会中，公共利益集团是政治和政治生活的基本组成部分，也是政治行动的基础。社会利益集团体系的产生和存在，要求政府为那些因强势利益方而失去发声权利、难以与之相抗衡的弱势及小众利益方提供法律机制的制约与平衡，这对于新兴的市场行业领域和贷款难、融资难的中小企业显得尤为重要。否则，政府的各类经济政策将只能是或仅仅是政府与商人之间共谋的产物。基于公共选择学派提出的"规制俘获"理论①，市场的公共利益需要通过规制来保障，但经济生活问题的或然性又需要较宽泛的自由裁量权，因而易导致规制失败，从而陷入利益和规制、权利和权力、个人利益和公共利益之间相抗衡的

---

① "规制俘获"（Regulatory Capture）是公共选择学派的概念之一，最早由经济学家乔治·施蒂格勒（George Stigler）提出，强调政府和政府机构在制定和执行政策时会受到各种利益的影响。具体而言，政府或监管机构最初设立时是为了监管某个行业或领域的利益，但随着时间的推移，这些机构逐渐受到了受监管行业的影响，以至于它们更倾向于维护受监管行业的利益，而不是维护公众利益。

"死胡同"。对此，经济法能够从制度和个案、原则和规则、实体和程序的多个层面，对公共利益的理由、目的、手段、实现机制、范围程度和作用结果等仔细斟酌而后做定夺，继而在公共利益和规制失败之间寻求最优结合点，实现权利和权力的相统一。不同的公共及个人利益经过博弈，或争夺，或让步、折中、合作，不断缩小经济规则与实际合理性之间的差异，让大利造福于民、小利贡献于公，才能保证司法裁量在健全社会经济秩序之路上不偏不倚与公正不阿。因而，保护社会公共利益是经济法价值的真正体现，经济法通过将主客观的利益和价值衡量标准统一起来，促进利益多样化及相互之间的表达与制衡，让利益分配格局的形成更加基于利益诉求而非主导性权威，充分发挥经济法治背景下不同利益主体间竞争的主观能动性，实现"政府负责、社会协同"，且立足于社会整体经济利益的权力与权利关系相融合。

第二节　博弈和共识

一、公平和效率的衡平

（一）稳定要公平，发展要效率

拥有自然自由时，人限于个人体质、能力智力等的不同，渐渐在财富积累上出现差距，人的不平等开始出现；而法律正是要打破这种不平等，通过福利制度和各种调控措施支持经济弱势群体、保障公共利益，实现人的社会自由，即人与人之间的公平。人与人相互竞争的市场是一种很脆弱的社会关系，它必须由一系列非市场经济的关系来支撑，即以一系列法律制度和理念为基础。但是，仅仅依靠法律制度来强调社会的公平，则会造成市场活力下降，交易的畅通渠道被堵塞。最典型的例子就是为了保障特殊时期重工业发展的计划经济体制。以经济统筹和稳定为导向，有利于在国内外形势相对严峻时大力发展基础工业、保障国民经济的整体运行和发展。但是，过度强调公平会让积极多劳的社会成员得不到相应的经济回报，这违反了市场最基本的运行规律。经济缺乏自主能动性会造成效率低下、吃"大锅饭""多劳少得""少劳多得""搭便车"等乱象，由于对经济的全方位管制违背了市场的趋利避害之属性，扼制了价格反映供需变化的基本市场规律，易造成企业经营活动与市场相分离和官僚主义作风的盛行，市场不强求效率、不管盈亏，更是加剧了生产与消费之间的矛盾，浪费了市场资源。

那么，是否单单依靠市场中价格的作用就能实现经济发展的效率呢？经济学对资源利用价值判断的另一依据是效用。经济学者无论是忠于帕累托最优还是卡尔多-希克斯效率，都相信效用这一主观评价标准对价值的测度。这样的主观评价极易受到个人特定偏好的影响，例如，一个人无论是作出符合自己利益的行为，还是作出契合他人利益的行为，抑或是与他人合作行使利益的行为，都只限于从其自身的主观角度来看待这些行为。这对于经济市场中第三方的评判者而言，其往往只能够依靠粗略的客观标准来定夺，比如市场价格。问题在于，市场价格的波动虽有可能准确展现交易双方的主观偏好，但更有可能对实际情况加以歪曲和误解。在个人满足度并非公开交易可以衡量的情况下（诸如不同人对健康和友谊等价值的不同评判），就看不到相应真实的市场价格。此外，市场价格也难以反映出交易对第三方的影响。仅依照价格衡量价值的缺点只能被尽量弱化，但不能被完全消除，简而言之，规则制定者都不能测度、更不可能最大化效用。实践中，规则制定者做得最好也只是效用主义者所追寻的福利——群体成员之满足度的客观价值——的最大化。对于市场以外效果的评估，只能通过社会交换的格局，以一种粗略且不精确的方式来呈现。当某一群体里的每一成员都希望通过成员之间一切明示、默示的完全公开信息来预测福利，群体的规则就会指导每一个成员最小化无谓的损失，同时对背叛者进行恒常的惩罚，但这并未考虑到交易费用的复杂性。随着市场的高度社会化，价格对于资源配置的影响也越来越受到个体的主观偏好、个别劳动时间、商品所有者的社会政治地位等的影响和歪曲，实现在市场自由放任主义之下完全的效率在现实中是不可能的，也是极端片面的。更何况，传统契约无法解释现代社会合作主义发展所导致的履行期较长、变数较大的新型社会关系。单靠民众在市场中自发的偏好及取向并不能实现资源分配的最大化效率，传统民商事平等主体间契约的及时有效性在当下社会之实践中问题频出，遑论劳动契约的不对等性以及消费契约的附和性。早在 20 世纪 60 年代就有美国学者质疑契约对现代交易的主导性。① 英国学者也认为契约自由已近黄昏，现代市场经济存在各种不利于契约自由的条件。② 作为新制度经济学的代表人物，科斯在研究后期认同，有别于科斯定理，产权的确立和维护也需要成本。市场交易中的信息成本对产权的影响是巨大的，个体偏好很主观，个体与个体之间的利益也无法相互比较。民法对经济行为的调整无法涉及公民权利与国家权力之间的关系，只能在保证个体基本的经济自主权和个体理智地追求利益的前提下，尽量降低交易成本。既然市场无法抹去交易成本，那么有利于经济效率的部分就需要防止市场特权来减少租金的浪费。且不论产权交易中需要考虑的信息成本和挫折成本（frustration costs）③，行使产权本身就

---

① MACAULAY S. Non – Contractual Relations in Business：A Preliminary Study ［J］. American Sociological Review，1963，28（1）：77.

② ATIYAH P S. The Rise and Fall of Freedom of Contract ［J］. Oxford：Oxford University Press，2003：681-778.

③ 张泰苏指出"挫折成本"是因地方法律与习俗不自洽而造成的个人效用的流失，参见 ZHANG T S. Beyond Information Costs：Preference Formation and the Architecture of Property Law ［J］. Journal of Legal Analysis，2020（12）：1-78.

会造成资源的浪费，倘若达不到民众的预期，令其形成心理上的"痛感"，还会激化交易中产生的矛盾，恶化市场竞争秩序。所以，推崇完全市场化及其效率会变得过于极端，因没有考虑到市场化效能的外部约束条件与市场化效能的边际确定和控制问题。建立市场的同时，必须完善实施管控的制度和手段。推动市场化不能变成宗教信仰，否则只会畸形化。

可见，市场稳定依靠公平、发展依靠效率，但实际上从最基本的经济学理论追根溯源可以得出，无论是公平（秩序）还是效率（自由），都无法仅凭自身，片面单一地实现社会资源配置的最优解。

（二）公平与效率联结的研究进路

经济法追求的效率是社会整体的经济效率，而不是个体或局部的效率。经济法的许多制度都体现了公平对效率的冲击，比如消费者权益保护法赋予消费者"不平等"权益，竞争法赋予政府限制、反对企业达成协议或兼并的"不平等"权力，市场准入制度赋予官方对营业自由的"不平等"限制，等等。表面上看，这些举措都是对相对于被倾斜式保护群体的另一方权益的歧视，属于形式上的不公平，但却是为了实现实质意义上的平等。由于公平极易沦为一种形式主义，因而需要实质正义这一标准将公平与效率结合在一起。首先，效率如果是长期的、社会的，符合公共的福利，就会和公平相一致。其次，许多公平实际上都是在长期的社会博弈中演化出来的，只有遵循这些博弈出来的规则，才能更好地实现效率。效率不仅受到自然条件的制约，更受到社会条件的制约。经济发展需要公平，公平的社会环境能够促进生产效率的提高，不公平产生的资源分配不均足以威胁社会的稳定，从而妨碍效率；同时，社会稳定需要效率，有效率的市场流通能够促进社会资源的再分配，缺乏效率产生的弱社会流动性足以遏制市场的活力，从而妨碍公平。公平与效率相辅相成，不可割裂，二者之间存在天然的张力，完全的效率必然是不公平的，公平必然要限制一定的效率，为了实现效率，需要保障公平，防止社会资源过度集中，而为了达成公平，又需要提高效率，减少形式意义上的无谓浪费。随着现代科学技术的进步，经济及产业活动的更新换代加快，面对不断变化发展的经济结构和经济领域，无论是规划、产业政策、财政税收、中央银行和金融监管、反垄断和反不正当竞争，还是大数据、互联网、区块链、人工智能等，都有众多既有的法律法规无法一一囊括的问题。加之经济全球化和私法社会化，在瞬息万变的社会经济形势下，国家愈益介入经济生活领域，从而形成以经济法为典型的规则之治，这已是普遍现象。由于体现公平的公共福利措施与体现效率的自由竞争秩序相悖，只有考虑到各方的利益诉求并以经济规则对所涉成本损失作出相应的补偿，才能保障社会福祉、传承优良的社会传统以及维持既定规则下的经济效能。例如，我国各类违法占用土地案件，涉及耕地保护和城市化、工业化建设用地供给不足之间的种种矛盾，为了兼顾公平与效率，既不能违背国家"十一五"《规划纲要》① 所提出的"十八亿亩耕地红线"，也要保障土地征收中农民的相关权益，遵从市场化的土地补偿费标准。相较于法律条文，人们对于市场成本收益的变化能作出更快的回应，针对某一规则的行为也能更迅速地改变。公平与效率表面上看是矛盾的，但在既定规则机会均等、竞争自由的条件下，二者就会统一在一起。而经济法通过将成本收益与规则的制定联结起来，则可以实现二者的衡平与和谐。

　　经济法追求的是实质正义的价值观，是追求最大多数社会成员福祉的正义观，体现为对机会公平和结果公平的兼顾。为了追求实质正义所引申的价值，将公与私融为一体的经济法，以经济自由与经济秩序的统

---

① 2006 年第十届全国人民代表大会第四次会议通过的《国民经济和社会发展第十一个五年规划纲要》。

一、和谐作为其价值追求的目标。例如，通过建立和维护市场竞争秩序，对限制竞争行为的禁止、限制、排除，为所有市场主体公平地进入市场并进行公平竞争创造条件。只有维护社会经济总体结构和运行的秩序，个体才能充分享有权利，以利于最大化社会成员的整体福祉暨实现经济安全。市场中更有效率、利润更大的经营者和企业，在强大到积聚成垄断经济模式之后，又会直接或间接地影响到消费者的自主选择、同行业的市场准入门槛和相关产品服务的定价机制。再者，并不是有了效率就会不公平，公平了就会没有效率。比如一些自然垄断、并不违法的经济模式，反而能更好地整合市场资源，带动整个行业上下游供应链条的相关发展与创新。还有一些保障营商环境公平的举措，反而更能促进市场就业、劳动力流转及各尽其用，并支持信息的披露和公开透明，从而大大减少行政执法的成本和人力，放开中小企业的管制枷锁，增进市场主体间的相互竞争。

在社会化的市场经济条件下，经济法律主体已不再仅限于承担单一的角色，而具有多维性与特殊性。公平与效率则已互相内化成为对方不可或缺的重要因素。随着市场分工的深化和创新的增进，相对应的主体角色也分化出不同的层级。类似于中医上讲的"辨证施治"，具体到经济法主体如经营者、消费者、管理者和仲裁者，他们各自的出发点、动机、价值追求各不相同。随着市场准入制度、市场规模、同行业态、产权及垄断特性等的不断变化，经济法主体也必须依据经济活动的层次性、程度及规模的多样性而分别予以特殊的规制。相较于民法，经济法保护的对象不局限在平等地位的交易双方，常涉及不同层次的第三方，且当交易双方可能力量不对等时，采取对一方进行倾斜性保护的方式，比如消费者权益保护法要向消费者倾斜，反垄断与反不正当竞争法要向被"强买强卖"的一方倾斜。这样的规则不限于交易双方，还指向不特定的第三人，因此体现了经济法律关系平等性与隶属性相统一的特点。

　　无论是从主体结构的层次性还是调整对象的多样性而言，经济法治都涉及整体的经济利益，体现的不是二元而是多元模式，保护消费者、中小企业、弱势群体的权益，甚至保障国家及时提供公共产品、减小市场交易的负外部性等，都涉及民法所难以触及的领域。经济法的多元模式让公平与效率通过博弈或有所优先或有所侧重，在整体上得以衡平、融合。例如，竞争法的立法目的在西方国家主要是保护消费者的利益，但当竞争法进入实施状态之后，很多人会将其立法目标视为追求效率。事实中的竞争法究竟是以保护企业、追求效率为目标，还是以保护消费者、追求公平为目标，成为一个不确定的问题。实际上，保护消费者利益、提升其福利与市场规制二者本质上一致，即为保障消费者福利而采取的促进和维持市场竞争的过程，必然包括规制及矫正任何市场主体无视、无端干预上下游经营者自主经营参与市场竞争的不法垄断行为。禁止垄断协议既让消费者有了对更多商品的选择，同时亦间接地保护了消费者权益。又如，国家的减税措施（效率）可能会促进特定领域的经济繁荣、增加消费者可选择产品，从而导致总税收的增长、提升社会公共福利（公平）。总之，经济法使得效率与公平之间的对立性逐步消解，保证经济发展的效率与实质公平于内核含义上一致对应，同时又和管理及运行经济的规则之治高度融合，做到了实事求是、自主能动地对多元化的经济主体辩证地加以调控，进而实现从不同行为主体之间的博弈到奠定规则共识的良性运转。

二、市场和政府的衡平

（一）国家管理经济古已有之

国家管理经济由来已久。不论是古代的波斯还是印度，没有灌溉，农业就无法进行。那里的专制政府首先都承担着灌溉河谷的总经营职能。在中国古代，由于大禹治水"尽力乎沟洫"①"禹疏九河"②，自然而然地将一个个独立、闭塞的部落联合起来，与此同时，国家权力机关及其强制推行的行为规则就形成了。西方从地理大发现开始逐渐形成的市场，也是由政府创造的，否则根本没有西方后来的市场经济。哥伦布发现新大陆，是由国王授权的；用炮舰打开中国市场，也是由英国议会决定的。早在 16 世纪，英国社会就接受了这样一个原则，即没有工作能力的穷人应当由政府出资来维持其生存。历史上英国的圈地运动、《法国民法典》的颁布、德国完成统一后于 1879 年实行的保护关税制、日本自明治维新开始的土地和地税改革等等，无不体现了国家对经济的管理职能，不一而足。近代资本主义从 17 世纪欧洲重商主义时代开始，也是先有国家之手。虽然在自由资本主义时期，鲜有阻碍商业的政策如限制高利贷、禁止不道德牟利等等，亚当·斯密（Adam Smith）的经济学说取代了传统的重商主义，自由贸易被宣布为立法的指路明灯，但是有关贸易价格、关税、银行，以及工厂、劳工、宅地等方面的法规仍大量出现。19 世纪末、20 世纪初产生的高度社会化使自由竞争的资本主义发展到垄断阶段。国家不再是"夜警"或仲裁人角色，而开始复归到管理经济的传统角色。国家自产生以来，维持社会经济活动的正常运转就是它的首要任务。无论是生产、交换、消费还是分配的过程，都离不开国家的作用。没有国家，市场就会退回到物物交换的时代，人与人之间为了利益所进行的长期和无休止的争斗会不可避免，这必将导致社会经济生活的混乱，使生产力倒退。生产力关乎民族的存亡，而只有国家才能保障供应稳定的生产资料，推进科学技术与知识文化的创新，让市场参与者做自己想做的事及自由竞争。所以，自古以来，维护经济秩

---

① 《论语·泰伯》。
② 《孟子·滕文公章句上》。

序、保卫经济安全、力促生产力发展都是国家的重要职能，也是内生于国家的因素之一。

恩格斯通过列举三种国家兴起的形式，即雅典式、罗马式和德意志式，指出"国家决不是从外部强加于社会的一种力量。国家也不像黑格尔所断言的是'伦理观念的现实'，'理性的形象和现实'。毋宁说，国家是社会在一定发展阶段上的产物"①。马克思认为国家无非是一个阶级镇压另一个阶级的机器，随着私有制的建立，社会陷入了不可解决的自我矛盾，分裂为剥削阶级和被剥削阶级、统治阶级和被压迫阶级，而又无力摆脱这些不可调和的对立面，国家就自然而然地代表一个阶级成为压迫另一阶级的机关。对此，恩格斯认为："为了使这些对立面，这些经济利益互相冲突的阶级，不致在无谓的斗争中把自己和社会消灭，就需要有一种表面上凌驾于社会之上的力量，这种力量应当缓和冲突，把冲突保持在'秩序'的范围以内；这种从社会中产生但又自居于社会之上并且日益同社会脱离的力量，就是国家。"② 国家管理就是统治阶级为了减少异议和阶级冲突、维护较为稳定的社会秩序而采取的各种规则治理的手段。同理，当市场中存在着相互对立、仅凭价格信号无法解决的内在矛盾和负外部效应时，政府就需要出面来充当维持市场秩序、整合资源、提升公平与效率的"保护伞"角色。在马克思和恩格斯的时代，国家还没有普遍地肩负起参与经济操作、管理经济秩序、平衡劳资、供应公共产品及准公共产品等职责，所以他们没有预见到真正的民主国家在国家未消亡前能与社会握手言和并开展深度合作，而只提出了自治性的自由人联合劳动，即共劳主义也即共产主义。

随着现代国家全面社会化的发展趋势，过去国家有限的对经济事务

---

① 恩格斯. 家庭、私有制和国家的起源 [M]. 北京：人民出版社，1972：167.
② 恩格斯. 家庭、私有制和国家的起源 [M]. 北京：人民出版社，1972：167-168.

的公共管理职能必然与高速发展的经济社会产生一定程度上的对立和不相容。同样的，现代社会也有别于过去封闭于一隅的乡土社会，全球化的流通和信息互联网的便捷，让以往相对稳定的社会角色变得支离破碎，广泛可能存在的风险也会迅速波及全世界。在这样的背景之下，频频更新的经济生产力会要求国家以更加及时有效的姿态来应对瞬息万变的市场。社会基于过去固定的运转范式对于每个人的利益主张而言变得过于狭窄，难以承载急遽转变的市场劳动关系，且个人利益的实现愈来愈借助于不同劳动分工之间的合作与整合，对不同权利义务的划分愈来愈模糊，对个人担责的要求却愈来愈具体。于是，国家需要建立一种新的秩序以应对不断扩张的社会，这种秩序不是由上对下、静态固定的规则管理，而是国家对社会经济进行管理、内生于社会经济发展的规则之治。国家与社会逐渐变成一个整体，仿佛动态的齿轮一样相互内嵌，各自更加积极地发挥所长。

（二）市场与政府结合的研究进路

资源配置的方式不止于市场运行。卡尔·波兰尼在《巨变：当代政治与经济的起源》中就提到了"双向运动"①，即"有形之手"与"无形之手"需并行，并指出当社会自发地试图纠正自由市场的混乱时，放任的自由就不存在了，而只有得到限制的自由才是真正的自由。② 这一点同样适用于政府和市场的关系。国家作为政治组织，在当代更需要承担起公共管理经济的职能。将政府"守夜人"义务与"全

---

① 波兰尼认为，社会中存在市场力量（无形之手）与社会保护（有形之手）之间的相互作用，也即"双向运动"（double movement）。过度的市场自由化会导致社会结构的破坏和环境的退化，从而激发社会保护的反应，二者既对立又相互作用。面对市场力量的无节制扩张，社会力量（如政府、工会等）会通过立法、规制、社会政策等来消减负面影响。

② 卡尔·波兰尼. 巨变：当代政治与经济的起源 [M]. 黄树民，译. 北京：社会科学文献出版社，2017：132，198.

权"职责对立起来本身，是没有真正认清国家起源的缘故。20 世纪以后，市场与政府作用的均衡性越来越明显和重要，没有脱离政府的市场，也没有脱离市场的政府，市场与政府不再是对立的两种社会存在。市场中使得竞争发挥作用并创造、改善一系列条件和基础设施本身就是政府行为，例如，保障货币、市场、信息流通的渠道，维护私有财产和契约自由，界定财产和所有权的一系列法律规则；防止欺诈、保障竞争制度有效运行的规则；与损害赔偿救济相关、维护消费者权益的侵权责任规则；等等。19 世纪 70 年代以后，随着西方国家从自由资本主义向垄断资本主义过渡，美国等国家也相应出台了《谢尔曼法》（*Sherman Act*）《罗宾逊-帕特曼法》（*Robinson-Patman Act*）《横向合并指南》（*Horizontal Merger Guidelines*）等一系列反托拉斯法，并对私人垄断加强政府管制。自发的垄断符合市场运行的规律，政府须积极能动地辨别良性垄断和恶性垄断，有所"为"和"不为"。

经济法活动主体的权利具有派生性，因其主要是针对经济管理行为本身的程序、方式、权责等发起的抗辩。换言之，经济法弥补了民法的不及，实现了权力与权利之间的均衡，利用职责与义务的"义"对职权与权利的"权"进行补足与制约，是国家意志和政府维护公共利益在经济关系中的集中体现。经济法着眼于现代国家的经济管理，不仅防止市场的负外部效应，而且补救、创造市场之所不能。市民社会与政治国家的虚幻对立业已消散，国家从国民经济角度对市场经济的再生产过程进行规制变得十分必要。在现代福利社会、经济国家的背景下，国家肩负着统治性与给付性的双重任务，政府公共管理渗透于市场和社会，正是社会变迁的要求和结果。这就面临一个悖论：法律不可能绝对清晰地界定政府与市场的边界，那又如何判别属于市场不能调节或不能有效调节的情况，判别标准是否能够永远确保准确无误。市场能做什么不能做什么、政府可做什么不可做什么，是社会运转、发展的动态要求，世上不存在任何英明的立法者有能力将其界定及列举清楚。就算界定"清楚"了，静态的法律也无法应对经济社会乃至国际形势的变化，反而会导致政策或政府决定的难产、公共管理效率的低下和信息公开的不透明、不及时，寄望于法律化甚至会造成市场和社会的系统性风险。政府的经济职能与一时一地的经济发展程度、市场的大小和层次、信息流通是否充分、产业结构合理与否、民众的素质等都密切相关。政府与市场的界限，因时因地因人而异，从中央到地方，任何一级一地的政府在经济和社会改革实践中的职能，都不可能通过法律或规范性文件一一正面罗列，而只能概括地赋权，即确定概括的职责。因而，对于动态确定政府与市场的关系，也即政府对市场具体该做什么、不该做什么，离不开政府基于概括授权追求一定目标，在宪法和民主法治之下的积极作为。

市场和政府的关系是复杂的，市场作用取决于不完全竞争、自然垄断、信息不对称的程度，政府作用取决于不同时期国家的政治、经济、社会生活的实践需要。归根结底，与其说市场与政府是依托于经济法治的"一体两翼"，借由市场规制法与宏观调控法来完成，不如说更像是"一体两面"，政府作为经济管理主体直接参与经济运行，二者职能相互能动地因势转化，从而实现利益的衡平。我国东中西部、东北等地区的区域经济发展失衡、城市和农村经济发展失衡、产业结构发展失衡、同一产业内部大型企业和中小型企业发展失衡等等，都是制约我国经济发展的重大问题。在创建和谐社会的指导思想下，经济和谐也成为重中之重。着重发挥市场作用还是政府作用就看哪一种调节更为合适、更能够促进经济健康有序发展，政府与市场间的界限也随着实际博弈的变化而变化，这也是经济法比其他法律部门更为典型地通过博弈和共识来实现法治的特征。比如政府采购，虽然是为了实现公共目的，按照法定的方式和程序，以购买者身份购进货物、工程和服务的政府公共行为，但其合同的性质属于平等主体关系的范畴，买卖双方之间的权利和义务是根据平等和承诺准则而共同商定的，并对任何违反本协议的行为各负其责，不能违反法律和政府自己制定的采购规则。同时，采购合同虽然本质上是市场交易，但是由政府主体采购，其本身不能完全市场化，与政府特许经营一样，政府作为主导者是必须的。这不是滥用权力，可能导致的腐败或者通谋投标与市场化也没有关系，而只取决于一个社会的腐败和反腐败程度。又如，以往针对物价总水平的国家发展和改革委员会（以下简称"发改委"）的限价措施，目的是稳定居民消费价格指数（Consumer Price Index，CPI），降低通货膨胀率，保障宏观经济的平稳运行；而在具体执行的过程中，缺乏竞争的公用事业必须由政府定价，放给市场定价反而是政府缺乏担当的表现。打着本应由政府承担的社会事务全部"市场化""谁投资谁受益"的旗号，还会导致行政职能部门的懒政、怠政和乱作为。在处理政府与企业之间的关系时，很多应该由市场发挥职能的地方政府进行了干预、滥用权力纵容"官本位"行为，或者是政府应该承担的责任却交给了市场来完成、不作为，越位和缺位的现象并存，也影响到财政转移支付作用的有效发挥。故而，凡市场无法或不能有效调节的、社会无法或不能有效自治的，人民就要求政府积极作为以利社会整体利益和民众福祉。

在中国，深圳、上海浦东、高铁、高速公路、海南自贸港等市场，都是政府创造的，政府不仅弥补市场，更能创造市场。中国的电动汽车市场，也是政府创造市场的一个典型范例。市场和政府共同配置资源，因为政府也是市场的一部分，还可以创造市场、监管市场；同时，政府行为也直接受到市场运营绩效的评估。我国的社会主义市场经济及其法治，既需要自由的市场，也需要能动而积极有为的政府。对此，在经济法的运行中，需要通过博弈论来解释有关国家和社会、政府和市场之间的转化机制和运行方式。

三、博弈论

（一）经济法与博弈论

博弈论由数学家约翰·冯·诺依曼（John von Neumann）和经济学家奥斯卡·摩根斯坦恩（Oskar Morgenstern）于 1944 年构想出来并发表于 1980 年出版的《博弈论与经济行为》一书，主要分析超过两人以上作出的互相影响的决策，这其中特定的随机行为模式有可能是最佳的策略。以往，不同研究领域的学者都从他们各自的视角来分析博弈与合作理论。① 其中，罗伯特·萨登（Robert Sudgen）和乔恩·艾尔斯特（Jon Elster）专门用博弈论的方法来解释规则的形成、演化、变异和社会制度的演进。

社会经济生活中人们的所作所为都是以满足自身利益的最大化为起点和动机，这导致当事人之间往往很难达成具有约束力的协议。合作产生利益，在如何分配合作利益、将非合作利益转化成合作利益方面需要通过博弈论加以解释，这与规则之治是契合的，经济法尤为如此。经济法和博弈论具有共通点。经济法是以整体系统为视角、对涉及的不同经济行为所引发的不同利益关系予以平衡协调的法。博弈讨价还价、协商或对抗导致互利共赢或者合作失败的过程，符合经济法促进内生经济秩序和社会整体经济利益互赖互惠的宗旨。以市场博弈主体之间直接相互

---

① 参见 TAYLOR M. Anarchy and Cooperation [M]. London：John. Wiley and Sons，1976.（哲学家）；ULLMANN - MARGALIT E. The Emergence of Norms [M]. Oxford：Clarendon Press，1977.（哲学家）；HARDIN R. Collective Action [M]. Baltimore：Johns Hopkins University Press，1982.（哲学家）；SMITH J M. Evolution and the Theory of Games [M]. Cambridge：Cambridge University Press，1982.（生物学家）；AXELROD R. The Evolution of Cooperation [M]. New York：Basic Books，1984.（政治学家）；SUGDEN R. The Economics of Rights，Cooperation，and Welfare [M]. Oxford：Basil Blackwell，1986.（经济学家）；ELSTER J. The Cement of Society [M]. Cambridge：Cambridge University Press，1989.（经济学家）.

作用时候的决策以及这种决策的均衡问题为研究对象，从而实现群体间的利益均衡和公平的社会分配，是经济法依托于社会保障公共产品的供给、维护竞争秩序以及促进国民经济运行和发展的重要手段，更是规则之治价值的核心体现。

无论是怎样具体的博弈种类，比如合作博弈和非合作博弈、静态博弈和动态博弈、有限重复博弈和无限重复博弈、完全信息博弈和不完全信息博弈、纳什均衡和贝叶斯纳什均衡、囚徒困境和智猪博弈等等，除却其数学意义上的模型架构，本质上都是对人与人之间利益冲突与一致、竞争与合作的研究，也是一种在个人理性和集体理性产生冲突时所作出的社会制度安排。在传统民法中，权利与义务呈现出一一对称性，也即一方民事主体的权利的主张及实现需要通过另一方民事主体的作为或不作为，一方享有权利意味着另一方为或不为一定的行为。对于同一民事主体的行为来说，权利与义务是分离的，要么是权利，要么是义务，一般不会具有权利义务的双重属性。而在经济法中，社会及市场主体的行为、选择、变动、终止等都是不同权利和义务之间的融合、重叠、对抗乃至博弈，并非传统公私法二元关系中权利义务非此即彼的单一存在，其规则之治正是在利益的博弈中筛选并认可特定的共同规则。也因此，市场各主体之间需要通过博弈来保证规则之治的实现，除了合法还要合理。

一般而言，博弈不论其过程、方法如何，最终得出的共识是，对于规则要严格就应该严格执行，不应该严格就不严格执行，甚至于这个规则是错的，就干脆不用执行。比如高铁对号入座，大多数情况下可以协商调换，极少数协商不成的，能不能严守规则则需要通过博弈。对于那些被曝光出来的"座霸"，人们的共识自然是希望他们严守规则，但在五一、十一等假期期间，很多人买短途票上车，希望补票到较远的目的地，结果因为人太多，大多数人没有办法补票，于是到站拒不下车，警察也没办法，舆论反而还会指责国铁集团不该有上车补票制度。由此可见，日常的社会生活时时处处都离不开博弈，而经济法所规制的社会生活中的各种经济运行更是离不开博弈。对于瞬息万变的经济市场而言，无法时刻以存在着的绝对的、具体的、可供严格遵守和执行的法为前提，比如抗疫建火神山和雷神山医院，涉及土地的征用，就没有法条可以严格执行。还有帮助企业特别是中小企业纾困、减免租金、返还失业保险费、贷款展期、设立绿色审批通道、缓免税、下调利率、加强信贷支持等等，没有一件事是严格依法办事的产物，而需要依照当时当下的不同情境，通过博弈达成特定的共识。当然，博弈所形成的共识不一定都是对的，也有可能是错的，比如前述补不到票到站拒不下车的情形，这时就需要负有职责者敢为敢当、严格执行规则，比如依据我国《民法典》和《治安管理处罚法》等的高铁普法宣传进行相应执法。换言之，该不该严守规则、该不该严格依法，是需要博弈和敢于担当作出决策的，这也符合经济法中规则之治实现良序善治的过程。

（二）经济法尤须在博弈中实现

首先，从社会根源性的利益不对称现象来考量，经济法的规制需要基于博弈论来构建实施路径。社会学家科尔曼（Coleman）认为利益不对称的现象并不必然起因于利益本身的不公平分配，由于集体的有限理性，社会越复杂，利益不对称的现象越普遍。随着社会的发展，经济市场中利益的不对称主要体现在生产者与消费者、员工与老板、股东与经理人、金融机构与投资者、互联网平台与数据贡献者、大股东与中小股东、融资机构与贷款中小企业、税收优惠项目与一般项目、发达地区与不发达地区等不同的集团和个体之间的利益不均衡。由于经济利益直接涉及人们的衣食住行，加上中国社会结构的遽变，以及全球化进程所带来的不同国家利益主体间交换的复杂化，利益矛盾变得更加烦琐和广泛。规则的形成受到不同制度和条件的制约，在现代化生产条件下越来越呈现分散权威和多中心体制的特点。保障和协调社会多元利益，能够让市场通过竞争实现优胜劣汰。对此，博弈论强调社会存在不同利益下集体合作的困境，而规则之治本质上是积极应对集体合作困境的治理模式。规则之治就是通过定分止争、规范行为，从而使集体合作成为可能。博弈的目的不在于利益的众寡，而在于怎样实现利益的均衡协调。"法律绝不可能在既约束所有人的同时又对每个人作出真正最有利的命令，人类个性的差异，人们行为的多样性，所有人类事务无休止的变化，使得无论什么艺术在任何时候都不可能制定出可以绝对适用所有问题的规则"①，事实是既没有绝对的自由，也没有绝对的公平，因此需要通过重复博弈和减少不对称信息等方式，在复杂的经济社会形势下达成共识。博弈论以整体主义的视角对相互影响又相互不同的主体如何作出决策、行为及产生怎样的后果进行研究，采用宏观上一致、微观上不同的方法，努力探寻最优的、双赢的解决办法。

其次，无论是通过防止市场失灵还是防止政府失灵的手段，都不必然能够彻底解决市场各类型主体因自主能动性所带来的一系列与规则的预期效用不匹配的问题，经济法若想有效施行尤其需以博弈来解释。在复杂多变的社会条件下，市场中每张关系网下维持关系的条件和标准都不同，网与网之间的过渡标准也各异，这就要求规则之治的标准同时是各个关系网中的主体所能接受的标准，即利益的"最大公约数"。由于经济法所规范的经济现象不断变动，社会的问题意识和价值观也会与时推移，因而导致市场的规范需求随之转变。概言之，规则之治得以公正实施的前提是社会群体得以紧密联结（不同于现代城市中邻里之间的关系），并且在这样的社会网络之中成员间对于前景的预期是可信、可

---

① E. 博登海默. 法理学——法哲学及其方法 [M]. 邓正来，姬敬武，译. 北京：华夏出版社，1987：8.

靠且互惠的，关于历史和当前的信息充足，制裁也相对便利。如果背离这些条件，实现预期效用最大化之规则就会变得困难。这样的背离源自妨碍人们充分利用机会合作交往的交易成本，在经济学理论中指代"市场不完善"，例如市场的负外部性效应和不完全竞争，社会收入分配的不公正，短期行为和盲目性，人的不理性，等等。不受制约的市场自由地趋利避害，反而减损了有效率的资源配置。经济活动自由化的极端发展必然导致垄断。解决这种"不完善"的可能方式是国家的宏观调控，但政府也有可能失灵、权力寻租，导致无论政府还是市场行为都可能带来更多的损害而非收益。综上所述，在各类经济市场主体之间必然存在着某种"互动"，其利益的演化需要用博弈论来衡量。市场主体会对政府的决策产生影响，政府的策略也会直接或间接地影响市场主体的行为；无论是公司自主的经营决策，还是消费者在市场中的选择，都是以自身利益视角为出发点所作出的行为。这些行为以博弈的形式与其他不同的利益进行角逐，从而通过占据优势地位的话语权和利益要求来达到影响他人决策的目的。这种"互动"，对于理解经济法律关系当事人的构成、地位、相互关系、行为类型，以及对于研究经济市场主体的权利与义务等问题，都大有助益。

最后，市场中经济单位自身的主体多样性特征也决定了经济法规需要通过博弈来实现良序善治。现代市场中经济力量的活动不再单受资本的控制。因多重历史文化因素的交互作用，单纯依照经济市场原理已无法实现社会的公平正义。无论是具体的国家货币制度、税收制度、交易制度、财政经济政策，还是市场金融监管、反垄断反不正当竞争、穿透企业"法人"背后的实质受益人，因所涉及的市场主体纷繁复杂，不通过各方利益的博弈，实际上难以在达成共通的国民经济目标的同时，维护个人乃至倾斜式保障消费者的诉求及权益。博弈意味着不刻板地、随时随地都可以让法律体系与非正式体系交互发挥作用。讲求合理性的规则之治，会依据非正式规则和法律规则的实体性优点以及它们各自相对的交易费用，来实现能动自主性的相互替代或互补。在如今极端复杂的经济体系中，各经济部门之间因为缺乏默契而致司法过程严重失调的危机不断出现，总体引导和个别干预因为明显的行政性而使得实际的司法成效大打折扣。自由经济体系涉及的是不计其数的决定单位和协商部门，为此经济法本身需要不断修正误差，根据新变化的事实和理论重新调整，即便是竞争法也需要随时考虑国家规划和产业政策的诸多因素。以经济政策为主的经济法规并不能像民法、刑法那样诉诸具体固定的法律规则和一成不变的逻辑，而需要通过法官的司法自由裁量、合理原则、比例原则、非正式程序下的谈判说理、舆论制约等手段，对具体的经济案件通过各种博弈进行最终判定。

总体而言，经济法是公平和效率、市场和政府、公共利益和个人利益及其相互之间合作博弈的结果，对利益的协调是经济法诸方法的首要方法，法治效果取决于市场中交易者的相互选择和多元化、自主决策的市场主体之间能否达成合作。不合作更多地体现个人理性，合作更多地体现团体理性，当个人理性否定团体理性或者团体理性否定个人理性时，就需要通过博弈分析的方法来解决竞争与合作的关系。

四、共识的实现

（一）关于"信赖"理论

"形式的"法律实现实质正义需要前提条件，即相互一致的信赖制约。规则间的冲突和协调需要"信赖"，确保良序善治的关键在于公众通过博弈所达成的共识。后现代哲学代表人物利奥塔（Lyotard）认为，共识分为两种：一种是哈贝马斯所主张的共识，指有认知心智的人之间的一致性，是通过对话实现的；另一种是卢曼所说的共识，是一个系统的组成部分、行政管理程序的一个目标，是实现目标的一种手段和工具。① 无论哪一种"共识"的达成，都需要博弈双方或者多方之间的相互"信赖"，以及对同一事实规则制定目标的相互沟通与理解，这里的信赖，指的是信任或者契约精神，包含在信用范畴之内。人们之所以有合作、有信任，是因为生活上的彼此依赖，从而形成熟人社会或超出熟人社会的市场和契约。现代市场的分工、合作很发达，比如一国生产手机和电脑，芯片就不一定是该国生产的；出售的食品药品如果将商标撕掉，消费者就不一定敢购买，这体现了商标、知识产权的作用——能够找到值得信赖的生产厂商。又如一国加入 SDR（"特别提款权"）货币篮子就能利好其信用，进而用更多的钱在国际上流通、降低国内资产急剧贬值的风险。当信用保障消失时，市场中的一切都将不复存在。信赖促使市场的各交易主体高度协调一致地负责属于自己专属部分的经济活动与生产，进而保障合作与竞争。失去了拥有信赖感的确定性，无论是经济市场中的采购商、设备制造和供应商，还是上下游厂商及其他中间链条的经营者，都会打破原有的凝聚力，变成一盘散沙，规则治理有名无实。市场规律在哪里受挫，交易就会自动远离它，在各自可以通行的领域另设小范围内可以适用的规则。当原本大家都能放心买卖、成本透明的规则治理消失后，经济生态圈的良性循环也随之消失，恶性竞争乃至"劣币驱逐良币"的现象随时有可能发生。政府对特定的市场活动主体的执法，如税收征管、银行监管、价格规制、质量监督等，在以公共性为主导的规则之治下之所以能够更好地完善执法的合理性，正是基于诚实守信的原则。缺失信赖，各自主张个体或集体利益都会带来"互相损耗"的恶果，例如，对于汽车限行不满的民众片面强调汽车财

---

① 盛宁. 人文困惑与反思：西方后现代主义思潮批判［M］. 北京：三联书店出版社，1997：242-243.

产权与环境污染治理就会产生冲突，造成公地悲剧。

经济法利益结构具有动态、模糊和复杂的特征，内在地排斥确定的权义界分。经济法规制又要求公意而非众意，公意着眼于公共的利益，而众意着眼于部分或局部私人利益。如此，在社会秩序之中就很难存在一种合法又确切的统一规则将不同的利益结合起来。民众对于公共事务永远只会抱着"看客"的心态参与，除非与之有切身的利害关系，这也给公共治理增加了难度。因而，没有为其他一切经济权利提供基础、建立在自治的前提之上、超越契约平等关系的社会秩序，规则就难以落实到位，而极易沦为"暴民政治"或者法律中心主义。倘若法律与众意相悖，又达不到公意实现所需要的历史社会客观条件，就实现不了公意对个人的约束。本质上，经济法律关系体现的是人们作用于物过程中所产生的人与人之间的社会利益关系。经济基础对法的决定作用和法对经济基础的反作用，是通过人的主观见之于客观的能动性而实现的。二者之间相互的作用都有赖于人的有意识的实践活动，这一活动同时受到意识形态层面如"信赖"的影响。社会化大生产促进社会关系的分工与协作，而协作离不开相互之间的信赖，分工更离不开相互信赖基础之上的各司其职。如果不讲求信赖，以猜疑的假设或者霸权的秩序来任意变更规则，就不是法治。例如，随着全球贸易保护主义的重新抬头，不遵守普遍、公平规则的国家，利用的就是自身的支配地位和世界性话语权之优势，这样不仅不能建立长期的、有预期的契约，还会造成规则之间的混乱与对抗。

（二）通过博弈达成共识

从理论上剖析，共识与惯习息息相关。托马斯·谢林（Thomas Schelling）与大卫·刘易斯（David Lewis）提出合作惯习理论（Coordination Convention）。根据该理论，惯习的重要功能是要解决合作问题。每个行为的合作特性取决于他人的行为，其他人对于特定的行为不采取合作的态度，或者采取合作态度的人不构成多数，那么这样的行动就不构成合作。依据合作惯习理论，在人们未必实施共同行动的情况下，每个人按照预期的惯例、习俗行事，对于解决博弈冲突具有一定的效果。因而，在非合作的博弈过程当中，人们通过设定内心对行为结果的预期形成博弈中符合自己相关利益的最优解，从而自觉地避免一些可能不是最好的博弈结果。这里惯习中一致的态度和共同努力的愿景径直定义了人们采取某种行动的具体原因，以及依据常识建立的期望和伙伴关系。如此这般，博弈成员最终达成的纳什均衡就是特定规则的雏形，它将利益的冲突与合作以协调最优解的形式联结在一起，并创造出一种共识，令博弈过程中的不同利益主体订立默示的契约。不过，合作惯习理论不能就承认某项规则为何能够施加预期的义务这一关键问题作出说明，无法说明法律义务的断然性。迈克尔·布拉特曼（Michael Bratman）由此进一步提出了共享合作行为（Shared Cooperative Activity，SCA）理论来支持他的社会惯习命题。共享合作行为尽管包括默示的承诺，但是界定这些承诺是否都是可预期的、相互信守的，仍然缺乏规范性，并且有赖于共享合作行为本身的属性。由以上理论可推导出，确定规则规范性的前提是通过反复持续的沟通交流和博弈，加强不同群体之间的承诺和认同，从而削减相互间预期变动的可能性。

从经济法的实践来看，随着现代社会和经济的社会化，经济现象、物权、债权等已发展衍生出各种性质与类型，同时承担着越来越多的社会职能。例如，资产证券化、股权质押、明股实债、土地承包等现象，都反映了"物权债权化"和"债权物权化"的相关变化。"计划跟不上变化"，规则的"治理"应当顺应新的社会生产方式，做到规则不仅合法也要为大众所自主接受且形成广泛的预期共识，尤其是主流的价值观。由此，法律与制度的内生性才能与人的双重性（历史性与自然性）达成一致，真正实现社会与政府协调下的规则之治。经济法治缺乏社会成员在市场中自发形成的信用、惯例以及司法的自由裁量和仲裁不行，缺乏政府通过实行积极的规划产业政策和财政政策从事投资经营、公开市场操作等经济活动也不行。如果没有经济法治所需的各种共识，就无法判别对特定案件应适用何种法条，即使是各种司法裁量也可以对适用该案的法条作出符合字面意义的解释。如果缺乏共识就无法经由规则实现法治和善治，法律在正当与非正当、合法与不法、正当与合法的关系中反复摇摆，只会导致法律在实际应用中的妥协和机械解释，表现出难以担责及缺乏自主性的特点，最终造成规则之治的模糊和错乱，总之，不合理就不合法，法治应当是合理与合法的统一。

个人、社会、国家乃三位一体。无论是国家保护个人私有财产、社会自由与契约自由，还是国家对经济的协助与保障，都基于各方角度生发出不同利益的角逐。博弈必然涉及各方利益的平衡协调。规则之治就是在利益的博弈中筛选并认可特定的共同规则。显然，在任何社会中都不存在能够符合所有社会成员利益的规则。特定的规则只能在保护某些利益的同时违反其他一些利益，或是在表达某些利益诉求的同时尽可能多地容纳其他利益的共通诉求。也因此，规则对待共通利益设定的标准越低，越具有普适性，但执行力也相应地变差；相反，侧重于某一主体利益关系的规则，在维护这一部分的利益诉求的同时可能会与另一主体利益形成胶着状态，从而左支右绌、勉为其难地维持着社会的运转。一个社会倘若缺乏事前预期的共识和普遍的主流价值观，良序善治的实现就需要花费更多的施行成本，也会遇到更多的施行阻碍。正因如此，规则之治需要通过博弈来率先解决因利益冲突而导致的"各说各话""说千道万"的困局，在无数的利益表达诉求当中，通过特定的博弈方式将各异的利益主体整合在一起，化解矛盾、协商共赢。特别是在经济法的实践中，类似的利益冲突情形十分普遍。例如，经济法上的《反倾销条例》与《对外贸易法》正是典型。就倾销对国内产业造成的实质损害行为，商务部和外贸企业往往在对经济法规的理解和价值判断上产生偏差，这也是由不同的利益视角所决定的。商务部站在国家的宏观层面为了维护公平的对外贸易竞争秩序，从维护国家安全和社会公共利益的角度对相关产品和技术的进出口加以限制。个别的外贸企业则站在企业层面对自身经营的成本收益进行核算，从最大化企业利润和股东权益的角度尽量寻求同类产品中的最低价格，这往往不符合倾销所定义的合理价值幅度，单凭数字加权的方法也难以对不同时期、地区和购买人的进出口价格作出合理的评价。正是因为存在各方利益角度的差异，对经济法的解读和执行在实践中必须凭借博弈的方式才能实现合作的预期，进而拉近法律与实践的距离。反垄断法领域也是同样。美国1996年波音麦道合并案①、1999年美国联邦政府及19州司法部哥伦比亚特区共同起诉微软案②，就不单单是恪守法条的反垄断，而是各方利益通过反复调解和让步，最终妥协于国家整体利益的结果。

就规则之治而言，一个规则越公正合理、内容越具有普适性、执行越强硬，其实现过程中所需的博弈和花费的成本就越小，反之则越大。

---

① 参见 the U. S. FTC（Federal Trade Commission）Matter/File Number 971 0051. 1996年的案件涉及波音公司（Boeing）收购麦道公司（McDonnell Douglas）。这次合并是航空业内的一项重大交易，因为它涉及了两家当时在全球航空市场上非常重要的公司。合并前的主要担忧是波音可能会因此合并获得市场上的垄断地位。麦道公司虽然在商用飞机市场的影响力逐渐减弱，但在军用飞机市场仍具有重要地位。波音作为当时世界上最大的商用飞机制造商，收购麦道可能会增强其在全球航空市场的主导地位，因而引发市场竞争和反垄断方面的担忧。然而，最终美国联邦贸易委员会（FTC）在进行了市场影响分析后，出于国家利益的考量决定批准这一合并。

② 参见 U. S. v. Microsoft Corp., 253 F. 3d 34（D. C. Cir. 2001）. 1999年开始的针对微软的反垄断案最终判决结果是，微软公司被认定违反了《谢尔曼法》第2条，因其行为构成非法垄断。法院发现微软利用其在操作系统市场的支配地位，以排他性合同和其他行为限制竞争，特别是在浏览器市场。最初的判决提出了将微软拆分为两家独立公司的建议，但在上诉和进一步的司法程序后，最终达成了和解。这项和解从美国国家利益和相关行业竞争力的角度不要求拆分公司，而是对微软的业务行为施加了一系列限制，以增强市场竞争。

往往选择不同的规则而带来利益再分配的差异时，博弈的"支付结构"已经发生了变化。① 具体而言，在实践中，没有充分满足利益的市场主体会在规则无法补偿利益的机会成本之范围内尝试新的利益转移，这类转移有可能是以避开法律为前提、在灰色地带施行的"地下法律""潜规则"。例如，在中国证券市场中有一种普遍存在的现象，即大投资者（庄家）常常通过对敲方式进行交易（自己交易）。这种交易方式明显是违反法律规定的，但是过去屡禁不止的重要原因之一在于2002年以前中国证券交易的相关立法中没有充分考虑大投资者大宗交易的需要，没有建立大宗交易制度，而国外成熟的证券市场都有此种交易制度，通过此种交易制度，大投资者可以进行便利的大宗交易。由于大投资者的交易利益没有在立法中得到充分考虑，现阶段相关法律对于大宗交易的价格和交易量仍有限制，大投资者为了交易的需要，往往施行通谋对敲，因而易产生私下违规转移资金的行为。所以，只有社会成员都能自觉、自主、普遍地参与社会管理并承担相应的责任，通过长时间的磨合达成共识，才能产生更合理的规则；当新的利益价值冲突产生时，各种力量的博弈仍将继续。又如，2007年我国将《外商投资企业和外国企业所得税法》与《企业所得税暂行条例》统一成一部《企业所得税法》的"两税并轨"举措，就经历了在华投资的外商利益集团与新的中国劳动力成本变化、经济趋向于高新技术产业发展的要求以及国家财政改革目标之间的博弈。人们必须考虑他们在某一博弈的相互作用中所产生的决策会对将来其他博弈的相互作用产生什么样的影响。在经济法治实践中，通过个人的长期博弈来实现所共欲、共享的共同利益，并将其上升为法律是较为可行的路径。当然，社会共识可以是客观正义的，也可

---

① 不同的社团有不同的规则，利益分配不再对称，各博弈方可能的行为基于预测的收益和损失发生了新的改变。

能是群氓暴政的。当利益派别形成并以牺牲大集体为代价的小集团形成的时候，对它的成员来说，这种集团的意志就是公意，但是对国家来说，这种意志就是个别的意志，而这样个别的意志数不胜数。正因如此，共识的建立需要不断、反复地沟通与交流，因为这样的博弈结果之一致性赋予博弈以一种公正性和可预期性。而博弈究竟能达到什么程度，要看每个人对自身、全体以及全体对个人能规定到什么程度，有时候甚至需要牺牲一部分个人利益以实现全体长远的福利，这些都取决于一个社会的共识和主流的价值观。由于利益结构、观念体系、社会变迁所造成的不同规则的制定追求各自的特定利益和知识发展模式，规则相互之间的结构性不连贯只有通过社会的公共博弈达成共识，才能形成特定的、普遍得到认同的"新规则系统的综合体"①。简而言之，这一综合体就是通过博弈达成共识并形成主流价值观的规则之治，结果是人们的利益冲突上升到一致的道德预期层面，从而减少利益纷争所带来的"视法律为无物""执法成本过高"的情形。

五、经济法运行与规则之治

（一）规制、政策与行政立法

规制、政策与行政立法大致是同一概念，规制是法律授权政府裁量及调控监管，方式则是政策和行政立法、行政执法，在规制的意义上，政策与行政立法是一回事。国家意志体现在具体的经济法律关系之中，比如政府或政府授权的金融机构公开参与市场操作，与每一个平等的市场主体一样，遵循市场规律、维护市场的竞争秩序。这并非由国家作为经济法律关系的主体，具体到国家经济管理机关或国家授权的机构能否

---

① 汤姆·伯恩斯，等. 结构主义的视野：经济与社会的变迁［M］. 周长城，等译. 北京：社会科学文献出版社，2000：217-230.

依法表达、体现公共意志，可以通过诸如行政复议、监察、检察、诉讼等方式提出异议和纠正。由于代表国家的一方拥有权力，主体双方表现为不对等关系，但依法也往往允许被管理的一方表达自己的意愿以增进自身利益，如税收筹划、与税务机关达成预约定价协议等等，这表现出权利、利益对权力关系的渗透，从而有别于行政法律关系。在经济法的经济管理关系当中，国家意志通过有权的行政立法，政府相关的规制措施和政策，司法机关的授权、审查和监督等展现出来。就竞争、组织管理性的流转和协作关系而言，国家机关不以权力主体的身份作为一方或双方当事人，但却依法须以国家或政府的意志为主导，如此，通过法律授权政府规制，也即权利义务关系中含有权力因素，来实现政府采购合同、特许经营或形成地方之间或中央与地方合资经营企业的关系等。让这样的体现国家意志的经济法律关系（规制）达成实质正义的方法，可以是政策，也即行政立法。在具体的规则与实践分离的情况下，是强调规则的理性设计，还是更关注规则以外的实际，没有一种一成不变的做法，而是根据实践来检验真理，辩证对待二者关系。公正的规则之治代表了"活的法律"，具有通过动态博弈来衡量政策的显著特征。有鉴于此，规制能够对市场实现宏观性的调控，控而不死；微观放活，活而有序。以往大部分的经济规则具有在传统公权主导下以命令控制为特征的范式，但随着社会化发展对协商、合作和政府参与市场管理愈来愈多的要求，它们从分治开始走向融合，表现出兼顾公共性与商事性的新特征。比如在日本，政府部门与各行业的企业群、产业协会之间存在着一种非制度化关系，在执行经济官僚所制定的产业政策的过程中，各方利益主体相互交流信息，保持彼此的默契和谐。市场主体（产业界）反过来影响了政府的经济立法和政策暨规制构思，从结果上把市场经济规律与合理要求反映到行政系统上，落实到具体领域、个别部门的政策实施及运作当中，从而保证了政治经济体制的自律性协调发展。

　　实践中，规制坚持法律规则和程序却难以实现预期的法律效果不乏其例。经济及市场是变化最快、创新率最高的领域之一，对于很多顺应市场需求侧的新生主体的规制，难以界定发挥市场决定性作用、更好发挥政府作用的界限，因没有既定的经验和相关法规可循，需要征求集体意见、对个案加以总结，寻求合适的方法和路径，从而为相关领域成熟的规则之治打下坚实的基础。毋庸置疑，政策与法的融合已成事实，从政府到整个社会、从道德到法律和政治，规制的实施都离不开政策与法律之间的互动试错、柔性包容与开拓创新。政策通过法律而贯彻实行，表现为法律对所贯彻政策的作用；政策的外在形式表现为法律，这种转化过程本身也构成了规制的一种。在法律的授权之下，政府规制以新的方法体现新的政策，如行政立法；同时通过对旧法的不断修改，来表现不断变化着的政策。例如，关于我国上市公司的证券发行和转让，《中华人民共和国公司法》（以下简称《公司法》）、《中华人民共和国证券法》（以下简称《证券法》）皆有相关规定，但这些规定均无法满足证券公司实际业务操作的需求。对此，国家颁布了一系列的经济政策，例如《上市公司证券发行管理办法》（已失效）、《国务院关于全国中小企业股份转让系统有关问题的决定》、《公司债券发行与交易管理办法》等。除却证券发行和转让的规则，其他与《公司法》《证券法》相关联的规范性文件涉及公司治理、交易管理、信息披露、融资收购、市场准入、资信评级等各个方面，成为对证券行业有效治理、监管的重要法律形式。这些规范性文件有上百个，加上最高人民法院、最高人民检察院关于证券市场相关内幕交易、操纵市场的规定及解释，共同构成了证券市场的经济法律规则体系。可以说，经济法也是各类政策占比最高的法，具有很强的实用性与实践性。政策也可以很规范、很稳定、很具体，比法律的强制性更直接、更有效，比如关税税则、反垄断指南、司法解释等等，它们都是政府和法院日常工作中所必须遵守的规范。

随着社会化的趋势，保障经济法的运行、由政府主导规制下的各项政策和行政立法越发密不可分。国家调整利率、汇率等金融调控行为，往往同时需要辅之以对银行业市场的监管行为。具体如 2007 年于某刚与原中国银行业监督管理委员会上海监管局金融行政处罚上诉案①，上诉人认为原判沪银监罚字（2007）2 号的行政处罚决定缺乏上位法律法规的依据，并且被上诉人以《全国人民代表大会常务委员会关于中国银行业监督管理委员会履行原由中国人民银行履行的监督管理职责的决定》和《金融机构高级管理人员任职资格管理办法》的相关规定作出行政处罚没有依法推定。法院最终判决认定上诉人于某刚应对本市农信系统债券投资业务中所产生的问题及造成的严重损失和风险承担直接领导责任，这也是经济法运行不拘泥于法条、适用相关政策和行政立法实现规则之治的典型案例。经济法规制通过适用政策、行政立法灵活机动地促进竞争、保障市场活力，已是常态。我国在制定产业政策、进行信息技术指导、企业联合兼并、投资与生产经营、促进民营经济中小企业发展、保障科技创新等经济领域，适用大量已经成为法律渊源的政策性文件，比如市场监管总局《关于深化市场监管综合行政执法改革的指导意见》、国务院反垄断委员会《关于相关市场界定的指南》、发改委和商务部《鼓励外商投资产业目录》、国务院《新时期促进集成电路产业和软件产业高质量发展的若干政策》、商务部和科技部《中国禁止出口限制出口技术目录》，等等。

（二）经济法司法中的规则之治

经济法不是基于确定的法律现象，而是基于一种生活状况，即经济，因此人们很难按照一致的评价思考方式，来确定经济法的性质、内容和范围。经济法并非如传统学说所谈到的那样，是以经济规制和自由

---

① 上海市第一中级人民法院行政判决书（2007）沪一中行终字第 301 号。

经济二元对立为前提，国家对各项经济活动加以的干涉、从外部进行的管制，是基于社会本位和分配正义，在顾全总体经济秩序与福利发展的原则下，所实现的自觉、积极、能动的规则之治。对此，司法适用怎样的规则，对规则之治的结果是否公正起着非常重要的作用。以反垄断法为例，效率抗辩制度是对经营者集中进行反垄断评估的重要制度，对于判定某项集中是否具有反垄断法意义上的反竞争影响，需要就反竞争影响的程度或集中所产生的效率是否明显抵消其反竞争影响来加以利弊权衡。经营者通过在答辩状中的举证对原告的反竞争理由提出效率抗辩，阐明自己的观点，反驳对方的主张，最终法院依据双方的证据和抗辩来决定集中违法与否。在这一过程中，司法裁判尤其不局限于法文本主义和释义学方法。典型的案例如"可口可乐收购汇源案"，商务部依据当时《反垄断法》第23条和第27条判定汇源公司不应当被收购，并作出了禁止可口可乐公司收购汇源公司的决定。① 果汁行业竞争余地很大，两家企业合并是否对中国果汁饮料市场的有效竞争产生不利影响，对此存在争议。结果是，因错失收购，汇源持续依靠政府补贴为生，截至2017年年底已负债百亿，且于2018年发布停牌公告，直至2022年6月才由法院批准破产重整方案，这与当初判决维护竞争的初衷背道而驰。② 事实上，商务部不论是对案件的审查程序、依法办事的形式，还是最终通过决议所发出的通知，已完全遵守《反垄断法》的有关程序和规定；但是，从否决理由和相关表述来看，这一决定虽具有合法性，在合理性上却争议较大，难免使人认为反垄断法是保护"竞争者"而非"竞争"的法律。司法对纠纷的解决不应只局限于原被告两造之间，

---

① 中华人民共和国商务部. 中华人民共和国商务部公告2009年第22号 [EB/OL]. 中华人民共和国商务部网站，2009-03-18.

② 谭绍鹏. 汇源之殇 [J]. 经理人，2020 (3)：48-51；(2021) 京01破129号之四民事裁定书。

经济法司法应引导人们的经济活动和行为，使其符合社会正义的理念，借以追求"总体经济的正确性"，本质上就是对于法律现象"合理性"问题的探究，在合理性与事实性、应然与实然发生矛盾冲突的时候，通过博弈和共识来实现规则之治。

一般而言，司法发挥其纠纷解决的功能不仅仅是适用法律规则，更需要在不同主体的利益价值之间寻求政策实施的平衡度，完善责任追究和相关救济制度。经济法的宏观调控之法律行为可诉性较低，市场规制之法律行为又大多按照行政诉讼来处理。经济法宏观调控的主体和客体与社会整体的利益增量关系，需要从除民法之平等民事主体关系以外的社会关系着眼，对此经济法司法对于适用法律制度所出现的损害公共利益、行政相对人、第三人合法权益的利益冲突，应当在动态博弈之下充分考量案件利害关系人各自的利益诉求，以公共利益为行为的出发点和落脚点，作出或常规或变通的裁量。加之经济法律关系主体的非匀质性和非平等性，在法律关系上超越了"交易方—交易相对方"和"行政机关—行政机关相对人"的二元结构，如果按照法条主义进行裁判，容易形成法律结构的空缺，导致法律的空洞化。不少经济法纷争例如PPP 项目政府采购争议案，经常被简单地归属于民事或行政案件。将经济法责任等同于传统的民事责任或行政责任，易导致执法机构和法院之间无法恰当地合作与协调，以致法律追责不完善。具体而言，将 PPP项目合同或特许经营合同定性为行政合同，主要是因为采用公与私的两分法来判别，且没有认清合同的主体也可以是政府的缘故。政府作为PPP 合同一方的主体，也依法行使其民事权利和承担民事义务。将其视作行政合同，不利于政府自觉地承担起市场中应尽的职责，政府因此不作为更会损害公共利益；而由于政府一方主导合同条件，并受到财政、反腐等性质的法律约束，PPP 合同又不是民事合同，只能是经济法意义上的合同。所以，经济法审判实践中的多元价值追求需要解决个体营利性与社会公益性之间的矛盾，对待政府与市场"双手并用"，既要确保市场的经营自由，也要防止公共利益被损害。缺乏差异化、多元化司法权的有效行使和可诉性，就会产生司法缺位、司法救济不足、法庭审判思维相对立等问题。究其根本，在规则之治下法律的强制性、普遍性和经济行为的主观性、分散性，由于逐渐演变成由社会和市场动态所决定的内生变量，因此无论是从公共的角度对个人强加一成不变的规则，还是从私人的角度放任唯利是图的规则，都可能导致公共利益与私人利益之间的冲突加剧，不利于实现市场资源的合理和高效配置。同时，由公私衍生出的新的对立在创新多变的市场经济中，又会引发更多复杂、难以用法解决的社会经济矛盾。总之，在经济法司法处理诉讼和纠纷、审判的过程中，需要根据规则之治的政策衡量属性，充分展现其协调、平衡、能动、说理及讲求通过博弈达成共识的运行模式，以确保良序善治的实现。

第五章

规则之治的实现——以经济法为中心

经济法规则之治的实现，需要通过规则持续不断、反复博弈，更合理地促进市场与政府的互动，调和具体经济活动与整体正义之间的可能冲突。对此，经济法无论是从立法、执法、司法，还是具体到其各分支，无不将规则的规范性和价值性相统一，天然地适应经济运行的动态性、复杂性，以说理的方式确保法律的正当化，并结合各类规则确立公共经济管理意义上的权衡协调，尽可能达成共识。如此推动法治，既能科学高效、合情合理，也能符合人们心中的公平正义。

第一节　立法

一、处理好民主与集中的辩证关系

公正的规则之治暨法治的实现，能够处理好立法上民主与集中的辩证关系。直接调整具体经济关系的法律法规、规章和有权机关起草、审议、制定、通过或否决、颁行、修改、废止这些规范性文件的经济立法活动本身，就是各种利益要求与博弈集中的过程。一方面，在遵从宪法、法律基本原则和要求的前提下，立法应当顺应社会经济情势的变动，由国务院或主管机构以行政法规、政策规章的方式行之。另一方面，在《立法法》建立的规则体系之下，配合以各类具体事项的行政法规及政策，使行政事务通过立法上的规范建立起系统、能动的法律秩序，在法规系统化的集中之下，提出具体的方案，尤其是于整体调控、监督程序和准则、行政执行层面需要建立统一的体系。于此，立法的民主主要是指在法的立改废中，充分听取各部门、利害相关方、专家和公众的意见；立法的集中主要是指立法起草者及其首长敢于担当，在充分听取意见的基础上，该拍板就果断拍板，然后提交决策层讨论表决。法律的整体秩序和随时予以修改的政策法规，实质上并不矛盾。倘若具体个案适用既定规则不公平，那么就应该适用法律原则、宪法原则。为了防止立法空白、出现低效法律和错误法律，立法既要保证质量，同时又要拓展相应的审查和纠错机制。为了适应经济运行动态及复杂的情形，政府的立法更需要受到民主问责的检验，包括事前、事中、事后的监管，实行终身负责制。问责制最为重要的作用是基于社会实践对立法的合理性加以审查，属于经济法治的内在核心要求。此外，政府被赋予相关的准立法权也很有必要，否则政策对市场缺乏约束力，得不到政府系统的、动态的回应和对不利后果的约束和承担，立法就会远离社会的根本需求。总之，处理好立法民主与集中辩证关系的关键在于，法律缺失与理念冲突本身并不矛盾，不是说有了完善的立法就不会有相关法律理念的冲突，也不是说对于冲突的理念就没有立法可以合理地予以规制。经济法立法通过积极的、事前对法条的制定、修改和征询社会意见，围绕经济与社会发展中的主要问题，并按照经济与社会发展的总要求及社会利益保护的合理性原则，得到适当的集中，这即是经济法民主原则在经济法制定环节的具体体现。对于事前需要防微杜渐而制定、修正的相关立法，如规定市场相关的信息披露制度、信誉罚及资格罚等方式方法，还有经营者集中申报制度等，正体现出经济法立法过程中将基于各个经济主体的利益要求通过立法集中起来的共识；而对于事后经由实践验证需要改动的相关立法，也体现出立法的集中审议随时受到民主问责的制约。立法不能闭门造车，需积极听取各方意见——无论是学者专家、企业或商会，还是民众舆论，否则执行效力会大打折扣。例如"救市"期间短暂实施的"熔断"机制就是在借鉴美国经验、经由本土股市实践后而被叫停的。① 所以，当实践发展程度和现有立法规定存在显著差异时，就要对法律加以修改。

规则之治的运行离不开强势政府加民主问责。民主是少数服从多数、多数尊重少数，然而在一个人口众多、每个人利益视角差异极大的社会中，界定谁是"少数"、谁是"多数"本身就是一个难题，表决或选举的成本太高，且该依照什么样的道德和法律规则来顺应"多数人"的共识从而实现公正的规则之治，现实中往往面临巨大的挑战。塔玛纳哈提出，当代社会群体与群体之间的异见，加剧了对支配一切的共同公共利益是否存在，抑或通过一系列观念与事件的集合能否达成共识的质疑。立法就是权力机关所做的规则制定（包括修改和废除），基于传统法律工具主义的认知，力量强大的社群会寻求对法律的控制与运用，并将法律作为武器攻诘另外的社群，相关利益集团也会影响法律的草拟与修改，从而达成有利于他们的最终目的。如此，在当代社会，规则就更难通过博弈达成共识并形成合理有序的规则之治，立法的修改和废除也就更难以实现良序善治。实际中立法的结果往往与立法的初衷相违背。规则的建立和推行变得不再轻而易举，以往有效的拍板即确立的制定规

---

① "熔断"机制通常用于金融市场，是一种自动暂停交易的保护措施，旨在防止市场因极端波动而出现恐慌性抛售，防止因价格无序波动而导致市场崩溃。当市场指数或个股价格在短时间内急剧上升或下跌达到预设的百分比阈值时，"熔断"机制会被触发，交易会被暂停一段时间。熔断机制本应缓解市场恐慌，但在国内施行时反而加剧了恐慌情绪。投资者担心被锁定在暂停交易的市场中，从而在熔断阈值触发之前抛售股票，这导致了更大的市场波动。

则的模式也会变得不能够适应新的生产力条件，而产生适得其反的效果。一般立法的制定由于过度依赖形式理性原则，常常与社会的自发秩序相对立，正如哈耶克所指出的"将法律等同于立法的危险"①，而造成成文法难以通行、难以进入社会成为真正的实证规则，遂导致有规则却无法治的局面。

立法是时刻动态博弈的。全国人大常委会的决定是法律，建议全国人大常委会搁置或者修改决定就是一种博弈。如禁食野味的立法，各方讨论包括养殖农户在内的各种利益主体之博弈，就是立法的民主和开放。立法者、政府官员和自发的舆论之间也存在力量对比博弈的问题。2001 年我国为了填补社会保障资金的缺口、助力国有企业改革、解决非流通股流通的问题，通过了国有股减持方案，利用证券市场减持国有股，本质上使国有股减持成为国家向投资者转移负担的措施，把高价减持和股票首发、增发"捆绑"起来，成为证券交易中的"搭售"②。这种制度供给由于忽视了利益分配的充分性，遭到市场与广大投资者的反对，并很快被停止实施。此事例反映出经济立法除建立长期的、制度化的行为预期、集中力量办大事以外，还应当让民众有充分表达意见和陈述事实的权利，如果实际操作中不可行，就应尽可能吸取多方意见及时止损，修改或废除原先制定的法律。另外，通过长时间的意见协商再制定法律规则固然是好的，但是不同的规则和价值判断下立法的结果完全不同，因而针对"水火不容"的异见在立法上需要最终"一锤定音"，

---

① HAYEK F A. New Studies in Philosophy，Politics and Economics，and the History of Ideas [M]. Chicago：University of Chicago Press，1978：8-9.

② 2001 年 6 月 6 日，国务院正式发布《关于减持国有股筹资社会保障资金管理暂行办法》（已失效），办法的核心是第 5 条，即新发、增发股票时，应按融资额的 10% 出售国有股。最受争议的是第 6 条，即"减持国有股原则上采取市场定价方式"，把高价减持和首发、增发"捆绑"起来。2002 年 6 月 23 日，国务院决定，对国内上市公司停止执行《关于减持国有股筹集社会保障资金管理暂行办法》中关于利用证券市场减持国有股的规定，并不再出台具体实施办法。

按照"多数"的意见预先做好准备，实事求是地将合理性与合法性统一起来，否则只会在程序上无限期拖延，耗费不必要的成本。归结起来，经济法立法极易被立法者有意或无意地变成实现自身利益最大化的工具，更易被相关经济利益主体"道德绑架"，变成脱离法律目的的空壳，造成立法不慎重、标准不客观、盲目立法、突击立法和无理立法，因此需要通过民主制加上集中制来实现，既充分尊重各个经济利益主体的经济民主要求，又能使立法机关及其相关机构所制定的经济法得到切实有效的执行。

二、处理好授权与控权的关系

立法上由于立法机关存在着权力不受限制的可能性，法律之间的交叉、重叠、冲突等让单单从形式上提升立法级次失去作用，因此还需要处理好授权和控权的关系。对立法权的分配，由于政策与法业已融合，只要是符合社会实际的行政自主性同时符合宪法法律原则的，就应当在同一法律位阶内适当扩展或缩减法律保留的范围。首先，经济法的主动性、动态性必然要求在立法控权，依法定程序立、改、废的同时，授权部分立法权，允许新立、修正、废止法条时相机抉择。在对宏观经济形势的判断上，由于各自的利益基点不同，立法上授权与控权的统筹十分必要。一般而言，立法者的努力通常是使法律规则的内容尽可能符合社会经济运行的需要，却无法从根本上避免条款重复规定，甚至互相抵触的情况。例如，《中国人民银行法》第 29 条规定中国人民银行不得对政府财政透支，但是金融去杠杆本身又要求财政资金加以刺激和支撑，中央银行与政府财政之间需要预留一定的弹性空间，否则要想金融稳定没有实体经济的支撑，杠杆不可能降下来。法律规则本身存在固有的缺陷。立法所定义的社会行为模型与其在实际操作中所得到的法律后果往往不相符，法条的语义可以依据社会环境或教义学方法得出迥然各异的解释，这都使得立法难以被正确、合理地理解和执行。其次，立法应对不断变化的社会生活时，需要遵循高度概括的原则，但由于其与人们日常价值观发生冲突所导致的界限不清、标准失当、权利冲突、豁免及类型化条款的任意或机械阐释等问题，阻碍了立法的实施。例如，《商业银行法》第43条、第47条等规定商业银行在中国境内不得从事信托投资和证券经营业务，不得采取不正当手段发放贷款，但对于私底下的各类规避监管红线的操作却难以进行全面的监管。对漏提资本的监管套利行为，立法无法规定、更规定不过来。实际中，投资人能够通过券商资管、基金公司及子公司专户、私募基金产品等多渠道，投资法律所规定的银行理财无法投资的类金融产品。为了规避200人上限和合格投资者要求以及投资范围的约束，谋求利益的金融衍生产品会寻找各种非正式的、国家予以限制的落后产能行业的投融资渠道，或给资金链加层级、隐蔽信用审查，或利用技术手段嵌套包装资产、抬高杠杆率。金融产品法律关系的模糊，加上多层嵌套和叠加的杠杆，最终导致虚增的金融资产根本无法被规制。最后，法律规则无法将所要调整的社会经济关系罗列穷尽、全部囊括，这就要求在立法主观把握控权的前提下，具体法条通过授权依据实际情况来及时予以修订。例如《中华人民共和国森林法》第74条就林木受到毁坏如何赔偿进行了规定，但对于划分等级的名贵林木，如海南黄花梨未作规定，只有笼统的赔偿措施，这易对相关经营者权益造成损失。诸如此类，需要就"黄花梨是名贵木材，所以要严格赔偿"达成共识，通过博弈反向推动相关立法，如加强立法预测和集中性程式管理，等等；同时，在立法的授权下，让非正式规则、自助规则和法律规则相互配合，从而保障立法的作用不缺位、不越位、不脱离实际需要。概括条款所隐含的立法授权，"使它在作客观目的解释时，保有最大的操作弹性"①。这也从本质上要求立法既要授权也要控权，二者缺一不可。

经济立法面对的是动态多变的经济现象，因此经济法不断地立、改、废属于自身立法体制的常规状态，否则立法就会常常"打架"。立法者不可能对法律所调整的社会经济生活提供事无巨细的指标，必须在控权的同时授权给各层级的立法机关。各地区由于具体经济实践的不同，经济立法不可能悉数由中央统一制定。而政府部门、立法部门和利益集团彼此基于各自的本位主义和主观武断，对立法活动容易构成阻碍。我国在经济上是一个发展中国家，疆域辽阔、人口众多，各地经济发展很不平衡，同时民主和良序善治的传统又较弱。因此，立法要因时、因地制宜，结合不同地区的特点与现状来进行。只有这样，法律在实际生活中才能行得通，立法的原则性和灵活性、稳定性和适时变化性之相统一才能得以实现。稳定性是法律的内在属性之一，法律就是一种明确、肯定、普遍的行为规范，因此，它必须在一定时期内具有一定的稳定性。但这种稳定性又不是绝对的，而是相对的。立法需要及时应对社会生活中可能发生的经济秩序中的矛盾和经济部门间的不协调，并以法律的制定、修改及废止的行为对法条没能概括或法条规定不合理的情况查漏补缺、回应改正，或改良或简化，并结合政策及非正式规则加以概括授权。

综上，经济法立法以维持经济交易的合理收益与秩序的稳定性为导向，授权与控权并行。法律不能常变但又不能不变，这是立法的辩证法。相比于列举式、完全严格的控权，在集中控权下的概括式授权不容易产生纰漏，同时能够及时适应社会发展的进度，契合经济法律关系内

---

① TEUBNER G. Standards und Direktiven in Generalklauseln［M］//苏永钦. 走入新世纪的私法自治［M］. 北京：中国政法大学出版社，2002：167.

部的层次性、系统性，而不会让人感到杂乱无章。处理好经济法立法授权与控权的平衡体现在两个方面：首先是通过统一法制保障经济自由，即以法律确保市场经济中的契约自由、经营自由和择业自由，同时对这些自由进行必要的监管。换句话说，就是用法制的"国家之手"来保证市场中的"无形之手"顺利发挥作用，这类法律的立法原则主要强调公序良俗、信义诚实、限制权力滥用、市场主体自我责任、规范调整各种利害关系的标准，等等。如以金融法确定货币制度、银行制度和保险制度等，以反垄断法维持公平竞争秩序，以物价法调整和控制物价，等等。其次是建立起合理的经济制度，依据对经济活动不同情况的判断和分析，结合经济社会发展的客观实际，作出有收有放的、经过博弈的决策，从而统筹不同利益之间的矛盾冲突，利用授权的弹性空间实现对具体的、不同法律角色的合理定位。例如，因经济的发展和地方中小企业的活跃，废除企业法定注册资本最低限制和银行开户许可证、缩短新成立的企业登记注册的流程，就成了立法上的需求和趋势。如果这一阶段还严控立法权、墨守成规，反而会阻碍市场经济的发展、降低企业经营的竞争活力。当新的经济形势出现时，经济法所采用的立法方式可以灵活多变，关键是立法的内容要正确且及时地反映经济关系的发展变化，能够对经济的发展起到积极的促进作用，防止不合实际和不合理的立法。

第二节 执法

一、侧重于经济法主体的执法

苏联法学家拉普捷夫指出，经济法的强制手段恰恰不是行政命令，如果孤立地解释其主体责任之横向（民事）和纵向（行政）的关系，就为经济运行中行政的肆意妄为创造了可能性。有别于一般的行政执法侧重于程序上权利义务的行使、保全、履行与强制，而忽视实体的权利义务之内容和性质的发生、变更及消灭，经济法的执法主要在于监督、提醒、约谈、纠错、调查、处理等，不只是程序方面的行为，更主要的是不是强制。对此，政府在维持经济活动的秩序时，尤其需要强调侧重于经济法主体的执法。各经济事务的主管行政机关之间因权责划分、相互之间的竞合、协调与联系，难免存在漏洞和相互推诿，从而阻碍行政执法机关部门及时、有效地履行义务。经济行为的复杂性也决定了在各执法部门有明确职责的情况下，很难将某一新兴的经济现象完全划归于某一具体领域。倘若行政执法欠缺积极能动性，难以追责到市场中实际行为的主体，那么执法依照详密的规定，非但不能够及时跟进变化的经济情势，反而阻碍市场发展、降低执法效率且易产生重复性的繁文缛节。对执法效果的监测和对执法程序的协调也会变得更为复杂及困难，结果是执法欠缺系统宏观的考量，同时又无法灵活应变，导致执法机关在执行法律时由于法律缺乏可操作性而增加了执法的随意性，影响了经济法的实施水平。以《中华人民共和国药品管理法》为例，该法虽详细规定了对药品供应如何做全过程全链条的监管，但在实际的执法过程中却难以避免不能有效落实规定的情况。尽管我国到目前为止有着相当全面细致的医药暨公共卫生管理的制度设计，但如果执法不从源头上追责，凭借形式上"依法"的"保护伞"任意操纵市场中人事及生产资料、放任随机环节的偷工减料和权责分配，最终既追究不了主管部门的法律责任，也找不到具体违反法律规定的相关责任人，甚至让不该承担责任的行为人代人受过、产生有违公平正义的执法结果。有的执法者更是以消极不作为的形式放弃执法权，比如尽管执法程序在形式上一切合法，但是事实上却认可市场主体的违法行为，或者默许其软化法律约束。偷税漏税、P2P诈骗、建筑安全的超标审批、假冒商品及商标、失效疫苗等现象之所以能够越过有关部门的监督管理、难以被杜绝，正是因为执法拘泥于一般法律关系中专门的权利主体和专门的义务主体，或一般法律部门中相应的民事责任、行政责任和刑事责任，不能够对真正违法的市场行为主体严格追责，即便经济法主体具备权利义务互通、公私融合的属性。不强调经济法主体的执法，在我国公有制主导的经济之下，难以通过作为违法后果的经济法律责任来实现对原本根植于私有制主导的经济之下天然的产权及利益主体的问责，执法中只要有上级授权就将责任撇清，甚至通过私下的权钱交易来掩盖实际违法者；况且，不强调经济法主体的执法还会产生多头执法、选择性执法或者执法权责脱节、违背正当利益诉求等问题。

依据法律规定，现代政府履行管理社会经济事务的职能。社会中各类庞杂的经济关系决定了人们相互间的合作关系无法被片面、单一的执法手段所约束，经济、市场与人的密切互动更加快和拓展了市场负外部效应的传播速度和广度。经济活动的不确定性因全球化而给社会生活带来更多风险。是以，社会中私人利益和公共利益相互交织，往往在行政执法的过程中出现以保护公共利益为名而侵犯私人利益或相反的现象。究其原因，对于公共经营性项目或私人经营性活动都缺乏赋予当事人以听证权利，流于形式；同时因不穿透责任到个人，留下许多"搭便车"的空间，利益、责任的分配较为含混，利益目标追求单一化，从而让具体经济政策、措施变得不合理，执法体系不配套，保护公共利益的相关法律救济不足。例如，对于食品药品造假案件的直接责任人，如果不通过规则之治的角色塑造、利害制约来积极主动地予以监督、约束，而公有财产及市场行为又普遍缺乏天然的产权及利益主体，那么市场经营者在面对暴利明显高于违法成本、造假行为不被严惩时，违法冲动就不会停止。侧重于经济法主体的执法则能够调动执法机构的自觉性，追究责任到实际负责人，既不会越俎代庖，也不会敷衍塞责。执法者对于经济法主体的职权、责任、范围和所扮演的角色要十分清楚，并通过法律实践不断完善、纠正执法上的误判、偏差、遗漏或极端。具体来讲，如果公益优先，那么就要考虑企业经营对周边环境的影响并对相关生产活动加以规制；如果重视保护消费者权益，那么就要着重强调维护消费者的平等诉求、畅通相关意见渠道，强化对中小企业经营权益的保障及对各类扰乱市场竞争秩序的企业的监督执法力度；如果希望实现自由公平的竞争，那么就要防止不正当竞争和非法垄断行为的产生和蔓延，尊重交易双方的意愿，并以此作为能动执法的先决条件。执法者依据实质正义不仅根据普遍性规则来解决问题，而且能够针对个案做特殊调整，既尊重经济规律也注重社会事实。概而言之，就是应当通过经济职能、经济角色对行政执法的结果进行绩效考核，提升侧重于经济法主体的执法能力，让官员个人适应制度角色、遵循经济规则，从而防止官员对私人利益的不法追逐和以牺牲群众利益为代价的谋取功绩。政府参与经济关系必须遵循市场的客观规律，在政府和市场作用之间谋求平衡协调的经济秩序。例如把 PPP 合同视作行政合同，就会助长行政执法的任意性、干预性，而无视政府相关部门作为市场主体之一与市场其他主体间平等合作的事实。同样，在统筹各类社会公共事务与经济发展的过程中，执法也应当侧重于经济法主体、遵循规则之治的原则，否则极易造成公共治理和经济发展的低效与受损。

二、如何防止行政权力的滥用

一旦掌握权力，人就有了主观分配资源、不断扩大自身利益的欲望，因而权力必定会扩张。一直以来，经济规则对执法一方的约束作用远远比不上对被执法一方的约束作用。一方面是因为权力的扩张属性决定了行政执法权难以被管控，另一方面是因为个人对政府机关的直接诉讼、代位诉讼的机制并不完善，这不仅见诸控权较为欠缺，而且实际操作上差距更大，所以使现有的制约监督常常难以兑现。某些行政机关工作人员的行为往往违背其所扮演的角色要求，不根据国家利益而根据自身利益来行事。他们本身对法条适用规则就缺乏统一的认识和理解，往往不能够在交错复杂的实际案件中正确有效地掌握与运用这些规则。行政垄断、地方保护、乱收费、设定不合理的指标暨收费等追求政府部门或地方利益的行为，并不鲜见。政府在法定限度内追求自身预算约束的宽松、程序约束的简化、职责履行责任的减轻和模糊化、办公条件的改善等等，早已司空见惯。我国的基层执法人员往往囿于现实条件更多地着眼于化解矛盾，而非执行法律，这一点在传统习俗根深蒂固的乡镇尤为普遍。由于这些地方缺失法治的土壤，道德规则的作用比法律规则的作用更大，因而所带来的利弊也更为凸显。优点是行政执法的效果更能够切合当地的实际，执法的成本大大减少；缺点是执法人员得不到必要的外部监督，容易滥用执法权，以"高高在上"的姿态在执法的过程中谋取私利，甚至为了上报绩效"走极端"来实现所谓执法的标准。公权力在民主政治秩序之下绝非毫无限制，为了防止行政权力的滥用，把权力关进制度的笼子，就要对相关经济行政组织及其职权实施监管、设定界限。近几年政府开具市场正面清单、负面清单、责任清单等可为例证。执法机关在实际办案的过程中，更需要与各个部门、机关之间协调合作，通过信息的互联互通达到各司其职、相互制约、独立监督的执法效果。

　　不过，单靠内外部监督、交流和审计等方式来防止权力的滥用远远不够。防止行政权力的滥用需要依靠宪法问责和法治一般的约束，其本身不是经济法。官员个人的道德水平难以被及时监管，过度监管会导致部分官员消极"不作为"，过分复杂的法制约束又会导致更大的选择性执法空间。除有法可依、权威性执法、遵循行政复议、对权力进行监督以外，更需要实现社会作为整体、其内部相互之间全面博弈的机制——防止行政执法利用人情和贿赂换取不法利益，才能在权力难以受到束缚时对其进行有效遏制——民主、守宪法和良序善治。就此而言，防止行政之手伸得过长，要使政府既能够在其职权范围内发挥自由裁量和自主能动性，又能够随时问责、让政府接受必要的司法审查。在实践中，由于权力主体的力量过于强大，央地各有不同的政策目标、约束条件和行为模式，被规制方又过于弱小、对策能力较为有限，会更倾向于采取"法律规避"的方式同行政权力进行博弈，结果是"上有政策，下有对策"，使得执法结果大打折扣，滋生出更多私底下的权力滥用、不公暨腐败；加上执法监督机制不完善、执法的过程及结果得不到相应的评价和反馈，这些问题得不到及时揭露和制止，因而对规则之治的实施危害甚大。司法审查只是不经常为之的最后防线，缺乏日常的权力制约，行政权力的滥用就无法得到遏制。如此，只有法治一般将外在的国家和政府的行政监督与社会组织和民众的社会监督、企业组织内部的自我约束有机地整合起来，行政执法才能够发扬民主、由舆论监督，同时又能够保证事实真相不为民意所篡改，将基于职权支配的行政权力内化成主动担责的自主义务，并对经济实施状况及时作出检测、评价和矫正，从而有效地促进经济市场的健康发展。

第三节　司法

一、法条适用的再创造

传统司法一般是从对形式上的法规分别界定的角度来确定法律事项，从而进一步通过法律解释的方式明确适用法条的范围和程度；而对法条适用的再创造则体现在对案件的判决除却依据形式意义的法律，还需要通过行政法规、政策、司法解释及相关指导性文件等，甚至上升到宪法原则来处理法律漏洞、充分说理，进而达成实质意义上的公平正义。比如《反垄断法》第22条谈到如何界定经营者滥用市场支配地位的行为，在第1款第7项规定包括国务院反垄断执法机构认定的其他滥用市场支配地位的行为，该授权十分明确、清楚，因此在适用法条时需要依据具体情况进行合理判断。而在上位法的授权缺位、模糊不清或强制性甚差的情形下，只有结合该法的制定背景和社会的能动需要等情况来评判法律事项，并结合实际的博弈对一般条款进行再创造。否则，司法裁判面对维权难题与法规的定性争议时，往往因单一定位导致保护机制失灵、救济不力导致损失难以追回。对司法的监督、控制通过听证会、专业法庭、专家介入诉讼、舆论反馈等方式得以和经济社会的实际需求联结起来，方能适应良序善治的要求、摆脱盲目适用法条的痼疾。诉权无法通过法条列举穷尽，如果依据"有法条规定了诉权才能保护权利"的理念，就会产生司法的腐败和不公。

经济法司法须能抓住主要矛盾，妥善解决经济纠纷。在现代市场经济体系下，科学有效的规则之治需要统筹兼顾经济增长的效率和社会发展的公平。经济司法对市场秩序的维护与社会正义、自由创新、劳动价值相互交融，不单单局限在法的字义上。例如，在实际操作中，税的征收往往弹性空间大，更依赖于民众的自主纳税意识。好的规则重视个人利益与积极性，一定是以尊重市场规律为前提，以市场决定资源配置为主，政府作用予以灵活配合。因而，法条适用随着社会化生产条件下公私领域的交融和社会主体对法规依赖性程度的不同，持续不断地发生着变化。传统司法中"没有法律不合法、不能适用政策"这一原则在实践中往往并不合用，比如汽车限行、房屋限购，等等。长期以来许多政策是没有经过立法程序的，比如各项税收规章。经济法司法遇到未料想的变化情势就要灵活应对，通过博弈说理，接受正当性、合法性的批判，适时、有效地应对社会变化，实现法条适用的再创造。又如，预算作为国家对一个财政年度内收支的预计，其制定和执行是各种利益及其政治势力博弈的过程。预算法在规定政府收支的各法律的基础上，为了确保国家财政实务的合理性，需要对法条适用进行再创造从而确保支出，并对收入进行全面的绩效管理，如经费预算的确立、决算的承认，等等。对于预算法这般统一羁束行为和自由裁量行为的混合体，过严适用会阻碍经济发展，过宽适用又会虚支无度。倘若司法以僵硬的标准来划分法律保留和法规创造力的空间，那么很多时候等正式合规的法律出台之后再适用，其所造成的损害已经无可挽回，与裁判主体的诉求也会大相径庭。随时创造规则要充分说理，法官也会受到被当事人或舆论揭发，或者被解职的约束。如上所述，经济法司法对于案件的定性、争议与救济，取决于正确理解特定阶段经济市场运行的实质规律，不能贸然主观地认定依照一贯的教义法条，否则会陷入传统法的事后问责模式或者用划一的办法处理不同情况的教条主义，而忽视了规则之治的自主能动性，造成法律真实与客观真实的冲突，有违公平正义的司法初衷。

二、自由裁量权及其限度

法律难免挂一漏万、百密一疏，一般条款就给司法"开了口子"，并作为法律适用的大前提让司法能够弹性地、与时俱进地对生活事实加以规范。在英美国家，公共政策的因素根植于习惯法中，司法机关做政策性考量被视作习以为常的事。在我国，由于传统司法中立性、被动性及事后性的特点，司法裁量时常难以及时判定法条有无效力、执法有无正当性。在缺乏特定的合理性价值判断的基础上，固守法条助长了公权力实施的特权、私下的贪污受贿及吃请受礼，并且易对案情事实混淆黑白；随意裁量则助长了徇私枉法的裁判及除司法机关和司法人员的外部势力对司法公正的干预。这些情况导致诉讼成本不断增加，诉讼效益相对降低。加之即使有了最终的诉讼结果，也常常难以落实执行，甚至法律主体在付出高昂的诉讼成本后，所得到的只是无法实现的书面权益评价，从而淡化了法律主体对司法解决纠纷的信任感，使法律的补救性实施大打折扣，难以保证办案质量，极大地降低了法律的救济水平。从法治发展的动态角度来看，善治不在于设定绝对的司法裁量之界线。正因为社会和经济发展的不确定性，裁判者才无法通过"同案同判"来一以贯之地适用法律，否则张冠李戴，相似的案件背后都是不同的原因和抗辩理由，结果是法官滥用权力，他们不用考量每个案件背后的合理性，只要依据形式上的"合法"就能作出裁决，从而为腐败、潜规则、事实不公等埋下伏笔。同一个案子由不同的法官审理，结果可能都不一样，但可能都在合理的范围内，也可能一个比较合理、一个不尽合理，这是法律主观见诸客观的必然结果，不必强求一致，也不可能强求一致，认为同案同判、法制统一就是相同案件的判决结果相同，是不切合实际的，就像世界上没有两片相同的树叶，时间、地点、形势、背景、人的性格、受教育程度、成长环境、当时情绪等，不可能完全一样，经济市场更是动态多变的。因而，经济法的司法裁判更需要契合经济规律和社会现实，司法人员主动承担起保护人民合法权益的责任，在动态的博弈中实现合理的自由裁量。

进一步而言，法官只要依据判例指导来处理案件，必然会以说理为基础且可以随时创造规则。如果司法的自由裁量权没有主观能动性，就会失去对当事人之间的权利和义务的公正要求，陷入刻板设定裁量权上限或任意办理"关系案""人情案"的僵局。而在一般的司法实践当中，司法人员的知识和价值判断受到其过往经验的限制，对于一些具体案件的裁量，他们很难切实地明辨运用哪种规则才是最合理有效的，极易受到内外部因素①的影响而产生摇摆。因此，司法人员需要秉持公正的规则之治的理念，凭借专业素养在各种利益之间找到解决实际问题的平衡点，并实时做到对行政权和立法权的约束及纠正。鉴于法的历史性和社会性局限，法律的空白客观存在，司法的自由裁量需要依据具体的价值判断、正当性与合理性分析对特定的法律规范进行再创造，不拘泥于司法裁量保留法律的界限，根据公平和实际需要及时采取有效的对策，借以弥补法秩序的不完全性和滞后性。决定自由裁量权之限度的关键在于规则通过博弈所达成的共识。普通法判例中的诸多反对意见（dissenting opinions）正是一种博弈，也为后来的司法裁量提供了参考和经验的总结，而不是对自由裁量权的滥用。对于经济法司法而言，许多新兴的经济法律现象和监管领域都没有前车之鉴，需要在市场中试错，再逐步收紧相关的司法裁量。正因如此，在微观层面上，经济法司法的自由裁量要保证经济全面放开、放活，以更优营商环境护航经济的高质量发展，保证市场各个组织有独立的法律地位和广泛的经营管理自主权，而不是成为没有自己的权利（力）和利益的行政附庸。在宏观层面上，司法机关对规则的解释需要依靠对各种利益博弈所达成的共识来协调、重新塑造角色和法律各方主体的责任，判明正误及可行性，并以此实现法律的相关救济措施。例如，依据《"十二五"国家战略性新兴产业发展规划》，自主创新的目标居于首要位置，据此衍生，在传统行业可能被认定为违法的垄断行为在高新技术产业中则可能不会被认定为违法。概言之，经济法司法的自由裁量权限以保障经济市场"管而不死、活而不乱"为原则导向，依据国家机关和社会组织的地位和职责权限，刚柔并济，把宏观规制和微观放活结合起来。对此，经济法司

---

① 内部因素如机械地遵从案件判决的同一标准、忽视不同案件的合理性、回避主体责任，外部因素如利害关系、潜规则等对案件判决结果的干预。

法无论是设定规则的限度还是裁判的范围，都应当顺应经济规则在实际生活当中的因果性，讲求在规则的博弈之下实现司法的合理性、衡平性与正当性，即对待具体案件具体分析、说理，而非依形式主义所预设的结果来倒推成因，继而影响实际案件的公正判决。

第四节 由经济法透视、剖析规则之治及其实现

经济法是规则之治的集中体现，与博弈、说理所形成的共识密不可分。经济法无论是规划法和产业政策法、财政法、金融法，还是反垄断法暨竞争法以及企业法的实施和运行，都体现出辩证统一、公私合作及自主能动、责权利效相结合①的本质属性，该属性架设了博弈、合理性分析与共识相通之桥，可以有效地解释规则之治及其实现的内涵与路径。具体而言，规划法和产业政策法展现了民主与集中的博弈；财政法展现了代议制下议会成员和议会成员相互之间以及议会成员和政府之间的博弈；金融法展现了作为监管者的市场规制机关和市场之间的博弈；反垄断法暨竞争法展现了博弈之下对一件事情是否反竞争要说理进行合理性分析；企业法展现了法律的框架和规制如何与市场主体的主观能动性、自由发挥很好地结合起来，并在这个过程中进行互动博弈。

一、规划法和产业政策法的规则之治

规划法的实现，需要国家的整体组织、国家机关及各级政府的日常协同，其围绕着规划行事，制定行业规划和产业政策，引导行业及其产

---

① 责、权、利、效的相互结合，指以责定权、责字当先、责到权到、责到利生、效为中心。

品结构的调整，维护行业竞争秩序，等等。规划法的重要特征就是在引导和概括授权的同时，不会事无巨细地死抠规划或计划的要求，而是在民主集中制下更好发挥政府作用，管其所应管，不管其所不应管，使市场能够在资源配置中充分发挥决定性作用。关于规划内容及正确性的保障、规划约束力与执行力的修正、制定规划的机构之职权、执行规划的机构之职责，都需要遵循规则之治的民主集中、注重全局和长远科学的基本原则。规划法以保障国民经济和社会发展的基本政治思想和政策为指导，能够给具体政策奠定上位法的框架和基本原则，从而保障和促进国计民生，防止损害国际竞争力的情况发生。规划过程不是把经济的各个过程编缀在一起，而是需要针对相互交错的利益来实现规则比例性和有效性的结合，实现国家机关与市场经济主体的协同行为，不同的规划和规划之间也有着不可分割的联系。规划法的内容和方法存在着不可分割、纵横交错的联系，同时受到整个经济有机体各成分间合作方式的影响。一则规划根据社会需要而非办公室拍脑袋，社会需要则通过老百姓的意见反映出来。二则经济范畴与法律规则密切交织在一起，需要规划作出战略指引及整体协同，将各经济单位的独立活动纳入物质生产的统一系统，从而满足社会多种多样的需求。无论是扶贫开发和乡村振兴、城市建设疏导、城市帮扶，抑或南水北调、西部大开发、环境保护督察等等，都离不开中央和地方落实综合性和集中性的专项规划及保障规划的相关政策措施，更离不开不同规划主体之间分权博弈的民主法治基础。故而，具体到施政方针、规划纲要、经济建设规划、方案、大纲或者五年计划等，规划都应随着事实的需要和变化而重新制定，同时以统筹性、集中性的执行方式以资配合而利施行，将经济杠杆有效作用于微观的经济关系当中。

产业政策通常表现为规划的形式，反之亦然。产业政策法在广义上等于经济政策，狭义而言仅指产业结构政策，是一国政府规划、引导和干预产业形成和发展的经济政策，目的在于实现社会资源在产业之间和产业内部优化配置，建立有效、均衡的产业结构，扶持中小企业，促进国民经济持续、稳定和协调发展。产业政策法可以说是关于规划法的具体政策引导，是规划法及其实施的重要组成部分。为了促进有效及公平的竞争，保障市场的公开、透明、公正，需要通过规划和产业政策配合市场对某些行业加以规划、引导、鼓励、限制、扶持、禁止及保护等，当然也可能引领、主导整个国民经济，比如五年规划和长期规划。国家为了保障国计民生，需要有相配套的经济产业政策，借以充分开发利用相关资源，提高国民收入，这样才能保障民有、民治、民享的福祉。随着法治化的发展，命令式的计划行政手段已经不合时宜，客观上就要求将政策法律化，将政策调整纳入法律框架，从而取代过细、过繁的计划指标内容。过去的计划是下达指标，现在则是通过产业政策的方式来引导，由此规划法和产业政策法已趋于融合。

尽管市场机制有效发挥作用的前提是缓和及放松管制，但鉴于不完全市场、非理性市场行为的事实存在，以及对提供自然垄断产品、公共暨准公共产品或服务的社会需求，除民商法一般调整和适用法治一般外，通过行业法对相关产业部门实施监督和管理也必不可少。行业法作为产业政策在该产业的具体化和法律化，以法律、行政法规、规章等对具体行业的特殊问题作出专门的规定或特殊的规制，比如电信法、新闻传媒业法、农业法、邮政法、交通运输法、能源法，等等。行业法应不同时间、不同场合、不同经济发展的要求融合当下的民意及公共诉求，从而不依靠硬性的法条来实现现代经济与产业政策相互配套、维持平衡协调的经济制度之发展。例如，在电信法未做规定、规定不明、规定有矛盾或冲突，或监管机关监管不力的情形下，需要将竞争法原理适用于电信法的不对称管制、公用事业准入及互联互通制度之中，防止原有运营商利用其优势地位不当排挤竞争对手。又如，随着农业可持续发展成为当今社会的共识①，依据国务院印发的"十三五"《全国农业现代化规划（2016—2020 年）》，农业法无论是从发展财政金融、科研技术、农业基础设施建设方面，还是从健全农业产业、动植物检疫防害、农业生产组织及农产品市场体系方面，都在整个法律体系和法治下依托于社会宏观的共识和原则，因地制宜地施行涉及各方面的法规政策，也为《"十四五"推进农业农村现代化规划》（2021—2025 年）全面推进乡村振兴、加快农业农村现代化的各项举措提供了坚实保障。另如，现代社会自媒体的繁荣发展，直接影响了新闻法对传媒业的准入制度和其他相关规制，令各大媒体在遵守市场规律的同时也须考虑传媒活动作为"第四权力"的意识形态和公平竞争问题，防止该领域的经营"脱法"。传媒业同时具有经济性和非经济性，除却对意识形态传播的社会效益的考量，现如今被各大资本所扶持的自媒体矩阵更需要在法治层面强调公平竞争，从而逐步形成整个社会的优良道德氛围和社会主义核心价值观之共识，牢固法治的根基。规划法和产业政策法（包含具体的行业法）正是在这样的相互促进、相互协调的关系中引入竞争性规则，政府基于社会整体利益和发展国民经济的规划布局，再根据实际情况行使自由裁量权，诸如对需要国家战略重点扶持的产业适用税收减免及豁免相关垄断行为的政策，对盲目发展不具备基础条件的产业进行相关限制并调整产业结构方向，如此在市场决定资源配置的基础上更好地发挥政府的调节作用。

在我国，规划和产业政策可直接由各级立法机关通过并实施，具有实质的法律效力，比如全国人民代表大会发布的我国经济和社会发展的"五年"规划纲要、总理签批的《中国制造 2025》战略规划、工业和信

---

① 参见国务院于 1994 年通过的《中国 21 世纪议程》，其中对我国可持续发展战略的实施做了安排。

息化部主导的《"十四五"机器人产业发展规划》及《5G 应用"扬帆"行动计划（2021—2023 年）》、国务院印发的《国家集成电路产业发展推进纲要》和《新能源汽车产业发展规划（2021—2035 年）》等。这种法律效力表现为各种国家机器围绕着人民代表大会或其常委会颁布的规划和产业政策法，协同运作、强有力地追求规划和产业政策法的目标，这是一种法的国家保障的现代形式。自由市场从结构上无法根本改变资源的再分配，因此，能够引导、保障规划和产业实施方向的规划和产业政策法，就天然地承担起发挥资源配置导向性、超前性与发展性功能的责任。这不仅是对于市场失灵的纠正，更是对非失灵市场中资源缓慢低效分配的过程和资源的浪费及规模结构的调整暨优化。规划、产业政策不再如计划经济时期的计划一般以具体指令左右市场主体的微观经济活动，这不仅避免了因过度细化而产生的更多规则漏洞，而且通过战略性、政策性的指导，推动政府、社会、企业和民众开放资源，形成公共产品、区域经济等领域的全方位合作。

规划法和产业政策法所具体包含的各类政策内容通常也采取立法法所规定的立法形式，具有法的效力，属于法的体系的一部分。以规划法作为统领、由产业政策法具体实施，二者相互配合，使国民经济与社会发展既能够统筹协调、主动出击、事前负责，又同时摆脱了计划经济的桎梏。有鉴于此，规划法和产业政策法展现了规则之治的民主与集中之辩证结合的特质。二者主要通过限制和促进两大功能来指导、完善经济活动，而对于国家采取怎样的方针政策时异事殊，这样既能明确中央和地方的事权，又能分权让各类主体发挥主观能动性，配合以划分财权所提供的激励和约束机制，从而实现不同利益主体追求宏观目标的相互博弈。规划法引领下的产业政策法或侧重于限制，或着重于奖励，或限制和扶助兼具，取决于一个时期内国家的总体经济形势和经济任务，具有很强的针对性和目的性，这样能够改善官僚体制通过开会、层层发文件、刚性地指挥及命令所产生的难以问责、缺乏自治力的规则运行状况。规划本身的制定和实施建立在事前广泛征求社会各界意见和事后接受社会各界广泛监督的基础之上。这也是通过博弈、协调而判明规则正误及可行性，保障不同时期、不同社会经济状况下实现顺应趋势的规划目标，并以产业政策的调整、保护、扶持、限制等手段在具体的过程中跟踪、逼近预期目标的民主集中制。例如，建成港珠澳大桥、划定"粤港澳大湾区"、设立新疆喀什和霍尔果斯经济特区、调整《中国禁止出口限制出口技术目录》、发展海南自贸区（自贸港）等，都是在规划及产业政策法下对经济发展有的放矢地加以引导、保障市场发挥最优功能、国内国际竞争博弈的结果。这些政策在规划的指引下有效地将不能与时俱进或区域落后的产业结构调整升级，以重点产业带动整体市场布局，保护了特定公共利益，并促进了区域经济的协调发展，维护了社会稳定和商业繁荣。

综上，规划法具有抽象性、一般性、原则性和可预期性，产业政策法则具有具体性、特殊性、灵活性和自治性。产业政策法在方法上遵循客观经济规律，充分发挥市场调节机制作用，以规划法为全局指导，遵照合理适度、情势变更的原则对产业结构和专项产业的发展量体裁衣。如果没有通过规划法和产业政策法集中改变规则，市场的私人趋利避害性将无法对重大产业项目和生产力进行合理布局，进而无法保障全体国民的经济福利。比如，国家的"十三五"规划纲要①所明确的165项重大工程项目，都需要不以利润最大化为目标的国家政策性银行的投融资支持。规划法和产业政策法虽然不是狭义的法律规则，但作为法律，在实施过程中必须执行，然而又无法严格执行。规划法概括授权下的产业

---

① 2016年第十二届全国人民代表大会第四次会议通过的《国民经济和社会发展第十三个五年规划纲要》。

政策法的灵活度依赖于民主集中制下的持续博弈。例如，在医药行业，法律规则受到支持相关研发的政府、代表不同利益的药企集团、希望药价降低的病患及其家属、对质量合格的仿制药有需求的消费者和医院等不同角色的激励和约束，需要通过民主博弈在集中规划的引领下最大限度地实现规划目标。法律如果违背经济关系的要求就丧失了其价值，规划法和产业政策法都要在遵循经济规律的基础上制定，并受到自然、社会和历史等因素的制约。同时，法律又服务于经济目标，国家直接参与社会生产全过程，为促进产业发展而制定规划暨产业政策法，使资源比在市场调节状态下更合理地得到配置，从而维护国家、社会及民众的公共利益。归根结底，规划法和产业政策法密不可分，二者最终表现为于不同主体博弈的过程中对不同经济角色再塑造的协调和规范、归责及救济，在社会互动中无限地接近中短期、长期乃至宏观的规划或产业政策目标，克服自由市场重复浪费资源的局限，并充分发挥规则之治立足于民主与集中的辩证关系来实现经济社会的不确定性因素与各地各类规划衔接、集中之权义复合的本质属性。

二、财政法的规则之治

规划法和产业政策法需要财政法配合。财政是国家为实现其职能，凭借政治权力参与国民收入分配和再分配的行为、活动，以及社会关系、法律关系及其制度。财政法是规范财政行为并调整由此而产生的社会关系——财政关系的法律规范的总称。财政分配是国家凭借政治权力和法律手段进行的分配，财政法律关系双方权利与义务的确定并不是在当事人自愿协商的基础上而产生的。财政法的实现手段包括调整预算收支、外汇、税基、税种、税率、税目、税收优惠率及减免额、国债举债率、关税税率、转移支付、政府采购、会计审计，等等。财政法的规则之治是以代议制为典型特征的、议会成员和议会成员相互之间以及议会成员和政府之间关于财政体制和预决算的博弈过程，在我国是由全国人民代表大会及其常务委员会起草、提案、审查、监督、批复财政的各项活动，在美国则是由参议院、众议院两院实施这一过程。依照现代公共财政理论，政府为了实现资源配置、收入分配及经济稳定的目标，需要在大多数人意见一致的基础之上实现社会偏好的集中。政府对市场经济固有缺陷的矫正有赖于相关咨询的政策建议，政府相当于信托机构、政府官员相当于受托人，现代财政法是以公共需要为依托、以市场为中心的契约法，集中反映一国实施宪法的民主法治，和人民的财产权密不可分。人民基于信任让渡部分财产形成公共经济资源，国家则通过人民代表的协商结果，统一对这些资源进行分配、使用和运营，从而实现人民的信托利益，因此需要通过法律对财政收入目的、支出义务、平衡要求等加以约束，以符合全民的意愿和利益，否则这一契约形式将不复存在。财政行为实质上是一种公共政策的抉择行为，更是一个相对较长的、动态地对不同主体利益偏好加以整合的过程，需要通过代议制由人民代表决定国家怎么收钱、花钱，目的是实现收入调节与公平分配、资源配置、经济稳定与发展、平衡协调与社会改革的职能。

代议制属于间接民主，是指人民通过自己选举的代表来管理公共事务。密尔（Mill）指出，一个完善的政府的理想类型一定是代议制政府，当统治规模（即领土面积和人口数量）达到一定程度时，直接民主就不可能实现。相比于直接民主，代议制能够依托市场和社会，既依归民意，又能防止多数民意的绑架乃至暴政。代议制民主的本质是受托责任，当人民的利益与代理人的利益出现冲突的时候，代理人可能会背离人民的意愿行事，代议制也就背离了人民。我国在中国共产党的领导下，人民代表大会和政治协商制度愈益保障人民参与政治生活、建立财政民主，实现公众对政府财政行为的参议和监督。在法治国家，人民代表一旦讨论通过决议，财政给付就自然而然地成为权利义务，比如议员代表人民争取有利的预算、民众依法纳税，等等。然而，征税的合理性、正当性源于政府主动地承担社会责任、有效地进行经济社会管理，取决于规定征税主体一般行为的法律法规，更取决于税收分配规律、调整税收关系的基本准则、民众依法纳税的观念和自觉性，以及整个社会大环境下公共福利和财政资源分配的有效性，既要"取之有度"，又要"用之有节"。税收授权立法是不可避免的，比如在实际中遇到的名为股权转让实为土地买卖、税收受益原则无法操作计量、企业注销后税务检查中止、税务行政机关难以适用司法解释、税法规定需要依据实质课税原则来保证合理执行、不公平的税收洼地与整体财税公平之间的平衡、纳税人权益和国家财政收入之间如何相倾斜等问题，都不能够仅仅依托法律规定来解决。

税收法定与规则之治的矛盾，集中体现为概括的规则和在博弈中形成的具体规则之间的矛盾，传统上认为税收法定就是税的所有要素由议会决定，这并不符合当代规制条件下实现财税调控职能的要求，所以必要的授权立法或立法授权是必须的。对于招商引资中的税收政策洼地，就需要在博弈中结合中国经济社会发展不平衡的实际，在不公平的税收洼地、不诚信的税收规避行为与整体财税公平之间求得平衡，允许自贸区、自由贸易港等特定地区自主决定税收优惠。如此，税收的决策权也就实质性地由全国人大及其常委会、国务院、财政部和税务总局所共同享有，相应的规范也表现为国务院的行政法规和决定、财政部和税务总局的规章、通知等。税收博弈是全方位的多元博弈，存在着征税机关想方设法把该征的税征上来与纳税人为了自身的利益尽可能地欠税、避税、逃税之间的博弈；更存在着国家运用税收手段对市场经济运行进行宏观调控与纳税主体依据各自利益采取相应对策之间的博弈。如果依据严苛的税收法定主义，税率、税基、税本、税源等税的要素全部要通过法律固定下来、长期不变，这显然不符合实际。例如，2021 年起实施的《中华人民共和国契税法》第 3 条虽明确法定契税税率为 3% 至 5%①，但其实际适用优惠税率往往为 1%、1.5% 或 2%②，各地方适用的税率更是因区域及住宅情况而异。这样的灵活政策按照税收法定的原则并不合法，而税收是规制和调控的最佳手段之一，房地产调控更是离不开相关的税收政策。所以，税收只有遵循弹性的财政原则，才能在个体营利性与社会公益性的矛盾之间实现公平与效率的对立统一，这也是税收"授权立法"的合理之处。

无论是开征或停征某种税、央地如何分权，还是对某产业采取怎样的税收政策，根据需要制定和完善某种税法，都只能通过代议制和授权立法，将判断交给人大代表、政府和市场，由其在信赖的基础上通过博弈达成共识。例如，华为、中兴等公司近年来可享受企业所得税两年税收免征、三年税收减半及各项税收优惠政策，这一财政举措襄助集成电路产业，以促进国民经济平衡发展和加速发展，体现了政府对芯片产业的积极扶持和增强中国国际竞争力的决心。③ 对此，具有不同征收目的的税种需要在实践中相互联结，在不同的领域偏重于不同的政策目标，从而将个体与集体利益相融合，这也体现了人民与政府间平等的一面。在中国古代，就有管仲"相地而衰征"④，不是按井田的数量征赋，而是按土质的好坏将井田分成若干等级来确定赋税。管仲两年征税一次，

---

① 《中华人民共和国契税法》第 3 条规定契税的具体适用税率须在 3% 至 5% 的税率幅度内提出，省、自治区、直辖市对不同主体、不同地区、不同类型的住房的权属转移确定差别税率，须依照这一税率幅度及相关适用程序。

② 参见《财政部 国家税务总局 住房城乡建设部关于调整房地产交易环节契税 营业税优惠政策的通知》（财税〔2016〕23 号）、《财政部 税务总局关于契税法实施后有关优惠政策衔接问题的公告》（财政部 税务总局公告 2021 年第 29 号）。另财政部、国税总局、住建部经常通过发"通知"的方式来调整契税税率。

③ 参见财务部 税务总局公告 2019 年第 68 号，财税〔2018〕99 号。

④ 《国语·齐语》。

按照丰收或饥荒状况施行机动税率，比孟子的"什一而税"① 要灵活和现实得多。当下我国从分税制到国地税合并的财政体制，正是因为分税制下关税、消费税、重要行业税源以及占大头的综合性税收分配不均，所以随着各地区经济发展、区域经济发展不平衡的凸显，需要重新整合税源，在不同事权之间进行合理公平的分配。为了满足社会公共需要，财政法能弥补市场在资源配置中的缺陷，通过相对刚性的预算和灵活的税收政策等，调节资源在不同地区、产业部门、政府与非政府部门之间的配置。税收在纳税人与国家之间存在对价关系，税法也越来越包含私的因素，因而是一种公的债权债务关系，凸显征纳双方权利义务平等的一面。

简而言之，财政法只有遵循代议制范畴下的规则之治，才能防止发生财政职能的错位及其弊端。倘若缺乏对经济条件、政治任务和社会环境的综合考量，财政就难以发挥其应有的积极、能动的作用。无论财政对社会经济的宏观调控还是公共财政的分配职能，都是国家与国民、纳税主体与征税主体、上级政府与下级政府之间的规则博弈，更是政府间利益分配的预算规制以及征税和纳税围绕财产权展开的博弈。财政的自由裁量权应当建立在"人民政府为人民"的基础之上。财政法提供的是一种制度性的公共产品，预算作为公共财政的核心，其过程和绩效评价是直接且强制的，在决策与执行阶段都需要建立法律的责任追究机制，祛除任务财政、指标财政的痼疾。预算的内容、制定和执行较为刚性，而预算主体基于不同职权所产生的预算偏好又较为柔性，设定预算同征税一样也是各种难以协调的利益及其政治博弈的过程，这反映了预算的编制、审核、表决、施行、适用、监管、协调等互相交融的动态决策过程必须在空间维度和时间维度都达至一种平衡，刚柔并济，才能保

---

① 《孟子·滕文公上》。

障财政目标的有效落实。国家预算的实质目的是政府作为人民的信托受托方，通过提供公共产品和服务、计划规范政府收支、优化财政资金的使用需求、统筹分配财政资金，来达到受信于人且行之有效的资源分配与再分配暨最大化公共利益的结果。无论是中央还是地方的预算主体，本质上都是为了满足信托委托方的利益，实现社会经济和谐、稳定与健康发展的宗旨，而将刚性预算编制与弹性预算执行统合的行为。例如，为了激发企业活力、降低企业成本负担，政府将企业养老保险缴纳降至16%的费率，正是以信用契约的形式回应了广大企业当时当下发展的迫切需要。① 又如在特殊疫情或灾情之下，财政部紧急下拨多项补助资金，支持开展疫情防控或救灾等相关工作，及时回应了特定时期的社会公共诉求。朱大旗认为："国家预算的受托决策性，从法学的观点而言，实质上是一种法定的公益信托和自益信托相混合的特别信托。"② 毋庸置疑，公共预算也是一种法定的特别信托，主要在于实现信托委托人的利益。

为了防止多重的风险类别和模糊的权责边界阻碍财政关系法治化的进程，需要将"实质合理性"与"社会妥当性"注入财政体制的内核。财政收支和转移支付需要改变人治及行政任意操作的局面，消除"跑部钱进""公款送礼"等体制性腐败的根源。无论是强化预算控权还是追求与事权和绩效相匹配的柔性预算执行、扩大财政收入或支出、奖励投资兴业、营改增、降税减费、抑或差别化税收政策、专项扣除提升民众的"税收获得感"、发改委扶持政策资金补贴、实施价格补贴保障农

---

① 中华人民共和国中央人民政府. 政府工作报告——2019年3月5日在第十三届全国人民代表大会第二次会议上［R/OL］. 中华人民共和国中央人民政府网站，2019-03-16. 报告中明确提出，下调城镇职工基本养老保险单位缴费比例，各地可降至16%. 稳定现行征缴方式，各地在征收体制改革过程中不得采取增加小微企业实际缴费负担的做法，不得自行对历史欠费进行集中清缴。

② 朱大旗. 实现公共需要最大化［J］. 中国改革，2010（4）：58.

业生产、调整进出口关税等等，都是国家围绕着公共财产与私人财产、为了实现参与社会产品和国民收入分配与再分配的目标而采取的有关财政措施。这些都需要在代议制范围内人民、人民代表和政府相互之间的博弈来实行有序、良善的规则之治。否则，责权利相脱节，公共服务与纳税、预算相脱节，也就谈不上公平税收和正当预算了。具体而言，财政关系作为一种经济关系，其中政府不仅是单纯的行政机构，同时也是经济主体，财政关系是一种国家参与其中的特殊经济关系。一是，获得财政收入的利益主体直接影响着财政关系、制约着财政的基本内容，并间接影响着财政关系的外在表现形式——财政法；二是，财政法的改革直接导致财政选择与财政利益的变化。也因此，财政法涉及经济法治下公共选择与公共财政之间的多方互动。公共选择要求政府与民众通过博弈在各方利益之间达成共识，并能为自身所作出的决策承担责任；公共财政则保障公共选择获得有效的资金和资源支持，并合理调控收支。总而言之，财政利益与财政法之间相互作用、相辅相成，财政法通过预算决定、举债政策、转移支付、相关税率或新税种的设置及实施进行资源的再分配，对不平衡的利益冲突加以调节，这正是对应规则之治在代议制范围内的财政博弈。

三、金融法的规则之治

金融法的规则之治是监管者和市场之间反复博弈的结果。金融活动指各金融机构从事的管理行为和业务活动，包括发行货币、调节货币流通，代客户办理承付、汇兑、结算、贴现，买卖金银、外汇和有价证券，货币信贷、存取现金、吸收和支取存款，以及保险、信托投资等活动。这些金融活动受金融法的约束，以金融法为准则。我国各金融机构从事上述金融活动所形成的金融关系，是金融法调整的对象。金融的重要性在现代经济中越发凸显，它成为整个社会的核心驱动力。此外，金融法还承担着反洗钱、反避税、激发市场活力、保障市场秩序等公共职责。由于金融具有多重属性，处于不同交易场景或阶段，可能涉及多个部门的监管领域，并进入多元监管的范畴，因而容易导致法律规制界限不明晰以及监管重叠和真空的存在。不同部门不可避免地会存在一定的职权冲突和职责罅隙，同时，监管权限界定较为模糊，也容易产生额外的风险。各金融部门有各自的监管范围，与部门不相适应的部分则可能面临无人监管的情况。金融法主要通过规定货币制度、信贷制度、结算制度等来解决商品生产和商品交换中的资金融通等问题。从金融业监管体制看，随着证券、银行、保险等市场的发展，金融法的实施印证了金融业自身的发展创新与外部监管之间的不断调整及博弈。由于证券、保险、银行、网络金融等内幕交易及市场操纵违法行为的隐蔽性，金融法需要在保障追求多样目标性的经济自由秩序的同时，维护金融系统的稳定性和市场行为的规范化。由系统性金融危机不断暴露出来的金融行业自律管理、金融监管红线设定和资信评估机构中虚假行为的缺陷，以及金融的圆滑性和交易的简易性之间的矛盾，决定了只有通过博弈才能平衡金融法所涉及的各方利益，从而实现经济自由和经济安全两种价值的相互统一；同时，只有通过将责任真正落实到市场中的个人、以自然人为基本识别对象和责任主体，才能让隐蔽在不同法律关系和层层嵌套的金融工具背后的自然人对自己的决定、过错和行为负责，实现实质的金融监管成效。

为了确保资金运用方式的多元性、资金运用比例的限定性、产品投资结构的差异性，监管需要适应不同经营体制的要求，遵循依法、适度、合作与内外部自律和监管相结合的原则，积极拓宽投融资渠道、合理调整投融资对象结构，针对具体的监管制定不同的监管法规和投融资政策。按照规则之治，"以金融论金融""就监管论监管"的思想桎梏须被打破。以证券行业为例，证券交易属于民商法的范畴，证券监管则属于经济法的范畴。证券市场充满着投机，任何国家都一样，证券市场投机应当自负盈亏，股市风险也是不可控的，《证券法》的作用主要是在公开、公平及公正的基础上惩戒不诚信者。但是在世界各国，都存在不同程度的、不同层级的防止系统性金融风险的政府介入。在我国，系统性风险由央行管控，经批准还专门成立了国务院金融稳定发展委员会，后由中央金融委员会接管。例如陈丽华等诉大庆联谊和申银证券一案①，原告就股票交易因虚假陈述行为所带来的损失提出上诉，被告的抗辩理由是投资损害结果并非由虚假陈述所致，而是证券市场系统性风险导致了案件争议的焦点。虽然目前在法律规范层面对于系统性金融风险仍未进行统一定义，但是在诸多类似该案的司法实践中已形成了较为系统化的共识。即便如此，金融市场属于非均衡性的市场，只要有足够多的资金，就可以把任何资产炒出天价，导致泡沫急剧膨胀，除却对相关当事人违法行为的及时认定，必要情势下政府对市场的调控不可或缺。例如，美国 2008 年次贷危机时期，美联储就以"最后的贷款人"的身份"救市"，无论是通过收购公司不良资产、推出信贷工具来补充流动性短缺，还是通过收购房地产抵押贷款来支持证券市场主动释放流动性，抑或通过公开的市场操作购买长期国债来引导市场降低长期利率、量化宽松为社会经济提供资金支持，都体现了美联储依据市场中金融机构的负债表现而随机能动地在台前幕后相互转换的法律行为。同样，我国政府 2005 年、2015 年的"救市"，是政府顺应形势积极有效作为、防范风险于未然的表现，政府调控与自由市场并行不悖。当整个虚拟市场与实体经济交融互动的时候，要从保障社会整体公平福利的层面来考量，政府的作用必不可少，不能以股民自负盈亏一句话了事，因

---

① 参见中华人民共和国最高人民法院公报. 陈丽华等 23 名投资人诉大庆联谊公司、申银证券公司虚假陈述侵权赔偿纠纷案［EB/OL］. 中华人民共和国最高人民法院公报网站，2005 年第 11 期（总第 109 期）.

为散户和大户的重量级并不对等，自负盈亏的规模一旦大了，就会引发系统性风险和金融危机，到头来受伤的还是普通百姓。不过因为金融危机的不可识别性、不可预测性和非理性等特征，加强应对市场危机的专门性立法和监管也可能由于政府决策的信息偏差而导致行政权力之手伸得过长，所以改变金融法"强行控制"与"一放就乱"恶性循环的局面，也需要依靠规则之治来"辨证施治"。

历史上随着金融市场交易范围的逐步扩大、交易对象种类的逐渐繁多，无论是货币信用、货币发行，还是央行或联储体系的形成，都需要由人们自发的认同上升到政府的背书来确保社会经济秩序的稳定。德国的《魏玛宪法》最早提出，私人所有权也要负担社会责任。从宏观上来讲，这意味着自由资本市场也不能脱离政府监管，要担负增进人民福祉的社会责任，不能凭一己私利而导致富人越富、穷人越穷。资本市场是一种市场，金融监管又不能直接干预市场行为，所以金融法实施的关键在于维护资本市场的自发性和可持续性，不允许一些人恶意扭曲资本市场，合法掠夺、侵占另一些人的财产或财富。2008 年由美国次贷危机所引发的全球性金融危机，对建立在经济基础之上的金融法律制度提出了严峻的挑战，也彰显了社会化发展下金融衍生工具导致金融危机具有突发性、重大性、复杂性和连锁性等特征。比如，随着数字化经济、工业互联网电子商务（Customer to Manufacturer，C2M）的快速发展以及"元宇宙"等概念的提出，市场中虚拟货币、虚拟产品层出不穷，数字藏品或非同质化代币（Non-Fungible Token，NFT）平台取代比特币等加密货币平台成为时下热门，而这些数字新业态在给市场带来生机、鼓励劳动者创新的同时，也无法彻底脱离实质上的金融属性，存在炒作、洗钱、非法金融活动等风险隐患。因此，对金融衍生工具和金融科技衍生品交易的法律监管十分必要。具体到金融法，不是要扰乱市场调节的运行和秩序，更不是要遏制经济市场暨行业的创新发展，而是在市场失灵的时候维护整体经济秩序，保障个体在享有充分权利的同时，不能妨害、损害他人的自由和权利，不得损害社会经济的运行和发展，同时培育金融机构的内部控制制度，培养金融行业的自我约束、自我监督的自律性。

金融市场自身的不稳定性源于货币市场和资本市场的资金流动，过度的规制和监管会产生不合理的权力滥用和执法过程中不现实的高成本，从而遏制市场力量、错配资源、阻碍投资机会；而过于宽松的管制又会给整个金融市场造成冲击、引发系统性损失。本质上，市场中企业尤其是中小企业的发展需要融资，金融监管又需要对隐秘、高风险的融资渠道加以控制。安全性和效益性对金融投融资而言永远是一对矛盾，这意味着，无论是在宏观还是在微观层面的金融法实践中，国家和社会的职能都不可能截然划分，而需要在博弈中相互渗透与变化。例如，在2003 年的"孙大午"案中，民营企业家孙大午在银行贷款碰壁之后通过向村民招募资金凑足了公司发展所需的流转现金，这些钱没有"利滚利"，而是被用于公司实业及兴办地方教育。之后大午农牧的集资行为被金融监管部门和法院定性为非法吸收公众存款罪，这在当时引发了不少争议，媒体、经济学界、法学界等社会各界舆论对该案件的判决结果都提出了不同意见，孙大午最终被判处有期徒刑 3 年。[1] 2021 年，孙大午因非法吸收公众存款等数罪并罚再度获刑 18 年。[2] 显然，通过监管"一刀切"的治理模式难以阻止各类金融业务的无序扩张，尤其在我国民间金融需求量极其庞大的背景之下，金融业务活动一直在变化创新，经济关系也越来越呈现出公私交融的特征，但金融监管的行政主体和行政相对人对于利益的不同期待反而进一步加剧了市场的不确定性与

---

[1]　参见河北省徐水县人民法院（2003）徐刑初字第 192 号刑事判决书。

[2]　参见河北省高碑店市人民法院. 孙大午案一审宣判［EB/OL］. 河北省高碑店市人民法院网站，2021-07-28.

风险。政府应当为中小企业提供更多的制度创新平台，拓宽民营企业的信用体系及融资渠道，比如对履约信用好的主体减免税，既能帮助小微企业，也能鼓励诚信；同时，民间金融也需要更自觉地承担起创新创业责任，增强自治能力，避免可能影响到群体的金融风险。金融法的规则之治正是表现为这样的国家监管力量与民间市场行为的博弈过程。

现代金融由于兼顾保证社会公平和追求私人利益的目标，天然地促成了公私融合，我国现阶段的金融市场交易也愈来愈呈现出企业及个人贸易往来相互交织、社会分工高度合作及融合的"团体结社"特征，比如住房公积金的缴存、个人或团体购买保险，等等。在此基础上，金融产品嵌套多、跨界远、链条长，关联交易频繁、资金来源和资金运用不透明，市场中不同金融行业的标准不一致。非银行金融业务的经营者投机于各种虚增杠杆的方式，扩大了金融风险，更是增加了法律及时监管的难度。特别是一些新兴的互联网金融平台，如 P2P 网贷平台、众筹平台及各类金融交易平台，或者由私人股东暨影子公司实际控制、以白手套进行资金掮客行为的金融机构，如"e 租宝"案，最初单从整体业务模式看，并无明显违规之处，而违法者可以通过互联网技术将融资拆分销售、利用分段式监管漏洞达到规避金融监管红线的目的，想要跨省市假冒项目及担保对公共资金进行诈骗易如反掌；2022 年河南新财富集团的"爆雷"亦是如此，这类案件直接影响到了市场中千千万万的投资者及储户，令其维权受阻。然而，监管力度过大，地方信贷就难以发展，甚至影响到"三农"的现代化发展；监管力度过小又容易产生非法放贷的风险。事实上，银信、银保、资管、银证以及各种衍生类业务，尤其是汇率业务本身就是由互联网金融及新兴的各类金融产品、金融科技、数字金融、供应链金融等促成和发展的，也因此造就了京东众筹、白条，阿里蚂蚁金服、花呗，百度度小满等互联网金融新势力，风险与机遇并存。金融法可以严守规则，但是不能机械地执行规则，正如前述的"宝万之争"案例，适用规则应随着社会共识的变化而变化，各种正式和非正式规则需要通过职责担当、自由裁量和问责制才能切实进行金融法治表达。如此，"金融之水流"才能变成"活水"（市场），在既定的渠道（监管）里流通并融入大海，惠及经济市场中的每一个主体，真正实现普惠金融的意义和使命。

总之，依据规则之治的原理能动地打破不同金融机构之间条块式、分段式、隔离式的局限性和低效率的监管机制及其所带来的数据与权力的分割，实现法律与政策的融合，鼓励行业自律和市场自我监督，设立相关专业机构积极保护投资者和消费者权益以弥补监管缺位，讲求监管者和市场在规则之治下的能动博弈，穿透责任到个人，努力实现金融行业自由发展与放松、加强并举之金融监管的辩证统一，才能防止金融市场中创新之"虞"和监管之"齿"的失衡。

四、反垄断法暨竞争法的规则之治

反垄断法暨竞争法的规则之治乃通过各方充分说理来判定某一竞争行为是否合法。亚格纽（Agnew）就指出，限制市场贸易的行为本身并不违法，譬如制造商将销售权独家授予特定的零售商，除非这一行为与社会政策相悖。换言之，竞争关系本身并不妨碍竞争秩序，只有当竞争秩序受到破坏、消费者福利受到损害时，反垄断法暨竞争法才需要发挥作用。外观的垄断行为、不正当竞争行为往往属于正常的市场竞争行为，因而需要通过合理性原则对相关行为分门别类加以辨析。垄断行为需要达到一定的程度，或者对其他经营者构成损害，才会成为非法行为。我国《反垄断法》（2007 年）明显具有社会本位特征和维护公共利益的价值目标，不仅仅是维护各别主体的具体权益，开篇明义第 1 条强调制定本法的目的是维护社会公共利益，2022 年新修正的该法更加明确了维护社会公共利益的必要性，如第 50 条改为第 60 条，增加一款，作为第 2 款："经营者实施垄断行为，损害社会公共利益的，设区的市级以上人民检察院可以依法向人民法院提起民事公益诉讼。"反垄断法偏重于事前事中的规制和行政手段，反不正当竞争法则更多地适用于当事人自治的侵权之诉。二者虽有不同，但又不可分离，恶性的不正当竞争导致经营者对竞争的厌倦，从而倾向于垄断；垄断反过来又会妨碍竞争，诱发不正当竞争。又如，市场中利用补贴开展竞争（利用补贴开展竞争是不正当竞争，同时行为主体必然具有市场支配地位，而且滥用了）、通谋招投标（对未参与通谋的经营者是不正当竞争，参与通谋属于垄断协议），既是垄断又是不正当竞争。在现代社会，需通过规则之治的能动性和多面性来应对市场的流动性、易变性，以及国民经济的特殊性和多样性。

反垄断法强调市场自由竞争的价值。在市场自由竞争不足的情况下，企业很难得到平等的经商机会。无论竞争是否受到限制，反垄断法暨竞争法都需要考量区域乃至整体的经济秩序，以及市场主体之间如何相互进行交易和竞争，而不是关注具体的某一竞争者。反垄断法的适用除外与豁免制度，则是准予某些特定的垄断组织和行为不适用反垄断法，对某些限制竞争行为或垄断行为给予豁免，允许垄断的适度存在。从表面上看，这一制度与反垄断法的价值目标是相悖的，是对反垄断法基本制度的修正，也是对反垄断法基本立法目的的反动，而这恰恰反映了反垄断法暨竞争法规则之治背后的博弈和较量，以及靠严格执行固定不变的规则来调整竞争行为的局限。判断竞争行为是否违法，只有通过"合理性"分析，才能从实质上评判企业在市场中的地位及其行为效果，例如欧盟直接关注市场有效竞争的"严重妨碍有效竞争"（Significant Impediment to Effective Competition，SIEC）标准。又如，在

医药专利反向支付协议的反垄断规制案件中，原研企业①反向支付寻求
的是让仿制药竞争对手延迟生产或根本不生产，结果未必损害竞争，因
反向支付的经营者可以抗辩说，它支付的钱能够让收钱的经营者研发更
好的同类药，而不是低价量产过期的专利药扰乱市场；但由于社会中大
量对廉价仿制药的需求，原研企业的反向支付行为应当受到反垄断审
查，对此已逐步形成共识。2021 年，在阿斯利康诉沙格列汀仿制药生
产商奥赛康侵害发明专利权纠纷一案中，中国最高人民法院明确表态药
品专利反向支付协议可能违反《反垄断法》，首次针对"药品专利反向
支付协议"作反垄断审查。② 由于药品筛选和实验的失败率较高，国家
药品监督管理局（以下简称"药监局"）在 2019 年批准了奥赛康的沙
格列汀仿制药的注册上市，阿斯利康随后基于其与奥赛康公司关联方事
先达成的反向支付协议对奥赛康提起了专利侵权诉讼，其索赔于 2020
年被南京市中级人民法院驳回③，判决依据安全港条款④〔即博拉

---

① 通过实验研究第一个研发出该药品的企业。

② 中华人民共和国最高人民法院. 最高人民法院知识产权法庭年度报告（2021）〔R/
OL〕. 中华人民共和国最高人民法院网站，2022-02-28；中华人民共和国最高人民
法院. 最高人民法院发布 2021 年中国法院 10 大知识产权案件和 50 件典型知识产权
案例〔EB/OL〕. 中华人民共和国最高人民法院网站，2022-04-21.

③ （2019）苏 01 民初 1090 号民事判决。

④ 参见我国 2020 年新修正的《中华人民共和国专利法》第 75 条："有下列情形之一
的，不视为侵犯专利权……（五）为提供行政审批所需要的信息，制造、使用、进
口专利药品或者专利医疗器械的，以及专门为其制造、进口专利药品或者专利医疗
器械的。"

（Bolar）例外①]认定奥赛康不构成专利侵权，后阿斯利康于二审撤回上诉。② 这实质上涉及政府食药监管与专利监管之间、原研药经营者和仿制药经营者之间的利益博弈。药监局行政审批仿制药注册上市与原研专利到期之间常常存在时间差，仿制药生产商在获得药监局批准上市后在市场中投放及销售药品又会被指控专利侵权。尽管国家药监局、国家知识产权局于 2021 年 7 月联合发布了《药品专利纠纷早期解决机制实施办法（试行）》，但构建这样的药品专利链接制度因限于行政审批流程、药品专利申报和相关诉讼裁决的起算时间点、事前纠错及实质性审查机制的缺失、不同发展阶段专利权人和仿制药申请人认知及选择纠纷解决途径的差异等，最终仍难以严格审核仿制药生产商的专利真假。由此可见，实践是检验真理的标准，表现在经济法及相关法规的竞合当中就是博弈，反垄断法暨竞争法的规则之治只有依据合理性原则才能实现保护竞争、促进经济整体发展的良序善治。合理原则本身就属于博弈，而非依据诸如"禁止+豁免"的一元分析模式来辨别当事方是否存在损害竞争的单一状况。

实践表明，对相关市场也无法通过科学分析的固定逻辑加以认定，科学分析需要假设并构建特定的数理模型，而经济市场永远是动态发展的。无论是产品的需求、价格、特性、差异性、品牌力，生产领域和零售领域及相互之间的竞争状况，还是生产部门与流通部门之间的博弈关

---

① Bolar 例外（Bolar exception）又称为 Bolar 豁免（Bolar exemption），也被称作针对仿制药公司的安全港条款，为仿制药公司在药品专利有效期内开展实验、审批工作提供了避风港。仿制药公司可以通过这一例外规则在药品专利到期前对专利药品进行试验，以获取药品监管部门审批所要求的数据等信息。对社会公众来说，可以在药品专利到期后尽快享受到更便宜和更及时的药物供应，公共健康和公共利益是 Bolar 例外规则的根本出发点，但也可能在实践中造成仿制药的有效性及安全性变差、原研药价格贵且供应不足的情形。

② （2021）最高法知民终 388 号。

系等，都不能够简化为单一的分析模式，由于这些要素时刻变化，对市场竞争状况和垄断程度的判断都需要通过规则之治进行说理，作出效率抗辩。研究在数量或质量定义上具有等同性的事物，从不同时间、空间、程度和范围的角度来推敲反而是"千人千面"。滥用实力和不公正对待的行为，其本身具有不确定性和复杂性，是否对竞争构成危害，需要由竞争执法机关或法院依据具体情况加以斟酌、衡量。何况，经济学对市场势力的界定与产品的价格及需求量的关系密不可分，影响需求的产品替代品、互补品及消费者偏好更不存在定性和静态的价值判断标准。对企业相关市场优势地位的判定，也产生于动态博弈，并取决于企业利用优势地位的内容、程度、范围、时间等主客观因素。反垄断法以促进和保护公平竞争为宗旨，并非允许毫无限制的自由竞争，而特指尽量发挥自由竞争的益处、避免部分垄断行为对市场所亟须的有效竞争的损害。判断实质是否具有排除、限制竞争的效果并不能完全依靠明确的标准或公式，为了达成实际的市场目标和除竞争以外的多元价值效果，法律形式上的程序、限制随时都可能发生变化。例如，2008 年英国为了摆脱金融危机的困境，拟支持哈利法克斯银行（Halifax Bank）与其竞争对手劳埃德信托储蓄银行（Lloyds Trustee Savings Bank）合并，此举遭到公平贸易局和竞争委员会审查后的反对，根据相关法律规定，确定某项公共利益事由法定化，只能向国会提出法案，国会再在 28 天内作出决定。英国政府于是以"稳定金融体系"这一事由将国会审核法案的时间从 28 天缩短至 16 日并赶在截止日前顺利通过法案，给两家银行的合并提供了合法依据。① 竞争法关注的是市场主体的行为，而不是市场主体的身份。对动态多边的市场行为，需要通过实际状况加以辨

---

① DA SILVA A G, SANSON M. Antitrust Implications of the Financial Crisis: A UK and EU View [J]. Antitrust, 2009, 23（2）: 25.

析。促进创新和竞争的动态经济效率、产品质量差异化和市场竞争程度之间的关系、竞争依据各自的服务和消费者体验在界定上的模糊不清、超出产品价格的社会关系价值等，都使得市场竞争行为处于不断变化之中，而亟须一种充分考虑当前市场格局、司法定谳标杆效应、产品竞争状况和整体产业结构的说理方式。概括起来，反垄断法是合理性与合法性高度统一的典型体现，既注重发展规模经济，又反对和防止垄断与经济过度集中，而关键在于掌握其中的"度"，任何个案都要允许合理性抗辩，如果没有排除、限制、扭曲、损害竞争等情形，就不能认定某行为违法。

就反不正当竞争法而言，竞争者均遵守公认的规则必然可以形成一个有序的竞争环境，所有竞争者均可受益，损害将被降到最低；破坏这一规则必然使竞争陷入一种混乱状态，无序的竞争必然产生更大的损害作用，令各方利益受损。因此，制定竞争的规则并监督竞争者遵守规则，对破坏者也以此为判定标准，是维护市场健康发展的关键，否则过度竞争、不择手段的恶性竞争会直接损害微观的市场竞争秩序。为此，立法者设立了种种竞争规则，将破坏市场公平竞争规则的行为称为"不正当竞争"，具体确认市场竞争中的特殊侵权形式。司法者则肩负着监督并调整市场的竞争行为以及禁止不正当竞争的职责。不正当竞争纠纷就是竞争领域中存在的矛盾与问题，体现为对竞争规则乃至竞争秩序的可能破坏。审理好不正当竞争纠纷案件就是要妥善解决和化解这些潜在的、现实的冲突，修复可能或正在遭到破坏的竞争秩序。当然在这一点上，法律的调节也具有局限性。竞争法不可能涵盖市场中的一切不正当竞争行为，由于市场行为的多样性，因而事实上也是无法涵盖的。一方面，法律的原则性令经营者不能对自己的市场行为作出合理的预期，导致不正当竞争行为大量出现，不正当竞争纠纷随之增多；另一方面，法律的滞后性令立法者不能在立法之初规定未来可能出现的种种不正当竞争行为，而所谓"正当"与否又与特定行为的经济社会背景密切相关，还与社会当下的整体利益导向相关，因此对于新的不正当竞争行为所引发的纠纷往往是立法者所无法预测的。由于经济社会发展千变万化，生活中实际存在但却无法纳入现行竞争法中的不正当竞争行为很多，扰乱市场竞争秩序、损害其他经营者或者消费者合法权益的行为不可能都被竞争法所涵盖。例如，针对市场当中不断涌现的新型伪造和仿冒行为，尽管《反不正当竞争法》第 6 条明确禁止了经营者的混淆行为，但经济生活中仍常常出现大量的专门以制造、销售甚至运输他人商品包装装潢为职业的经营者，其本身并未在自己生产的商品上使用该包装装潢，该装潢是否属于《反不正当竞争法》第 6 条所规定的"有一定影响"的包装、企业或域名也因不同人、不同地区的偏好而异，甚至这些包装最后的商业化去向和用途也与经营者本人毫无关联，经营者本人可以完全撇清有关责任，却起到了损害市场竞争的作用。又如，就《反不正当竞争法》第 10 条关于有奖销售的规定，在经济发展的现阶段，如果竞争执法仍武断地依据有奖销售最高奖 5 万元的限额，则会忽略标的的价值高低，以直接决定赠品价值是否合理，而间接阻碍了市场自由和经济活力。论者或谓，竞争是一把"双刃剑"，如何在商业竞争中寻求利益激励与道德容忍之间的平衡点？如何将竞争的损害划定在"合理"的范围之内？如何引导竞争限于"合法性"的范围？这些都是社会关系的调节者所必须解决的问题。因此，反不正当竞争法平衡点的实现同样需要借助于规则之治的合理性分析。法律条款不能过于具体，需要结合"非正式程序"与"补充性规则"就实际情况加以说理判断。

以愚观之，市场永远比政府更"聪明"，竞争执法需要保持谦抑性。反垄断法暨竞争法一方面维护市场垄断和市场自由、公平的竞争，一方面调和二者之间的矛盾，就此所用的法制手段可以是多种多样的。如何在交易关系和交易市场整体之间明确法律规制的范围和程度，需要基于法的实践和说理对其正当性加以检验；同时，判别是否为自由、公平的竞争，也需要在实际的类型化、合理化博弈中将抽象的概念具体化。垄断不都是违法的，某个行业中存在的得自创新和竞争的垄断势力也不需要都被禁止，大型垄断企业是促成经济快速发展、群众性消费活动的主因；只有当垄断企业利用其垄断地位损害消费者和其他经营者的合法权益时，才需要实施反垄断审查。社会经济现象相互依存、相互转化、相互制约，也因此，具体采取怎样的规则依赖于生产力发展的水平，更需要以市场自身的作用为核心。竞争执法永远跟不上市场自发的判断和预测，比如，产品特性只影响产品以及地域间开展竞争的范围，因此基于不相关的产品特性进行市场界定，尤其是在市场竞争条件差异性更大的互联网等行业，会影响对市场势力的正确判断。例如，在涉及2012年欧盟委员会（以下简称"欧委会"）裁决奥地利移动电话市场的两起案件和2013年欧委会禁止物流公司UPS收购其竞争对手TNT Express一案中，执法部门便无法准确预测合并后的企业将在市场上具有支配地位。[①] 道格拉斯·诺思曾经在对美国1789年至1914年的经济结构和变革做了一系列分析之后指出，协调矛盾是《谢尔曼法》产生的重要原因，增加社会公共利益是协调多元利益主体矛盾的终极目的。而扩大公共利益所涉及的范围、程度及多样性，有且仅有放宽、搞活市场才能做得到。由此可见，反垄断无论何时都以提升市场的竞争机制及对经济发展的益处为根本前提，反垄断法暨竞争法的作用即在此基础上维持竞争秩序、提升竞争活力，不应本末倒置。

　　总之，内涵丰富、机智灵活的反垄断法暨竞争法为了能及时有效地解决传统私法难以通过目的、义务、多元价值等来判断竞争行为合法与

---

① 丹尼尔·茨曼.从"结构—行为—绩效范式"到"涨价压力测试"：竞争的法律与经济学的简史［M］//王晓晔.反垄断法中的相关市场界定.北京：社会科学文献出版社，2014：8-11.

否的局限性，深入把控不完全市场的有效竞争理念，对于各类垄断竞争和不正当竞争案件不"依样画葫芦"，而是通过充分说理的方式结合实际作出自由裁量。不论是从公共利益、经济效率、国家安全角度，还是从消费者福利、营业自由等角度施行反垄断法暨竞争法的规则之治，都是通过灵活解读经济政策并加以辩说博弈的产物。竞争执法机构利用法律相关规定的宽泛模糊性来避免严格执法、不直接适用或盲目套用分析市场行为的框架和方法，反映了规则之治在合理性基础之上的有效运行。

五、企业法的规则之治

追根溯源，企业是交易组织化的产物。企业制度具有天然的自治性，由原始的契约安排逐渐发展为法律框架下的投资者或企业成员的竞合。这样的制度安排的基础有着很坚实的惯习存在，而且这种惯习是市场长期重复博弈的结果。企业的本质是生产经营，包括公司企业和非公司企业（作为非公司企业的合伙企业和个人独资企业，实务中一般也可以称为"公司"）。公司是企业的组织形式，通常指两个以上的出资人（股东）共同投资设立的以营利为目的的社团法人，直接表明主体的民事法律地位，令不同利益主体相互制约、合资经营。合作社、合作组织与企业则是交叉概念。合作社的责任形式与有限公司一样，成员仅以其出资额为限承担有限责任，不同的是合作社贯彻"一人一票"、互助合作不以营利为目的、按贡献分配等合作制原则。企业法是调整企业组织关系的法律规范的总称，涉及出资者或股东和经营者等的相互关系以及企业的设立、组织机构、治理、解散和清算，等等。企业组织的内部管理原则上不是经济法的调整对象，除非它的外部性产生公共管理的需求。也因此，企业法是强制性规则与任意性规则并存的集中体现。开办企业需要同时协调实施性质非常不同的，甚至相互之间在理论上可能并无关联的规则，例如，对企业责任形式的规定，对不同企业治理结构的选择，对股东及经理人权利义务的分配，对融资方式的考量，对市场准入流程的解读，对员工的招聘和定岗，对政府机构项目批准、招标投标等的配合，等等。这些规则都是在企业自治的基础之上通过企业内外部之间的互动、博弈而形成的企业内部之间、不同企业之间、企业与市场之间、企业与国家之间、企业与消费者之间的辩证统一关系。企业发展出合规管理，实质上是由一种私的管理外部化所致，即各类企业在市场中自觉检验企业的各种规章制度和行为，使它跟外部法律法规和政府的监管相衔接，从而减少或避免违法乱纪；同时社会经济秩序得到改善，维护社会经济秩序的成本也相应地降低了。企业法的规则之治正是自律与他律、企业自治与法律规制之间的相互博弈。

企业法治理规则的特殊性主要体现为强制性规则和任意性规则的比例平衡。具体来讲，企业法包含个人独资、合伙、参股合资、经济联合等当事人意思自治或自由结社、互助合作范畴内的个体决策等内容，投资和企业经营要自负盈亏。无论是公司自订章程、规章制度，还是企业的设立、融资、资本制度、内外部财务治理与控制等规则，都具有惯习授权性、任意性的特征，属于商业判断和公司自治的范畴。比如，企业求助于资本市场的融资，可能会受到利益相关第三方的实际控制，为了维护企业的家族性，控制股东对新资本的加入会感到忧虑。为了让股东稳定地控制公司，更好地参与公司治理，创造将资本引入企业的更多可能性，企业法对优先股、多表决权股、无表决权或少表决权股、公司股东是否可以不按实际出资比例持有股权[①]、法人的人格拟制、个人经营

---

① 例如，最高人民法院在 2012 年第 1 期《最高人民法院公报》上公布了其就"深圳市启迪信息技术有限公司与郑州国华投资有限公司、开封市豫信企业管理咨询有限公司、珠海科美教育投资有限公司股权确认纠纷案"所作的终审判决，该判决确立了有限责任公司的全体股东可以约定不按实际出资比例持有股权这一重要原则。

企业的特别义务，如董事决策及经理执行、企业类型等都做了授权式的规定和说明，体现了企业的典型自治性特征。例如，华西村股份有限公司表面是公司、实际是由实行合作制的华西村所控制，华为也同样是以公司的名义和形式实行合作制，它们都是合法的，法律规则认可自治规则。在华为员工超过一半参股的情况下，华为员工对华为的认同感、工作的积极性大大提升，消除了"吃大锅饭"和老员工"倚老卖老"的积弊。① 华为本质上是参与合作的员工控股的有限公司，跟华西村作为合作制主体控股的华西村股份有限公司是一样的。再如，海尔通过"人单合一"的员工创客平台，让创业团队成为合伙人，通过虚拟股份把合作原则引入企业，在民主自治的基础上实行经济联合。这些都是企业基于自治的创造，与不同的企业文化、自治能力息息相关，法律管不好，也不应该管。而企业经营好坏与否，与企业形式是由合作制还是私人或政府控股无关，自治能力欠缺导致企业经营困难的，就需要依法申请破产或者变更股东权益等，如华西村于 2023 年 7 月所进行的股权转让。②

对于资本企业而言，其治理的平衡和关键在于所有权人自愿放弃对所有权权能的直接行使，以及经理人自觉地不僭越权位、尽心尽力为企业谋利益，否则就会产生诸如"宝能万科股权之争""国美电器控制权之争"这样的股东与经理人、资本与管理层之间的博弈，甚至不再限于企业内部纠纷而间接影响到整个国家房地产及零售行业的发展，减损了这些行业的竞争和繁荣，不利于事前对存有问题的关联交易进行有效的监管和制约，更不利于对中小投资者权益的保护。股东投资股份，是

① 2019 年 4 月 25 日华为董事会首席秘书江西生在总部中国深圳接受多家国际媒体采访，回应外部媒体关于华为股权制度和治理机制的相关问题，对此，江西生强调，华为在公司法框架内施行合作制，完全没有法律的规定。

② 华西股份. 江苏华西村股份有限公司关于实际控制人拟发生变更的提示性公告 [EB/OL]. 华西股份网站，2023-07-21.

为了让企业生产出自己独立的经济利益，股东有能力独立经营资产，是在经理人努力获取日常经营更大收益的前提下产生的；同时，经理人获取的经济利益越多，股东的收益也就越多，经理人将企业经营得好，股东相应的权益也会增加。股东就是所有权和所有者权益的承担者，其必须对企业法人加以控制，不能由其他人控制。股东不参与经营，是指"所有权与经营权分离"，这是现代企业制度的要求。现代企业制度以产权清晰、权责明确、政企分开为基准，尤其是所有者制度，企业必须由该企业的资本所有者继位，在所有者、经营者和劳动者及其他利益相关者之间，应当建立起相互依赖又相互制衡的机制。尤其是经理人更应当具有信托意识，依其所担角色参与企业治理，在各种财税、金融关系上不能混淆资本所得与经营所得。加之现代企业的股权愈加分散、分化和隐蔽，以及企业所有者和经营者之间自治的关系形式多种多样，不同利害关系方之间的博弈尤需以规则之治为根本。总而言之，对于这样的所有权和经营权在动态中合离的关系，不可能通过固定的法条加以有效规范，这也是企业法规则之治需保证合理性的缘由。

企业经营之所以具有这样的所有权和经营权共存的"双向性权利"特征，是因为尽管市场价格机制能够有效地配置资源，但是存在着利用价格机制的各项交易成本，所以需要设立企业对资源配置进行计划和指导。只有在企业内部进行细致的管理，规定雇主、雇员及各岗位的权利限度，明确各自的责任，才能节约发现价格的成本、谈判和签订合同的成本，更加有效地利用价格规律来获取经营利润的最大化。伊斯特布鲁克（Easterbrook）和费希尔（Fischel）从法经济学（公司契约论）的角度认为，公司契约具有天然的不完备性，不可能对所有的公司事务作出具体规定，同时，具备标准格式契约的企业法也不可能完备，因此，现实中公司事务必然存在一些没有明确规定或需要自由裁量的问题，例如股东投票机制实际上就是为了填补这种漏洞。在这样的逻辑之下，因对利益的激励、平衡、调节与约束，以及对自治能力与管理能力的要求差异，产生了不同形式的企业组织。不同的企业法律形态表现为对股东人数、盈利能力、个人所得税收方式、是否公开发行股票、股东能否自由转让股份、治理形式、经营范围及营业期间资本额度等的不同要求，这实质上是契约机制发展到一定阶段的必然产物。法律的框架和规制如何基于企业组织形式的不同与市场主体的主观能动性、自由发挥很好地结合起来，正是在企业法要求下规则如何互动博弈的过程。在企业所有者不愿或不能从事日常经营管理时，就需要聘请外部人员对企业进行管理，实现企业及其资本运营的契约化、市场化；而当企业组织不以营利为最高目的，投资者与管理者、劳动者融为一体、互助合作时，就需要通过合作制来形成按劳分配、劳动者自己掌握生产资料、自主劳动的自治规则。偏好安全性或偏好风险性的市场主体也会对与什么类型的企业进行交易作出不同的选择，从而减少可能损失或扩大潜在利润。所有企业外部关系的规则都需要在企业自主能动这一大前提下实现"具体情况具体对待"。

　　具体来说，企业自治是当事人意思自治在企业中的延伸，个体根据自己的判断设立或加入企业，基于自行制定的章程、规章制度来决定企业如何运营。企业决策则是一个集体决策的过程：于公司而言，股东、经理人、监事、实际控制人都希望将自己的意志上升为公司意志来实现自身利益；于个人独资及合伙企业而言，因需要承担无限责任，有相关利益也有相关制衡；于合作社和合作组织而言，为了增进合作成员共同暨各自的福祉，互助合作与民主共识必不可少。只有提高社会自治能力，完善企业治理结构，实现权责分明、政企分开、自负盈亏、自主担责，在法律和政策上承认不同类型企业人格平等，才能尊重当事人的自主选择、提高资源配置的效率。对于企业而言，比如同为有限公司、股份公司，其具体的控制关系、决策模式千差万别。为了协调企业法中的价值冲突，对于股权的保护、法人人格的把握、所有权和经营权的衡平等，需要通过规则之治推动形成合理的治理机制，切合市场实际来兼顾出资者或股东、企业、经理人、债权人等各方的利益，减少自治的不确定性，保障各方当事人的合理预期。如此，企业法的规则之治方能为企业自治提供有效途径，维护各方当事人权益，促进企业经营效率与公平的提升，强化企业社会责任，增强金融监管的有效性，进而实现公共利益和企业利益的统一。只有有效维护企业各方利益关系人的利益，保持企业各利益之间的妥洽，增强企业自治的效能，才能令企业可持续发展。

一言以蔽之，企业法的实践愈益揭示出企业之自由结社、当事人意思自治的本质，以及自由与规制并行不悖的道理。企业法在法律的框架、政府的规制和市场自治之间对相互冲突的利益作出判断和抉择，企业法律形态及其治理结构设置与当事人意思自治的有机结合，展现了对企业法的规则之治所要求的自治与他治博弈的践行。

结　语

　　本书以经济法为核心来论述规则之治，尝试对规则如何通过运行实现法治做详尽的探讨。经济法最典型、最集中地反映了规则之治，规则之治运行的方式也是经济法的核心体现。笔者思考规则之治适用背后的规律，将经济法作为研究规则之治的手段，坚持马克思辩证唯物主义和历史唯物主义的方法论，根据规则之治的要旨提出对应当下社会经济实践的创新观点。经济法的核心是规制，当代的规制体现在任何情况下当事人都可以表达自己的意见和诉求。无论是本本主义法治、教条主义法治思维还是法官缺少担当等，都是当下的法律实践者用法律捆缚自己手脚的结果。只有摆脱了法律自我中心的信仰，才能真正实现法治，防止发生硬性适用法条造成误判等问题。对此，经济法深刻展现了规则之治政策性及博弈性的内涵。只有适用和执行既合理又合法的规则才能够建立起有效的法律秩序，从而实现公正的规则之治暨良序善治。

　　规则之治正是这样一种既对立又统一的三元样态，它将对立的权利与义务、公平与效率、市场与政府的作用相互联结起来，依托各方利益主体构建共识的程度及影响范围，以博弈的形式将"良法"与"社会认同"合二为一，以统筹协调和自主能动的意识形态为主导，不偏离调控监管的轨道，同时又能坚守市场自主的原则。公正的规则之治将对立相斥的国家和个人、市场和社会、公平和效率相融合，并把这些作用相反、同时并存的力量通过博弈牢固地结合成命运共同体，防止法律"脱法"及规则之间不配套甚至互相抵触的情况发生，进而实现真正意义上的良序善治。

参考文献

一、中文文献

（一）中文著作

[1] 马克思恩格斯全集 [M]. 北京：人民出版社，1956.

[2] 马克思. 法兰西内战 [M]. 北京：人民出版社，1961.

[3] 马克思. 政治经济学批判导言 [M]. 北京：人民出版社，1971.

[4] 恩格斯. 家庭、私有制和国家的起源 [M]. 北京：人民出版社，1972.

[5] 陈乃新. 经济法权利研究 [M]. 北京：中国检察出版社，2007.

[6] 成涛，徐澜波，等. 经济法的理念与运作 [M]. 上海：人民出版社，2005.

[7] 程宝山. 中国经济法基本理论 [M]. 郑州：郑州大学出版社，2013.

[8] 单飞跃. 经济法理念与范畴的解析 [M]. 北京：中国检察出版社，2002.

[9] 邓正来. 中国法学向何处去 [M]. 北京：商务印书馆，2011.

[10] 邓正来. 自由与秩序：哈耶克社会理论的研究 [M]. 南昌：江西教育出版社，1998.

[11] 冯辉．论经济国家：以经济法学为语境的研究 [M]．北京：中国政法大学出版社，2011.

[12] 冯友兰．中国现代哲学史 [M]．北京：三联书店，2009.

[13] 葛正鹏．西方经济史论 [M]．北京：北京理工大学出版社，2008.

[14] 公丕祥．法理学 [M]．上海：复旦大学出版社，2003.

[15] 何勤华．西方法学史 [M]．北京：中国政法大学出版社，1996.

[16] 胡光志．人性经济法 [M]．北京：法律出版社，2010.

[17] 剑峰，等．主体秩序法律：经济秩序中的若干法律问题研究 [M]．郑州：河南大学出版社，1992.

[18] 江平．共和国六十年法学论争实录：经济法卷 [M]．厦门：厦门大学出版社，2009.

[19] 柯武刚，史漫飞．制度经济学——社会秩序与公共政策 [M]．北京：商务印书馆，2000.

[20] 孔德周．系统经济法论 [M]．北京：中国法制出版社，2005.

[21] 李昌麒．经济法学 [M]．北京：中国政法大学出版社，2002.

[22] 李昌麒．中国经济法治的反思与前瞻 [M]．北京：法律出版社，2002.

[23] 李猛．韦伯：法律与价值 [M]．上海：人民出版社，2001.

[24] 林毅夫．解读中国经济 [M]．北京：北京大学出版社，2014.

[25] 刘文华．中国经济法基础理论 [M]．北京：法律出版社，2012.

[26] 吕世伦．社会、国家与法的当代中国语境 [M]．北京：清华大学出版社，2013.

[27] 马远俊．法律社会学：渊源辨析与学理运用 [M]．武汉：湖北人民出版社，2009.

［28］欧阳谿．法学通论［M］．北京：中国方正出版社，2004.

［29］平新乔．财政原理与比较财政制度［M］．上海：三联书店，上海人民出版社，1995.

［30］漆多俊．经济法基础理论［M］．北京：法律出版社，2008.

［31］钱穆．中国历代政治得失［M］．北京：三联书店，2010.

［32］沈宗灵．法理学［M］．北京：北京大学出版社，2001.

［33］史际春．经济法总论（教学参考书）［M］．北京：法律出版社，2000.

［34］史际春，邓峰．经济法总论［M］．北京：法律出版社，2008.

［35］史尚宽．民法总论［M］．北京：中国政法大学出版社，2000.

［36］舒丹．经济法论文选萃［M］．北京：中国法制出版社，2004.

［37］舒国滢．法哲学沉思录［M］．北京：北京大学出版社，2020.

［38］苏力．制度是如何形成的［M］．广州：中山大学出版社，1999.

［39］苏力．送法下乡——中国基层司法制度研究［M］．北京：中国政法大学出版社，2000.

［40］苏永钦．经济法的挑战［M］．北京：清华大学出版社，2005.

［41］苏永钦．走入新世纪的私法自治［M］．北京：中国政法大学出版社，2002.

［42］孙笑侠．法的现象与观念［M］．济南：山东人民出版社，2003.

［43］唐士其．国家与社会的关系［M］．北京：北京大学出版社，1998.

［44］王伯琦．民法总则［M］．台北：正中书局，1979.

［45］王利明．判解研究：总第72辑［M］．北京：人民法院出版社，2016.

［46］王全兴．经济法基础理论专题研究［M］．北京：中国检察出版社，2002.

[47] 王晓晔. 反垄断法与市场经济 [M]. 北京：法律出版社，1999.

[48] 卫志民. 经济学史话 [M]. 北京：商务印书馆，2012.

[49] 吴承明. 经济史理论与实证 [M]. 杭州：浙江大学出版社，2012.

[50] 吴从周. 概念法学、利益法学与价值法学：探索一部民法方法论的演变史 [M]. 北京：中国法制出版社，2011.

[51] 徐孟洲. 耦合经济法论 [M]. 北京：中国人民大学出版社，2010.

[52] 徐显明. 公民权利义务通论 [M]. 北京：群众出版社，1991.

[53] 叶明. 经济法实质化研究 [M]. 北京：法律出版社，2004.

[54] 岳彩申. 论经济法的形式理性 [M]. 北京：法律出版社，2004.

[55] 张恒山. 法理要论 [M]. 北京：北京大学出版社，2009.

[56] 张世明. 经济法学理论演变原论 [M]. 北京：中国人民大学出版社，2019.

[57] 张守文. 经济法原理 [M]. 北京：北京大学出版社，2013.

[58] 张守文. 经济法理论的重构 [M]. 北京：人民出版社，2004.

[59] 张维迎. 博弈与社会 [M]. 北京：北京大学出版社，2013.

[60] 张文显. 法哲学通论 [M]. 沈阳：辽宁人民出版社，2009.

[61] 张五常. 经济解释：卷1—4 [M]. 北京：中信出版社，2010.

[62] 张知本. 社会法律学 [M]. 上海：法学编译社，1931.

[63] 张忠军，朱大旗，宋彪. 擎社会责任之光 [M]. 北京：法律出版社，2012.

[64] 赵迺抟. 欧美经济学史 [M]. 上海：东方出版社，2007.

[65] 赵汀阳，等. 学问中国 [M]. 南昌：江西教育出版社，1998.

[66] 郑永流. 法哲学与法社会学论丛：二卷 [M]. 北京：中国政法大学出版社，2000.

[67] 周林彬，董淳锷. 法律经济学 [M]. 长沙：湖南人民出版社，2008.

[68] 朱景文. 法理学 [M]. 北京：中国人民大学出版社，2007.

（二）译著

[1] A. J. M. 米尔恩. 人的权利与人的多样性——人权哲学 [M]. 北京：中国大百科全书出版社，1995.

[2] 阿莱克西·雅克曼，居伊·施朗斯. 经济法 [M]. 宇泉，译. 北京：商务印书馆，1997.

[3] 埃里克·波斯纳. 法律与社会规范 [M]. 沈明，译. 北京：中国政法大学出版社，2003.

[4] 安·扬·维辛斯基. 国家和法的理论问题 [M]. 北京：法律出版社，1955.

[5] 柏拉图. 理想国 [M]. 郭斌，张竹明，译. 北京：商务印书馆，1986.

[6] 保罗·A. 萨缪尔森，威廉·D. 诺德豪斯. 经济学 [M]. 萧琛，蒋景媛，译. 北京：中国发展出版社，1992.

[7] 保罗·卡恩. 摆正自由主义的位置 [M]. 田力，译. 北京：中国政法大学出版社，2015.

[8] 边沁. 道德与立法原理导论 [M]. 时殷弘，译. 北京：商务印书馆，2000.

[9] 查士丁尼. 法学总论——法学阶梯 [M]. 张企泰，译. 北京：商务印书馆，1989.

[10] 道格拉斯·诺思. 制度、制度变迁与经济绩效 [M]. 杭行，译. 上海：上海人民出版社等，2014.

［11］E. 博登海默. 法理学：法哲学及其方法 ［M］. 北京：华夏出版社，1987.

［12］菲利普·黑克. 利益法学 ［M］. 傅广宇，译. 北京：商务印书馆，2016.

［13］弗里德尼希·卡尔·冯·萨维尼. 论立法与法学的当代使命 ［M］. 许章润，译. 北京：中国法制出版社，2001.

［14］贡塔·托伊布纳. 法律：一个自创生系统 ［M］. 张骐，译. 北京：北京大学出版社，2004.

［15］H. L. A. 哈特. 法律的概念 ［M］. 许家馨，李冠宜，译. 北京：法律出版社，2011.

［16］哈贝马斯. 公共领域的结构转型 ［M］. 曹卫东，等译. 上海：学林出版社，1999.

［17］哈耶克. 法律、立法与自由：第 1 卷 ［M］. 邓正来，张守东，李静冰，译. 北京：中国大百科全书出版社，2000.

［18］黑格尔. 法哲学原理 ［M］. 范扬，张企泰，译. 北京：商务印书馆，1961.

［19］霍贝尔. 原始人的法：法律的动态比较研究 ［M］. 严存生，译. 北京：法律出版社，2012.

［20］霍布斯. 利维坦 ［M］. 黎思复，黎廷弼，译. 北京：商务印书馆，1986.

［21］J. S. 密尔. 代议制政府 ［M］. 汪瑄，译. 北京：商务印书馆，1984.

［22］吉登斯. 现代性的后果 ［M］. 田禾，译. 南京：凤凰出版传媒集团，2011.

［23］金泽良雄. 经济法概论 ［M］. 满达人，译. 北京：中国法制出版社，2005.

[24] 卡尔·恩吉施. 法律思维导论 [M]. 郑永流，译. 北京：法律出版社，2004.

[25] 卡尔·皮尔逊. 科学的规范 [M]. 李醒民，译. 北京：华夏出版社，1999.

[26] 凯尔森. 法与国家的一般理论 [M]. 沈宗灵，译. 北京：中国大百科全书出版社，1995.

[27] 康德. 纯粹理性批判 [M]. 蓝公武，译. 北京：商务印书馆，1997.

[28] 肯尼思·阿罗. 社会选择与个人价值 [M]. 陈志武，崔之元，译. 成都：四川人民出版社，1987.

[29] 拉德布鲁赫. 法哲学 [M]. 王朴，译. 北京：法律出版社，2005.

[30] 莱翁·狄冀. 法律与国家 [M]. 冷静，译. 北京：中国法制出版社，2010.

[31] 劳伦斯·M. 弗里德曼. 法律制度：从社会科学角度观察 [M]. 李琼英，林欣，译. 北京：中国政法大学出版社，1994.

[32] 卢梭. 社会契约论 [M]. 何兆武，译. 北京：商务印书馆，2005.

[33] 路德维希·冯·米塞斯. 人的行为 [M]. 夏道平，译. 上海：社会科学院出版社，2015.

[34] 罗伯特·C. 埃里克森. 无需法律的秩序：邻人如何解决纠纷 [M]. 苏力，译. 北京：中国政法大学出版社，2003.

[35] 罗纳德·H. 科斯. 企业、市场与法律 [M]. 盛洪，陈郁，译校. 上海：格致出版社，上海三联书店，上海人民出版社，2014.

[36] 罗斯科·庞德. 法律与道德 [M]. 陈林林，译. 北京：商务印书馆，2016.

［37］罗斯科·庞德. 通过法律的社会控制：法律的任务［M］. 沈宗灵，董世忠，译. 北京：商务印书馆，1984.

［38］洛克. 政府论［M］. 叶启芳，瞿菊农，译. 北京：商务印书馆，2017.

［39］马克斯·韦伯. 论经济与社会中的法律［M］. 张乃根，译. 北京：中国大百科全书出版社，1998.

［40］迈克尔·P. 托达罗. 经济发展［M］. 黄卫平，译. 北京：中国经济出版社，1999.

［41］曼瑟尔·奥尔森. 集体行动的逻辑［M］. 陈郁，等译. 上海：三联书店，上海人民出版社，1995.

［42］梅因. 古代法［M］. 沈景一，译. 北京：商务印书馆，1959.

［43］孟德斯鸠. 论法的精神［M］. 许明龙，译. 北京：商务印书馆，2016.

［44］米歇尔·福柯. 词与物［M］. 莫伟民，译. 上海：三联书店，2001.

［45］尼尔·麦考密克. 法律推理与法律理论［M］. 姜峰，译. 北京：法律出版社，2005.

［46］尼古拉斯·麦考罗，斯蒂文·G. 曼德姆. 经济学与法律：从波斯纳到后现代主义［M］. 朱慧，吴晓露，潘晓松. 译. 北京：法律出版社，2005.

［47］诺内特，塞尔兹尼克. 转变中的法律与社会［M］. 张志铭，译. 北京：中国政法大学出版社，1994.

［48］青木昌彦. 比较制度分析［M］. 周黎安，译. 上海：上海远东出版社，2001.

［49］施塔姆勒. 正义法的理论［M］. 夏彦才，译. 北京：商务印

书馆，2016.

　　[50] 斯宾诺莎. 伦理学 [M]. 贺麟，译. 北京：商务印书馆，1997.

　　[51] 托克维尔. 论美国的民主 [M]. 董果良，译. 北京：商务印书馆，1997.

　　[52] 瓦尔特·欧根. 经济政策的原则 [M]. 李道斌，译. 上海：世纪出版集团，上海人民出版社，2001.

　　[53] 小奥利弗·温德尔·霍姆斯. 普通法 [M]. 冉昊，姚中秋，译. 北京：中国政法大学出版社，2005.

　　[54] 亚里士多德. 政治学 [M]. 吴寿彭，译. 北京：商务印书馆，1983.

　　[55] 约翰·罗尔斯. 正义论 [M]. 何怀宏，等译. 北京：中国社会科学出版社，1988.

　　[56] 约翰·穆勒. 群己权界论 [M]. 严复，译. 北京：商务印书馆，1981.

　　[57] 约翰·希克斯. 经济史理论 [M]. 厉以平，译. 北京：商务印书馆，1987.

　　[58] 约瑟夫·拉兹. 法律体系的概念 [M]. 吴玉章，译. 北京：中国法制出版社，2003.

　　[59] 詹姆斯·M. 布坎南. 自由的界限 [M]. 董子云，译. 杭州：浙江大学出版社，2012.

　　[60] 詹姆斯·S. 科尔曼. 社会理论的基础 [M]. 邓方，译. 北京：社会科学文献出版社，1999.

　　（三）中文期刊

　　[1] 陈景辉. 规则、道德衡量与法律推理 [J]. 中国法学，2008（5）.

[2] 陈林林，许杨勇. 论法律效果与社会效果的"有机统一" [J]. 求是学刊，2012 (3).

[3] 陈敏光. 经济法的逻辑演进 [J]. 经济法学评论，2016，16 (1).

[4] 邓峰. 试论民法的商法化及其与经济法的关系：对民法、经济法社会本位的比较思考 [J]. 法学家，1997 (3).

[5] 范进学. 论道德法律化与法律道德化 [J]. 法学评论，1998 (2).

[6] 冯辉. 论经济法语境中的经济国家 [J]. 法学家，2011 (5).

[7] 高文琦. Jellinek 之法概念及其效力理论 [J]. 成大法学，2011 (21).

[8] 鹤光太郎. 用"内生性法律理论"研究法律制度与经济体系 [J]. 綦明，译. 比较，2003 (8).

[9] 雷磊. 法律方法、法的安定性与法治 [J]. 法学家，2015 (4).

[10] 李昌麒，岳彩申，叶明. 论民商法、行政法、经济法的互动机制 [J]. 法学，2001 (5).

[11] 卢曼. 法律的自我复制及其限制 [J]. 韩旭，译. 北大法律评论，2005，2 (2).

[12] 罗纳德·德沃金. 论规则的模式——略论法律规则与原则、政策的法律效力，批判实证主义 [J]. 潘汉典，译. 法学译丛，1982 (2).

[13] 吕志祥，辛万鹏. 再论经济法的理念 [J]. 科学·经济·社会，2004 (1).

[14] 史际春. 法的部门划分与法治一般：从行政审判遭遇尴尬谈起 [J]. 经济法学评论，2006，6 (0).

[15] 史际春. 政策的法治分析 [J]. 经济法学评论，2017 (2).

［16］史际春. 政府与市场关系的法治思考［J］. 中共中央党校学报，2014（16）.

［17］宋彪. 规划立法论［J］. 经济法学评论，2016（1）.

［18］苏力. 法条主义、民意与难办案件［J］. 中外法学，2009（1）.

［19］苏力. 农村基层法院的纠纷解决与规则之治［J］. 北大法律评论，1999（1）.

［20］王琦. 中国经济法基础理论反思：兼论经济法基本理念的形成［J］. 吉林大学社会科学学报，2000（3）.

［21］王昕杰. 论法律规范与道德规范的社会功能及其互补关系［J］. 中州学刊，1991（5）.

［22］谢晖. 论法律规则［J］. 广东社会科学，2005（2）.

［23］徐孟洲. 论中国经济法的客观基础和人文理念［J］. 法学家杂志，2004（4）.

［24］杨知文. 基于后果评价的法律适用方法［J］. 现代法学，2014（4）.

［25］姚海放. 论经济规制与反垄断法的执法协调［J］. 经济法学评论，2011（1）.

［26］尹亚军. 引入软法机制的治理：以经济法利益实现为分析基础［J］. 经济法学评论，2015，15（1）.

［27］尤陈俊. 法治的困惑：从两个社会文本开始的解读［J］. 法学，2002（5）.

［28］张文显. 规则·原则·概念——论法的模式［J］. 现代法学杂志，1989（3）.

［29］张志铭. 法律规范三论［J］. 中国法学，1990（6）.

［30］朱春艳，陈凡. "理念"概念的起源［J］. 东北大学学报，

2003（2）.

[31] 朱大旗. 现代预算权体系中的人民主体地位 [J]. 现代法学，2015（3）.

二、外文文献

（一）外文著作

1. 德语

[1] BÖHM F. Wettbewerb und Monopolkampf：eine Untersuchung zur Frage des wirtschaftlichen Kampfrechts und zur Frage der rechtlichen Struktur der geltenden Wirtschaftsordnung [M]. Berlin：Carl Heymanns Verlag, 1933.

[2] ESSER J. Vorverständnis und Methodenwahl in der Rechtsfindung：Rationalitätsgrundlagen richterlicher Entscheidungspraxis [M]. Frankfurt am Main：Athenäum Fischer Taschenbuch Verlag, 1970.

[3] ESSER J. Zur Methodenlehre des Zivilrechts [M] // HÄBERLE P, LESER H G. Wege der Rechtsgewinnung：Ausgewählte Aufsätze. Tübingen：J. C. B. Mohr（Paul Siebeck）, 1990.

[4] GEILER K. Die wirtschaftsrechtliche Methode im Gesellschaftsrecht [M] // GRUCHOT J A. Beiträge zur Erläuterung des˙Deutschen Rechts. Berlin：Grote Vahlen, 1927.

[5] HUBER E R. Wirtschaftsverwaltungsrecht [M]. Tübingen：J. G. B. Mohr（Paul Siebeck）, 1953—1954.

[6] KLAUSING F. Beiträge zum Wirtschaftsrecht [M]. Marburg：N. G. Elwert′sche Verlagsbuchhandlung, G. Braun, 1931.

[7] MÜLLER F. Normstruktur und Normativität：Zum Verhältnis von Recht und Wirklichkeit in der juristischen Hermeneutik, entwickelt an Fragen der Verfassungsinterpretation [M]. Berlin：Duncker und Humblot, 1966.

[8] RAUSCHENBACH G. Wirtschaftsrecht mit Kartellrecht [M]. Stuttgart: W. Kohlhammer, 1965.

[9] SCHROEDER E A. Das Recht der Wirtschaft: Kritisch, systematisch und kodifiziert [M]. Leipzig: F. Fleischer, 1896.

2. 日语

[10] 峯村光郎. 法哲学 [M]. 评论社, 1950.

3. 英语

[11] AUSTIN J. The Province of Jurisprudence Determined [M]. Cambridge: Cambridge University Press, 1995.

[12] COASE R H. The Firm, the Market, and the Law [M]. Chicago: University of Chicago Press, 1988.

[13] FAINSTEIN S S, CAMPBELL S. Readings in Planning Theory [M]. Malden: Wiley-Blackwell, 2012.

[14] FAURE M G, SMITS J M. Does Law Matter? On Law and Economic Growth [M]. Antwerp: Intersentia, 2011.

[15] FULLER L L. Law in Quest of Itself [M]. Chicago: The Foundation Press, 1940.

[16] FULLER L L. The Morality of Law [M]. New Haven: Yale University Press, 1969.

[17] GUEST S. Recrafting the Rule of Law: The Limits of Legal Order [M]. Oxford-Portland, Oregon: Hart Publishing, 1999.

[18] HABERMAS J. Between Facts and Norms [M]. Cambridge: MIT Press, 1996.

[19] HAYEK F A. The Constitution of Liberty [M]. Chicago: University of Chicago Press, 1978.

[20] HOHFELD W N. Fundamental Legal Conceptions as Applied in

Judicial Reasoning [M]. New Haven: Yale University Press, 1919.

[21] LEWIS D K. Convention: A Philosophical Study [M]. Cambridge: Harvard University Press, 1969.

[22] MÉNARD C, SHIRLEY M M. Handbook of New Institutional Economics [M]. New York: Springer, 2008.

[23] POLINSKY A M. An Introduction to Law and Economics [M]. Boston: Little, Brown & Company, 1983.

[24] POUND R. An Introduction to the Philosophy of Law [M]. New Haven: Yale University Press, 1954.

[25] POUND R. Jurisprudence [M]. St. Paul, Minn. : West Publishing Co., 1959.

[26] RAZ J. The Concept of a Legal System: An Introduction to the Theory of Legal System [M]. Oxford: Oxford University Press, 1980.

[27] RAZ J. The Morality of Freedom [M]. Oxford: Oxford University Press, 1986.

[28] RHEINSTEIN M. Max Weber on Law in Economy and Society [M]. Cambridge: Harvard University Press, 1966.

[29] SCHELLING T C. The Strategy of Conflict [M]. Cambridge, MA: Harvard University Press, 1960.

[30] TAMANAHA B Z. Law as a Means to an End: Threat to the Rule of Law [M]. Cambridge: Cambridge University Press, 2006.

[31] TAMANAHA B Z. On the Rule of Law: History, Politics, Theory [M]. Cambridge: Cambridge University Press, 2004.

[32] TAYLOR M. Anarchy and Cooperation [M]. London: John Wiley & Sons, 1976.

[33] THOMPSON E P. The Rule of Law [M] // THOMPSON E P.

Whigs and Hunters: The Origin of the Black Act. New York: The New Press, 2001.

[34] VON NEUMANN J, MORGENSTERN O. Theory of Games and Economic Behavior [M]. New Jersey: Princeton University Press, 1980.

[35] WALDRON J. The Rule of Law and the Measure of Property [M]. Cambridge: Cambridge University Press, 2012.

[36] WEBER M. Essays in Sociology [M]. Oxford: Oxford University Press, 1958.

[37] WEBER M. On Law in Economy and Society [M]. Cambridge: Harvard University Press, 1966.

(二) 外文期刊

[1] ACEMOGLU D, JOHNSON S. Unbundling Institutions [J]. Journal of Political Economy, 2005 (113).

[2] BALBUS I D. Commodity Form and Legal Form: An Essay on the "Relative Autonomy" of the Law [J]. Law and Society Review, 1976 (11).

[3] BECK T, DEMIRGÜÇ-KUNT A, LEVINE R. Law and Finance: Why Does Legal Origin Matter? [J]. Journal of Comparative Economics, 2003 (31).

[4] BRATMAN M E. Shared Cooperative Activity [J]. The Philosophical Review, 1992 (101).

[5] CHARRON W C. Convention, Games of Strategy and Hume's Philosophy of Law and Government [J]. American Philosophical Quarterly, 1980 (17).

[6] CHEUNG S N S. The Fable of the Bees: an Economic Investigation [J]. Journal of Law and Economics, 1973 (16).

[7] COASE R H. The Problem of Social Cost [J]. Journal of Law and Economics, 1960 (3).

[8] DEMSETZ H. Toward a Theory of Property Rights: The Competition between Private and Collective Ownership [J]. The Journal of Legal Studies, 2002 (31).

[9] EASTERBROOK F H, FISCHEL D R. Voting in Corporate Law [J]. The Journal of Law and Economics, 1983 (26).

[10] ENDICOTT T A O. The Impossibility of the Rule of Law [J]. Oxford Journal of Legal Studies, 1999 (19).

[11] GOLDBERG J C P. Introduction: Pragmatism and Private Law [J]. Harvard Law Review, 2011—2012 (125).

[12] GREEN L. Positivism and Conventionalism [J]. Canadian Journal of Law and Jurisprudence, 1999 (12).

[13] HOFFMAN E, SPITZER M. Entitlements, Rights, and Fairness: An Experimental Examination of Subjects' Concepts of Distributive Justice [J]. The Journal of Legal Studies, 1985 (14).

[14] KRUEGER A O. The Political Economy of the Rent Seeking Society [J]. American Economic Review, 1974 (64).

[15] OGUS A I. Law and Spontaneous Order: Hayek's Contribution to Legal Theory [J]. Journal of Law and Society, 1989 (16).

[16] PATERSON J, TEUBNER G. Changing Maps: Empirical Legal Autopoiesis [J]. Social and Legal Studies, 1998 (7).

[17] STIGLER G J. The Economics of Information [J]. Journal of Political Economy, 1961 (69).

[18] SUMMERS R S. A Formal Theory of the Rule of Law [J]. Ratio Juris, 1993 (6).

[19] SWART K W. Individualism in the Mid – Nineteenth Century (1826—1860) [J]. Journal of the History of Ideas, 1962 (23).

[20] TAYLOR M. Structure, Culture and Action in the Explanation of Social Change [J]. Politics and Society, 1989 (17).

[21] VANBERG V, KERBER W. Institutional Competition among Jurisdictions: an Evolutionary Approach [J]. Constitutional Political Economy, 1994 (5).

[22] WALDRON J. The Rule of Law in Contemporary Liberal Theory [J]. Ratio Juris, 1989 (2).

后 记

在社会由"私—私"对立和"公—私"对立迈向社会化的过程中，经济法从"自由主义"中来、向"大同主义"中去。中国经济改革是平衡艺术，在这一高难度的平衡动作中，需要既不盲动冒进也不悲观保守。规则之治本身是一种公私对立的矛盾集合体，表现为市场的社会性与个体自发性的对立统一、公平与效率的对立统一、市场与政府的辩证统一。在经济发展高度复杂的当今社会，人们对各种快速变动的经济现象不可能先知先觉地用法律条文予以规定，对纷繁复杂的种种经济活动和行为更不可能用普遍适用的范式加以概括，动态的社会发展和社会生活中具体情况的复杂多变让政府不得不积极参与经济生活的管理、调控和运行。自我国结束计划经济、实行改革开放以来，政府从宏观暨微观层面对经济进行管理、调控、统筹协调乃至自觉能动地参与、促进社会经济的协调发展，相比于西方国家天然地具备将公与私、市场作用与政府调控内在地结合起来的有利于经济法实践的条件。经济法作为调整具有财产因素和行政因素、以国家意志为主导的经济关系的法，将不论是传统公法意义上的强制性规范，还是私法意义上的任意性规范融会贯通，从而对国家利益、公共团体及个人利益分别优化处理，以整体主义的视角和积极的角色责任来衡平交错融汇的利益，在博弈中实现实质正义、社会效益及经济自由与经济秩序的统一，不仅符合规则之治的平衡协调、责权利相统一、因地因时因人制宜的核心特征，更是顺应了规则之治摆脱"欧几里德"（Euclid）公理化规范体系的有机、能动、自主之三元样态。

整体而言，西方国家经济法的变迁经历了初期社会化、应对各种危机到经济全球化三个阶段。国家和市场的关系也经历了国家作为自由市场运行的"守夜人"到国家担负起调控及促进国民经济发展的重要职能的变化，面对当代经济全球化和逆全球化并行的趋势，市场远远超出了民族国家的范围，经济法和经济政策所内含和要求的相关博弈无论是在国内还是国际都不断加剧。历史上西方经济学观念的变迁，从亚当·斯密的"看不见的手"，到凯恩斯（Keynes）的"看得见的手"，到阿罗-德布鲁（Arrow-Debreu）的关于一般均衡存在性的证明，到罗伯特·卢卡斯（Robert Lucas）的理性预期假说、米尔顿·弗里德曼（Milton Friedman）的永久收入假设和货币需求公式、新古典实际经济周期理论、新凯恩斯主义，等等，整个理论体系和发展思路背后的根本假设之一是，市场除却政府和制度的外在因素，其本身在配置资源方面是完善、理性且有效的。然而，商业最大的特点就是千变万化，而这些假设将市场的概念置于真空之中，认为市场只不过是供给需求相平衡产生价格的场所，不考虑实际的产业结构、市场形态和发展阶段、市场出现的先后顺序、价格结构上的变动对平台市场的需求及规模的影响、市场外部的政治环境和道德评价，以及历史发展的客观经济和法治条件、科学技术的进步创新和社会文化生态环境等因素。这就如同牛顿的绝对时空提供了物体运动的空洞场所，却不考虑任何内部时空的结构以及动力学。这也更像是科学家通过数字模型计算出来的"球型鸡"，一切都符合数学的逻辑推演，却不符合现实中鸡这类动物的形象。唯定量倾向、片面追求数理模型易忽视对现实经济现象的考量，抛开社会环境谈模型，就如同抛开一切现实的前提和实际原因来倒果为因，将一切社会实践所造就的经济制度和体系变成其本身的原因，从而将任何表面上看似与市场格格不入的事物截然划分，继而远离了实事求是的真谛。综上所述，不机械地照搬西方经验，不让一切东西市场化、私有化，政府不退出一切领域甚至自主开创市场，正是中国区别于西方国家工业革命以来的经济制度和经济法的重要特点。

　　法律规则并不能够自立于道德规则之外，需要在大多数情况下倚仗人们的普遍共识及认同来执行。法律规则也不是越多越好。很多时候，过多的规则反而导致权力的滥用和腐败的扩散。虽说"不以规矩不成方圆"，但是"规矩"也要大家来认同才能"成方圆"；否则，让制度来管理人也并不比人管理人更公正、效率更高。事实是，无论制定规则的人再怎么聪明专业、事无巨细、面面俱到，结果可能都一样：或利用法律寻租，或"依法不作为"，或为"合法侵害"提供依据，等等。换言之，我们缺少的不是规则，而是遵守和适用规则的思想。为了解决不断变化的各类经济事端，不断出台的法律法规和制度导致公共权力不断膨胀，社会体系成了一台"权力制造机"；面对变幻莫测的经济形势，权力只有拓展其自主支配的范围才能无所顾忌地行使。没有道德和法律的相契合暨普遍的社会共识，法律制定得再多也建不成法治社会。法治国家需要一个前提条件，而这个条件往往被大多数人所忽视，即现行的法律法规要科学高效、合情合理，更要符合老百姓心目中的公平正义。中国的法治实践有赖于普遍、强势而正义的价值观以及法律与道德之间的良性互动。市场和政府的边界不可能依靠一个绝对的、固定的法条来规定清楚。也因此，经济法的适用者与公众之间必须达成相关利益主体以规则为基础的互动博弈暨有关规则正义与个人正义的共识。对经济法的理解和诠释要建立在公正、合理的规则之治上，利益不得冲突、角色不得错位，人人都应当对自己的言行负责，以此纠正错误的法、弥补法的漏洞，依据好的道德规则和好的法律规则不"严格"依法办事，有选择性、有担当地执行正确的法，才能实现真正的良序善治。

从辩证法的立场出发，解决规则合法性与回应性之间的冲突不能采取非此即彼的方法，而应通过改革，将合法性和回应性统合在一个目的之下。完成合法性与回应性、形式理性与实质正义的整合，防止坏的道德规则、强势利益群体对社会公共利益的歪曲和误导，保障社会的公正价值和经济的井然有序，成为实现公正的规则之治的关键环节。形式的法律和社会生活只有通过博弈的转化、说理的判别，才能在社会生活的实践中达成公正的规则之治。以职责定权力，法律概括地规定职责即可，职责范围内该为的都应当为。对任何行为、现象、决策等的法治分析，应当重视客观规律和科学的要求，实事求是，以社会实际为出发点和归宿考虑问题，而不单单从法律的规定和对法律的解释出发。如果不能通过规则之治回应社会及时代的关切，为社会经济各领域的运行、发展提供合理的行为引导及制度保障，在加强个人自治的同时使得个人自治和法律权威彼此相容，让市场决定资源配置，政府发挥更好作用，那么就不能称之为良序善治，相应的经济法及法治也就失去了其正当性。